GÜTERSLOHER
VERLAGSHAUS

Gütersloher Verlagshaus. Dem Leben vertrauen

»Wenn einer wähnt, er habe Gott erkannt,
und sich irgendetwas darunter vorstellt,
so hat er irgendetwas erkannt,
nur Gott nicht.«

Meister Eckhart

Richard Reschika

CHRISTENTUM

50 Fragen – 50 Antworten

Gütersloher Verlagshaus

Inhalt

Vorwort

Die Erkenntnis, dass das Nächste oftmals das Unbekannte, ja Fremdeste ist, trifft für viele Lebensbereiche zu. Und sie trifft für jene Religion zu, die in der Geschichte des Abendlandes den stärksten Einfluss gezeitigt hat, es mitunter immer noch tut: das Christentum, die mit rund zwei Milliarden Anhängern größte Religion der Welt. Denn über Jahrhunderte wurden nicht nur Spiritualität und Volksfrömmigkeit, wurden nicht nur bildende Kunst, Literatur und Musik, sondern auch Wissenschaft, Rechtsprechung und Alltagskultur von christlichen Denk- und Glaubensmustern aufs Nachhaltigste geprägt. Man denke bloß an Phänomene wie den arbeitsfreien Sonntag, der unseren Lebensrhythmus bis heute bestimmt. Selbst die westliche Fortschrittsidee gründet im linearen Geschichtsbild des Christentums, das von einer unwiederholbaren Einmaligkeit der (heils-)historischen Entwicklung ausgeht. Letzten Endes ist sogar die Geschichte der beiden anderen monotheistischen Weltreligionen, Judentum und Islam, nicht ohne die kritische Auseinandersetzung mit dem Christentum zu begreifen.

Umso erstaunlicher und zugleich bedenklicher mutet da die Tatsache an, dass Anfang des 21. Jahrhunderts die religiöse Allgemeinbildung arg im Schwinden begriffen ist – ungeachtet eines neu erwachten Interesses am Christentum. Und dies selbst unter jenen Menschen, die sich als gläubige Christinnen und Christen bezeichnen. Was unterscheidet das Alte vom Neuen Testament? Ist die Dreifaltigkeit Gottes ein Widerspruch? Was wissen wir wirklich vom historischen Jesus von Nazareth? Warum soll man beten? Was ist christliche Mystik? Warum müssen katholische Priester im Zölibat leben, gibt es keine Priesterinnen? Auf diese und ähnlich elementare Fragen wissen zusehends weniger Menschen Antwort zu geben, geraten auch Akademiker in Verlegenheit und Erklärungsnot.

»Fragen und Antworten sind die ersten Denkakte.«[1] Frei nach dem Motto des Philosophen Ludwig Feuerbach (1804 – 1872) aus seinem Werk über *Das Wesen des Christentums* von 1841 möchte vorliegendes Buch anhand von fünfzig ausgesuchten theologischen Leit- und Schlüsselfragen zur Bibel, zu Gott, zu Jesus Christus, zum Menschen sowie zur Kirche eine allgemein verständliche Einführung in das Christentum geben und darüber hinaus zum Nach- und Weiterdenken anregen. Damit nimmt dieses Buch einen anderen, neuen Weg, als ihn die meisten historiographisch oder monographisch orientierten Darstellungen bislang gegangen sind. Die einzelnen, auf ein bestimmtes theologisches Problem hin zugespitzten Fragen bilden dabei jeweils Ausgangspunkte für kleine, in sich geschlossene Essays. Diese skizzieren die theologischen Ideen, Lehren und Denkfiguren zum Teil auch unter Einbeziehung von Philosophie, Kunst und Literatur.

Das Buch versucht dergestalt, solide Basisinformationen auf eine eher narrative, bewusst nicht lexikalische Art und Weise zu vermitteln. So weit als möglich, fanden in der Erörterung der jeweiligen theologischen Frage- und Problemstellung auch die unterschiedlichen konfessionellen Positionen und Blickrichtungen gebührende Berücksichtung. Es versteht sich von selbst, dass dabei gewisse »Elementarisierungen«, sprich Vereinfachungen und Rückführungen komplexer Inhalte auf grundlegende Aspekte, um der besseren Anschaulichkeit willen nicht gänzlich zu vermeiden waren. Desgleichen mag an der einen oder anderen Stelle des Buches die subjektive Auffassung des Verfassers – und sei es bloß aufgrund der vorgenommenen Schwerpunktsetzungen – durchscheinen.

Bei der Suche und Formulierung der Fragen zeigte sich, dass Theologen und Theologinnen zu unterschiedlichen Zeiten – aus ganz unterschiedlichen Motivationen – auch ganz unterschiedliche Probleme in den Mittelpunkt ihres geistlichen Erkenntnisinteresses gerückt haben, dass jede Epoche, ungeachtet immer wieder auftretender, neu zu beantwortender Grundschwierigkeiten, wie etwa im Falle des Theodizee-Problems, sich an je eigenen virulenten Leit- und Schlüsselfragen abgearbeitet hat.

Eine Frage wie »Ist Gott männlich?, die im Zuge der feministischen Theologie ab Mitte des 20. Jahrhunderts aufkam und kontrovers diskutiert wurde, wäre beispielsweise einem Scholastiker wie Thomas von Aquin (1224 – 1274) erst gar nicht in den Sinn gekommen. Sie befand sich außerhalb des geistigen Horizonts seiner Zeit. Umgekehrt vermag etwa die Frage »Lässt sich die Existenz Gottes rational beweisen?«, wie sie mittelalterlichen Theologen noch auf den Nägeln brannte, heute kaum noch jemanden hinter dem Ofen hervorzulocken. Inwiefern Jesus Christus wirklich Mensch und zugleich im vollen Umfang Gott sein konnte oder warum der Mensch allein aus dem Glauben und der göttlichen Gnade, nicht aber durch seine Werke und Taten gerechtfertigt sein soll, sind ebenfalls zentrale Fragen, die mit ganz bestimmten Epochen und Gestalten der Theologie, mit der jeweiligen Zeit- und Kulturgeschichte aufs Engste verbunden sind. Auch die Frage, warum ein gewisses theologisches Problem zu einer ganz bestimmten Zeit – zuweilen wie aus dem Nichts – auftritt und dabei andere völlig verdrängt oder erst gar nicht aufkommen lässt, soll im Rahmen dieser Einführung ins Christentum mitbedacht werden.

Selbstredend erhebt die nachstehende Auswahl von fünfzig Fragen keinerlei Anspruch darauf, vollständig zu sein. Wie könnte sie dies auch angesichts eines Sujets wie dem Christentum, das einen eigenen Kosmos bildet und über das ganze Bibliotheken geschrieben worden sind?! Zudem gilt für einige der hier behandelten Fragen, was der amerikanische Autor und Naturforscher Barry Holstun Lopez (geboren 1945) in seinem Buch *Arktische Träume* von 1986 folgendermaßen formuliert hat: »Auf einige der großen, drängenden Fragen gibt es einfach keine Antworten. Du musst sie weiterhin ausleben und dein Leben zu einem wertvollen Ausdruck der Neigung zum Licht machen.«[2] Da sich dieses Buch aus für sich allein stehenden, gleichsam »autonomen« Kapiteln zusammensetzt, muss man es auch nicht von vorn nach hinten der Reihe nach durchlesen, sondern kann getrost nach eigenem Gutdünken hin und her springen.

Adressaten des Buches sind alle an christlicher Theologie, aber auch an den religiösen Hintergründen abendländischer Kultur Interessierte, die sich einen raschen Überblick über die wichtigsten theologischen Lehren, Bewegungen und Personen verschaffen wollen, das heißt heutzutage nicht nur Anfänger und Laien auf diesem Gebiet, sondern auch Studenten, Lehrer und Geistliche! Wie jüngste Studien belegen, greifen selbst Kleriker immer weniger zu theologischer Literatur – und dies bei einem der »lohnendsten, erfüllendsten und im wahrsten Sinne *aufregendsten* Fächer«[3] (Alister E. McGrath) überhaupt!

Wie ist die Bibel entstanden?
Was unterscheidet das Alte vom Neuen Testament?

I. ZUR BIBEL

Wie kam es zum Glauben an einen einzigen Gott?
Lassen sich Schöpfungsgeschichte und Evolutionstheorie in Einklang bringen?
Worin stimmen die Evangelien (nicht) überein?
Gibt es mit der Apokalypse am Ende der Heilsgeschichte ein Weltgericht?
Wie liest man die Bibel »richtig«?

1. Wie ist die Bibel entstanden?

»Wir wissen so wenig, wo wir herkommen, als wo wir hingehen, noch was wir hier eigentlich sollen und sind: und wir haben nichts in Händen, darauf wir uns verlassen und damit wir uns trösten und unser Herz stillen können. Aber Gott hat unser Herz gestillt durch seine Schrift, die er selbst frommen und heiligen Männern eingegeben hat, und die darum die Heilige Schrift, die Offenbarung oder die Bibel, das Buch der Bücher, genannt wird. In diesem Buch finden wir Nachrichten und Worte, die kein Mensch sagen kann, Aufschlüsse über unser Wesen und über unseren Zustand und den ganzen Rat Gottes von unserer Seligkeit in dieser und jener Welt. So hoch der Himmel ist über der Erde, ist dieser Rat über alles, was in eines Menschen Sinn kommen kann; und ihr könnet diese Schrift nicht hoch und wert genug haben und halten. Doch ist sie, versteht sich, immer nicht die Sache, sondern nur die Nachricht von der Sache.«[4]

Kein Zweifel, mit diesem pathetischen Lobgesang auf die Bibel spricht der deutsche Dichter und Pfarrerssohn Matthias Claudius (1740 – 1815) Christinnen und Christen in aller Welt noch heute aus tiefstem Herzen. Dass es sich bei der Bibel – in der es, stark verkürzt gesagt, um die existenziellen Erfahrungen geht, die das Volk Israel mit Gott (Altes Testament) beziehungsweise die frühchristliche Gemeinde mit Jesus Christus gemacht hat (Neues Testament) – um ein ganz und gar außergewöhnliches Buch handelt, haben indes seit jeher auch Menschen erkannt, die mit (jüdisch-christlicher) Religion wenig oder rein gar nichts anzufangen wissen. So antwortete der eingefleischte Atheist Bertolt Brecht (1898 – 1956), von einem Interviewer nach seinem Lieblingsbuch gefragt: »Sie werden lachen – die Bibel.«

Doch wie ist dieses am weitesten verbreitete Buch der Weltgeschichte, das vollständig übersetzt heute in 451 Sprachen vorliegt und dessen Texte weltweit in 2 479 verschiedenen Sprachen gelesen werden[5], eigentlich entstanden beziehungsweise – für den Anfang etwas leichter zu beantworten – *gerade nicht* entstanden? Spätestens seit der in der Aufklärung entstandenen Bibelkritik und der historisch-kritischen Methode gilt die vor allem im 16./17. Jahrhundert von Katholiken, aber auch Protestanten propagierte »Verbalinspirationslehre«, wonach Gott selbst einigen wenigen auserwählten frommen Männern seine Botschaft direkt ins Ohr diktiert oder ihnen die Hand mit dem Federkiel geführt habe – in vielen Werken der bildenden Kunst eindrucksvoll dargestellt –, als nicht mehr halt- und tragbar.

Als genauso überholt gilt die Vorstellung, dass die Bibel das Produkt individueller »Autoren« im heutigen Sinne sei. So wurden weder die fünf Bücher Mose von Mose selbst geschrieben noch die Psalmen von König David oder die Bücher der Sprüche und des Predigers von Salomo. Lediglich der biblische Schriftsteller Paulus ist als Person wirklich greifbar, wobei einige seiner Briefe (unter anderem der Epheserbrief) von seinen Schülern verfasst worden sind. Wir haben es im Falle der Bibel folglich zum Großteil mit einem kollektiven Werk, ja mit einer ganzen Bibliothek zu tun, die über einen Zeitraum von über tausend Jahren langsam gewachsen ist und an der viele (zum Teil nicht mehr identifizierbare) Autoren, Redakteure, Übersetzer, Kompilatoren, Kopisten und Herausgeber beteiligt waren, bis sie um das Jahr 400 n. Chr. die heutige definitive (kanonische) Gestalt erlangt hat.

Trotzdem erkennen gläubige Christen in der Bibel nicht nur die Stimmen unterschiedlicher Menschen, sondern die Stimme der Selbstmitteilung Gottes! »Dem christlichen Begriff von der Bibel als einem Buch, das im wahren Sinne sowohl als göttlich wie als menschlich bezeichnet werden kann, ist eine Spannung eigentümlich, die Spannung einer gewissen Dualität, die allein durch den Glauben innerhalb des sakralen Raums der Kirche, der dieser Schatz anvertraut wurde, gelöst werden kann.«[6], stellt deshalb der niederländische Theologe Willem Karel Grossouw (1906 – 1990) zu Recht fest. Darüber hinaus macht die Bibel das Christentum zu einer Buchreligion par excellence – im Gegensatz etwa zum Islam, einer typischen Offenbarungsreligion. Folgt man dem I. Vatikanischen Konzil (1869/70), sind die biblischen Bücher deswegen als heilig und kanonisch anzusehen, weil sie, unter Eingebung des Heiligen Geistes geschrieben, Gott selbst zum Verfasser hätten und als solche der Kirche übergeben worden seien.

In ihren Anfängen ist die Bibel – aus dem griechischen Wort *biblion* = »Buch(rolle)«, »Schrift«, das sich wiederum von *byblos* = »Papyrusstengel« und vielleicht von der phönizischen Stadt *Byblos* ableitet – aber ein Werk mündlicher Überlieferung: Sagen, Gesänge, Gebete, Prophetenworte usw., die irgendwann verschriftlicht wurden: »Als die israelitischen Stämme um das Jahr 1200 v. Chr. sich zu einem Volk unter der Verehrung des Gottes Jahwä zusammenschlossen, dachte niemand von ihnen an einen Kanon. Erst um das Jahr 600 führt man eine – längst vorhandene – Schrift mit ermahnenden und gesetzlichen Jahwäworten, nämlich das 5. Buch Mose, als normativ für bestimmte Fragen der Religionsausübung ein. (...) Um 450 wird der Kreis der für die israelitischen Religionsgemeinschaft maßgebenden Bücher auf die fünf Bücher Mose erweitert, die fortan als Tora, d.h. als Willensoffenbarung Gottes (weniger genau: als Gesetz), heilig gehalten werden. Zwischen 400 und 200 wachsen diesem Grundstock der Psalter und die älteren geschichtlichen und profetischen Überlieferungen zu. Über andere belehrende, weissagende und geschichtliche Bücher wird erst um das Jahr 100 nach Christus auf der Synode von Jamnia der Kreis der kanonischen Bücher fest abgegrenzt.«[7], fasst Klaus Koch die Entstehungsgeschichte des Alten Testaments zusammen.

Was in die maßgebliche Sammlung heiliger Schriften (nicht) aufgenommen wird, bezeichnet die Theologie als Kanonisierung (von griechisch *kanon* = »Maßstab, Richtschnur, Norm«). Nach heutigem Kenntnisstand beginnt die Geschichte des alttestamentlichen Kanons im 5. Jahrhundert mit der Schlussredaktion der Tora, der prophetischen Schriften in der zweiten Hälfte des 2. Jahrhunderts v. Chr. und der übrigen Schriften vermutlich nach 135 n. Chr.

Und nun ein paar Eckdaten zum Neuen Testament: Auf der Grundlage des heutigen Forschungsstandes werden die echten Paulusbriefe als die ältesten Texte des Neuen Testaments angesehen und zwischen 50 und 65 n. Chr. datiert. Etwas jünger sind dagegen die Evangelien, zumindest in ihrer schriftlichen Endgestalt, denn ihnen dürften – wie im Falle des Alten Testaments auch – mündliche Tradierungen vorausgegangen sein. Als ältestes Evangelium gilt das Markusevangelium, das kurz vor der Zerstörung

Jerusalems im Jahre 70 n. Chr. entstanden sein muss, als jüngstes wird einhellig das Evangelium des Johannes aus der Mitte der 90er-Jahre n. Chr. angesehen.

Auch die Kanonbildung des Neuen Testaments – zu Beginn des 2. Jahrhunderts n. Chr. mit der Sammlung von Paulusbriefen – beanspruchte längere Zeit und war von vielen, zum Teil erbittert geführten Kontroversen geprägt. Bischof Athanasios von Alexandria (um 295 – 373) war der Erste, der den endgültigen Umfang des Kanons im Jahre 367 n. Chr. nannte, und zwar in seinem 39. Osterbrief. Das Neue Testament umfasst demnach insgesamt 27 Schriften.

Als älteste noch erhaltene vollständige Rolle eines biblischen Buches gilt die unter den Schriftrollen vom Toten Meer aufgefundene, an die sieben Meter lange Jesajarolle aus Schafsleder, die man um das Jahr 180 v. Chr. datiert. Von weiteren Büchern des Alten Testaments aus dieser Zeit existieren vielfach nur noch Fragmente: Papyrus- oder Lederrollen, die mit ruß- und harzhaltiger Olivenöl-Tinte beschrieben wurden. Der älteste existierende Text des Neuen Testaments ist der *Papyrus P^{52}*, ein Kodex-Fragment mit einem Text aus dem Johannesevangelium, der um 125 n. Chr. entstanden ist. In Teilen war der hebräische *Tanach* beziehungsweise *Tenak* – eine Abkürzung aus den Anfangsbuchstaben der drei Teile der hebräischen Bibel: Tora (fünf Bücher Mose, Pentateuch), Nebiim (Propheten) und Ketubim (die übrigen) – bereits seit etwa 250 v. Chr. in Alexandria ins Koiné-Griechisch, dem Wirtschafts- und Handelsgriechisch des Mittelmeerraumes, übersetzt worden und um 100 n. Chr. abgeschlossen. Es war das Christentum, das aufgrund seiner Ausbreitung diese griechische Bibelübersetzung – die sogenannte *Septuaginta* (lateinisch = »70«), an der, einer jüdischen Legende zufolge, siebzig Übersetzer beteiligt waren – entscheidend zu bewahren mithalf. Die ältesten vollständigen Texte der Septuaginta, die zugleich das ganze Neue Testament enthalten, sind der *Codex Sinaiticus* und der *Codex Vaticanus* aus dem 4. Jahrhundert, dicht gefolgt vom *Codex Alexandrinus* aus dem 5. Jahrhundert.

Zur maßgeblichen lateinischen Übersetzung wurde die im Jahr 383 durch den Eremiten und Kirchenvater Hieronymus begonnene Übersetzung der *Vulgata,* die später auch vom Konzil von Trient (1545 – 1563) anerkannt wurde. Zu den wichtigsten weiteren Übersetzungen zählt im deutschen Sprachraum die Übersetzung des Neuen Testaments von 1522 und der Gesamtbibel von 1534 durch Martin Luther, 1984 zuletzt revidiert. Eine weitere bedeutende deutsche Bibelübersetzung der Moderne ist die sogenannte Einheitsübersetzung von 1980, die einen Ausgleich zwischen »Urtext« und gegenwärtiger Sprache anstrebt.

2. Was unterscheidet das Alte vom Neuen Testament?

Wenn Christen von der Heiligen Schrift sprechen, meinen sie beides: das Alte Testament, den hebräischen (umfangreicheren) Part der Bibel, *und* das Neue Testament, den christlichen Part der Bibel mit den Evangelien, der Apostelgeschichte, der Brief- und der apokalyptischen Literatur. Wenn Juden von der Heiligen Schrift sprechen, meinen sie hingegen nur den hebräischen Part der Bibel, den sie auch *Tanach* oder *Tenak* nennen, eine Abkürzung für die drei Teile der Schrift: *Tora* (»fünf Bücher Mose«, »Pentateuch«), *Nebiim* (»Propheten«) und *Ketubim* (»die übrigen«). Dieser Part ist für sie aber wohlgemerkt nicht ein »AT«, weil sie über dieses hinaus gar kein »NT« anerkennen. Juden und Christen teilen sich mithin eine ihrer religiösen Schriften und haben eine tief reichende, starke gemeinsame Wurzel. Die hebräische Bibel wird dabei nicht nur von den Juden, sondern auch von den Christen als ein von Gott inspiriertes heiliges Buch angesehen.

Obwohl sich die Bezeichnung AT an keiner Stelle der Bibel findet, geht sie auf einen biblischen Sprachgebrauch zurück. So sieht der Apostel Paulus den Israel verheißenen »neuen Bund« (Jer 31,31) in Jesus Christus erfüllt und unterscheidet diesen folglich vom »alten Bund«, der auf das mosaische Gesetz bezogen war (2 Kor 3,14). Die Übersetzung des hebräischen Wortes *berít* (= »Bund, Verpflichtung«) mit dem griechischen *diatheke* (= »Vertrag«) und später mit dem lateinischen *testamentum* (= »letztgültige Verfügung«) führte dergestalt zur Rede vom AT beziehungsweise NT. Eine nicht nur überaus missverständliche, sondern auch fatale Wortmutation, wie wir gleich sehen werden. Denn dem Wort, das ursprünglich die gegenseitige Treuezusage zwischen Gott und Menschen bezeichnete, haftete fortan etwas dezidiert Juristisches an: Versteht man unter einem Testament doch eine schriftlich niedergelegte letztgültige Verfügung. Und da im juristischen Sprachgebrauch die Existenz eines neuen Testaments automatisch die Ungültigkeit eines noch vorhandenen, alten bedeutet, konnte man leicht glauben, das AT sei durch das NT abgelöst und überholt worden ... Zum ersten Mal belegt sind die Worte »NT« beziehungsweise »AT« im Übrigen bei Melito von Sardes im 2. Jahrhundert n. Chr. Dieser war Bischof in Sardes, der Hauptstadt des antiken Königreichs Lydien (in der heutigen Türkei). Trotzdem findet sich bereits bei den Kirchenvätern die Benennung »Erstes Testament« *(prius testamentum)*, das der falschen Beurteilung, es handle sich beim AT um ein »veraltetes« Buch, das man getrost abtun könne, entgegenwirkt. Seit dem II. Vatikanum (1962 – 65) greifen Theologen verstärkt auf diese neutralere Benennung zurück.

Denn an Beispielen einer (un-)bewussten Abwertung des AT lässt es die Geschichte des Christentums nicht fehlen: ob es dieses nun als bloße »Kontrastfolie« für die Christusbotschaft oder lediglich als »Keimzelle« für eine erst im NT zur Vollendung gebrachten Entwicklung instrumentalisierte. So ist noch im *Holländischen Katechismus* von 1969 zu lesen: »Was im Alten Testament auf niedriger Stufe und in grober Weise nach oben strebt, wird im Neuen Testament geistlich und klar.«[8] Doch nicht nur dies. Bereits im Frühchristentum gab es Versuche, das AT als minderwertiges »jüdisches Buch« gleich ganz aus der Bibel zu eliminieren. Der Gnostiker Markion (um 85 bis um 160), der zwischen einem vermeintlich bösen jüdischen Schöpfer- und Rachegott sowie dem christlichen liebenden Erlösergott unterschied, verwarf nicht nur das AT als »judaistische Entartung«, sondern auch große Teile des NT. Von der Kirche als Ketzer eingestuft, konnte er sich mit seiner Lehre aber nicht durchsetzen. Auf antisemitische Versuche einer Zurückdrängung des AT aus der Bibel stoßen wir noch in der Theologie des 19./20. Jahrhunderts: etwa bei dem evangelischen Theologen Adolf von Harnack (1851 – 1930), bei dem katholischen

Theologen Franz Delitzsch (1813 – 1890), bei dem britisch-deutschen Kulturphilosophen Houston Stewart Chamberlain (1855 – 1927), der einen starken Einfluss auf die nationalsozialistische Rassenideologie ausübte, und bei dem evangelischen Theologen Emanuel Hirsch (1888 – 1972).

Ein Blick auf das gleichermaßen komplexe wie gespannte Verhältnis zwischen AT und NT offenbart jedoch viele Gemeinsamkeiten, zuvörderst: der Glaube an einen Gott, der zugleich Schöpfer der Welt und Herr der (Heils-)Geschichte ist und der den Menschen Gebote für ein gutes Leben gibt. Das NT setzt das AT mit seiner Schöpfungstheologie als bekannt voraus und enthält zahlreiche Verweise auf »die Schriften«, das »Gesetz des Mose, die Propheten und die Psalmen« (Lk 24,44). Ja, Jesus selbst, seine Jünger und die Judenchristen meinen mit »der Schrift« ganz selbstverständlich die alttestamentlichen Bücher: »Jede Schrift ist von Gott eingegeben und nützlich zur Belehrung, zur Widerlegung, zur Besserung und zur Erziehung« (2 Tim 3,16).

Doch bereits im NT zeigt sich das Bemühen, alttestamentliche Schriftstellen als im Jesusgeschehen »erfüllt« anzusehen. Eine Tendenz, die seit den Kirchenvätern von Theologen in ihrer Exegese des AT im Sinne einer bloßen »Vorgeschichte« weiterverfolgt wurde. Heutzutage gibt es aber von theologischer Seite auch Versuche, die Botschaft des jüdischen AT ohne christliche Vereinnahmung in ihrem Eigenwert zu erkennen und diese für sich selbst stehen zu lassen. Um das Verhältnis zwischen AT und NT zu bestimmen, wurde häufig gesagt, es handle sich um eine Mutter-Kind-Beziehung. Da sich das Judentum, wie wir es heute kennen, jedoch erst parallel zum Christentum entwickelte, sollte man vielleicht besser von zwei Geschwistern sprechen …

Trotzdem sind die Unterschiede zwischen dem AT und dem NT nicht zu leugnen: Denn im Mittelpunkt des NT steht Jesus Christus, der im AT noch keine Erwähnung findet, entgegen aller typologischen Lesarten, die im AT bereits Andeutungen und Hinweise auf ihn erkennen wollen. Durch seine Geburt, seinen Kreuzestod, seine Auferstehung und seine Himmelfahrt wurde er – nach christlichem Glauben – zum Mittel- und Wendepunkt der Weltgeschichte. In ihm hat Gott sich selbst im Irdischen offenbart.

Und an ihm hängen Schicksal und Erlösung der Menschheit. Alles, was für das Heil der Menschen notwendig ist, ist durch Gottes Beauftragte im NT offenbart worden. Als Jesu »Testament« kann – so der Theologe Herbert Vorgrimmler – seine »Botschaft von der nahe gekommenen Herrschaft Gottes gelten, deren ›Grundgesetz‹ die Einheit von Gottes- und Nächstenliebe ist und die anfangsweise in veränderten menschlichen Haltungen und Beziehungen praktiziert werden kann. Sie gründet im Liebes- und Vergebungswillen Gottes und ist durch die ›Sendungsautorität‹ Jesu vermittelt. Sie bezeugt das fortbestehende Ja Gottes zu Welt und Menschheit, die von ihm geschaffen wurden und vollendet werden sollen ... Als Ganzes genommen versteht sich das NT als endgültige und unwiderrufliche (›eschatologische‹) Gottesoffenbarung und -zusage in einer Situation des Wartens auf die vollkommene Erlösung und auf die volle Verwirklichung der Gottesherrschaft.«[9]

3. Wie kam es zum Glauben an einen einzigen Gott?

»Es kann nur einen geben« ist nicht nur der einprägsame Titel eines erfolgreichen Fantasy-Films aus den 1980er-Jahren, sondern auch das ungeschriebene Motto aller, nicht minder erfolgreichen, monotheistischen – von Friedrich Nietzsche (1844 – 1900) späterhin als »monotonotheistisch« verballhornten – Religionen. Der Glaube an die ausschließliche Existenz eines einzigen Gottes im Sinne eines ebenso absoluten und unendlichen wie allwissenden, allmächtigen und allgegenwärtigen geistig-personalen Wesens, das die Welt geschaffen hat, sich aber zugleich von ihr unterscheidet, ist in religionshistorischer Perspektive ein relativ spätes Phänomen. Und es ist auch ein Sonderfall, wenngleich ein revolutionärer, mit nachhaltigsten Folgen. Stellt der Monotheismus heute doch die am weitesten verbreitete Religionsform der Welt dar! Denn dieser Ein-Gott-Glaube, seit dem 17. Jahrhundert auch Monotheismus genannt (von griechisch *monos* = »einzig« und *theos* = »Gott«), wie er vor allem für die klassischen monotheistischen Religionen, Judentum, Christentum und Islam, aber auch für Religionen wie das Baihaitum bis heute kennzeichnend ist, entwickelte sich aus einem in der Antike allgemein verbreiteten Polytheismus, nämlich aus dem Glauben an viele (griechisch *poly* = »viel«) Götter.

Die in *Der Ursprung der Gottesidee* von 1912 unterbreitete These des österreichischen Anthropologen, katholischen Priesters und Missionars Wilhelm Schmidt (1868 – 1954) von einem Urmonotheismus, die für alle Völker eine Schöpfergottheit annimmt, gilt heute als widerlegt. Die Vorstellung von Himmelsgöttern, also von Hochgöttern, bei traditionellen Religionen ist kein reiner Monotheismus, vielmehr ein Phänomen innerhalb des Polytheismus. Von einem Abfall des Urmonotheismus zu einem Polytheismus (die Religionswissenschaftler sprechen hierbei von der »Dekadenztheorie«) aufgrund vermeintlicher menschlicher Schwäche und machtpolitischer Interessen kann keine Rede sein, genauso wenig wie von einer »Stufentheorie«, nach der auf den Animismus, Totemismus und Fetischismus der Polytheismus und auf diesen schließlich der Monotheismus gefolgt sei.

Zu unterschieden ist dieser Monotheismus den Religionswissenschaftlern nach einerseits von der Monolatrie, also der Verehrung eines einzigen Gottes, ohne die Existenz anderer Götter von vornherein auszuschließen, und andererseits von dem Henotheismus, der Verehrung eines Gottes als jeweils Höchsten, ohne wiederum auszuschließen, dass es noch andere Götter, die in gleicher Weise verehrt werden, daneben gibt.

Die Entstehung des Monotheismus wird dabei allgemein in die archaische Zeit des »Exodus« datiert. Gemeint ist damit der Auszug der Israeliten aus ägyptischer Knechtschaft (vgl. das zweite gleichnamige Buch Mose des Alten Testaments), als Jahwe für die Israeliten zum ausschließlichen persönlichen Gott wurde, ohne dass zunächst die Existenz anderer Götter geleugnet wurde. Wir haben es folglich mit einem allmählichen Prozess zu tun. Die Israeliten übernahmen dabei von der in Kanaan ansässigen Bevölkerung – das Land der Kanaaniter ist eine alte Bezeichnung für das Land Palästina, das die israelitischen Stämme unter Josuas Führung eroberten – die Verehrung des semitischen Hauptgottes El, den sie mit Jahwe identifizierten. Eine Zeit lang verehrten die Israeliten aber auch die kanaanitischen Baale und Astarten und später phönizische, assyrische und babylonische Götter.

Spätestens seit dem babylonischen Exil – das mit der Eroberung Jerusalems durch den babylonischen König Nebukadnezar II. im Jahre 598 v. Chr. begann und bis zur Eroberung Babylons 539 v. Chr. durch den Perserkönig Kyros II. dauerte – kam es zu einer Jahwe-allein-Bewegung. Begründet wurde diese exklusive Alleinverehrung Jahwes und radikale Ablehnung aller Polytheismen mit der Selbstoffenbarung Jahwes als des dezidiert »Eifersüchtigen«, von dem gesagt wird: »Du darfst dich nicht vor einem andern Gott niederwerfen. Denn Jahwe trägt den Namen ›der Eifersüchtige‹; ein eifersüchtiger Gott ist er.« (Ex 34,14) Mit dem Monotheismus konnte zugleich die Schöpfungsauffassung und Ethik theologisch begründet werden. Dergestalt konnten auch alle Wirklichkeiten und Gesetze aus dem Willen des Einen hervorgehend gedacht werden. Die Auffassung eines erhabenen, transzendenten Jahwes sollte sich in nachexilischer Zeit noch verstärken.

Schenkt man indes den meisten Ägyptologen Glauben, finden sich erste geschichtliche Vorformen eines Monotheismus bereits im 14. Jahrhundert v. Chr. im Alten Ägypten unter der Regentschaft von Pharao Echnaton alias Amenophis IV., der den Sonnengott Aton – dargestellt durch eine Sonnenscheibe – zum alleinigen Gott erhob und verehren ließ. Da der Gemahl Nofretetes andere traditionelle Gottheiten aber nicht leugnete und deren Kult nur teilweise verbot, werden diese Frühformen als »temporärer Henotheismus« beziehungsweise als »implizierter Monotheismus« (Jan Assmann) bezeichnet – zumal es unter seinem Nachfolger Tutenchamun zu einer Rückkehr des Landes zur alten Religion kam. Trotzdem wird Echnaton seit dem 19. Jahrhundert immer wieder als »erster Monotheist« kontrovers diskutiert – unter anderem von Sigmund Freud in seiner letzten, noch in seinem Todesjahr (1939) im Londoner Exil verfassten Studie *Der Mann Moses und die monotheistische Religion*, in der der Vater der Psychoanalyse die Aufsehen erregende Theorie entwickelt, dass Moses, der während der Regentschaft des Reform-Pharao Echnaton gelebt haben soll, den semitischen Stämmen, die seit Jahrhunderten als Sklaven in Ägypten arbeiten mussten, die neue Aton-Religion »beigebracht« habe.

Eine Theorie, die Jan Assmann (geboren 1938) in seiner Schrift *Moses der Ägypter. Entzifferung einer Gedächtnisspur* von 1998 fortschreibt und -deutet. Wie viele seiner Ägyptologie-Kollegen bringt auch er die Entstehung des Monotheismus' mit dem israelitischen Auszug aus Ägypten in Verbindung. Einhergegangen sei damit aber zudem die (fatale) Entwicklung eines Wahrheitsbegriffes, der zur Quelle von Intoleranz, Gewalt, Hass und Ausgrenzung geführt habe.

Und eine Position, die zuweilen von der Philosophie Rückendeckung bekommt. So erscheint dem rumänischen Skeptiker und Kulturkritiker E. M. Cioran (1911 – 1995) der Polytheismus noch erträglich, während er im Monotheismus den Gipfel der Unfreiheit und Unterdrückung zu erkennen glaubt: »Der Polytheismus wird der Mannigfaltigkeit unserer Neigungen und Impulse, denen er eine Betätigungs- und Ausdrucksmöglichkeit bietet, besser gerecht, so dass jede einzelne uns innewohnende Tendenz ihrer Natur entsprechend dem Gott zustreben kann, der ihr gerade passt. Was soll man aber mit einem einzigen Gott anfangen? Wie soll man ihn auffassen, wie ihn *gebrauchen*? Wenn er gegenwärtig ist, lebt man immer *unter Druck*. Der Monotheismus unterdrückt unsere Sensibilität, er ergründet uns, indem er uns einengt; ein System von Nötigungen, das uns eine innere Dimension auf Kosten der Entfaltung unserer Kräfte verleiht; er verkorkst uns. Wir waren mit mehreren Götter sicher *normaler*, als wir es mit einem einzigen sind. Wenn die *Gesundheit* ein Kriterium ist, welch ein Rückschritt ist dann der Monotheismus! ... Der *einzige* Gott macht das Leben unausstehlich.«[10]

Zumindest monotheistische Tendenzen weist aber auch die griechische und hellenistische Philosophie auf, wenn sie beispielsweise von dem philosophischen Grundbegriff des »Einen« (griechisch *to hen*) spricht, der auf einen das Sein transzendierenden absoluten Urgrund verweist. Schon Heraklit (etwa 544 – 483) fasst das Eine als dynamische Einheit von Gegensätzen, als tiefer liegende Einheit der Polaritäten auf. Für Xenophanes (580/77 – 485/80) ist der Kosmos die Einheit. Er wendet sich gegen den Polytheismus des Volksglaubens, indem er diesem den einen höchsten Gott gegenüberstellt. Pythagoras (580 – 500) und die Pythagoreer erkannten in der Urzahl, aus der alle anderen hervorgehen, die Einheit. Parmenides (um 540 – 480) spricht von der »Einheit des Seins«, welches alles umfasst. Platon (427 – 347) übernimmt sodann den Begriff des Einen hauptsächlich von Parmenides und Pythagoras. Das Eine wird zum Absoluten, das am ehesten in der Idee des Guten zu fassen ist. In Anlehnung an die pythagoreisch-platonische Zahlenlehre tritt bei Plotin (205 – 270) das Eine als Erstes schlechthin im Sinne des mit sich selbst beziehungslos Identischen an die Stelle des ursprünglichen Wirklichkeitsgrundes.

Zum Symbol des Göttlichen avanciert die Zahl 1 in den folgenden Jahrhunderten auch für viele (christliche) Mystiker, da sie die »Einheit« gleich im dreifachen Sinne bezeichnet: als das All-Eine, als das Einzelne und als die Vereinigung von mehrerem zu einer höheren Einheit. Auch hat die 1 die Eigenschaft, dass sie immer mit sich selbst gleich und unveränderlich ist. Wenn man die 1 mit sich selbst multipliziert, erhält man wieder die 1 (1 x 1 = 1). Da auch von ihr keine Zahl abgezogen werden kann, ist sie wirklich unveränderlich. Möglicherweise ist dies einer der Gründe, warum die Juden ihren Glauben an einen Gott in dem Bekenntnis zusammengefasst haben: »Jahwe ist einer.«[11]

Doch zurück zum konsequenten Monotheismus Israels im Alten Testament und seine Wirkung auf das Neue Testament. Denn Jesus, seine Jünger und das Urchristentum bekennen sich desgleichen zu einem einzigen Gott. Ein Bekenntnis, wie es etwa im Vaterunser-Gebet, das Jesus empfiehlt, deutlich zum Ausdruck kommt: »Unser Vater im Himmel, dein Name werde geheiligt, dein Reich komme, dein Wille geschehe, wie im Himmel, so auf der Erde …« (Mt 6,9ff; vgl. auch Lk 11,2ff) Auch Paulus propagiert einen prinzipiellen Monotheismus: »Wenn ihm dann alles unterworfen ist, wird auch er, der Sohn, sich dem unterwerfen, der ihm alles unterworfen hat, damit Gott herrscht über alles und in allem.« (1 Kor 15,28) Ähnlich das Evangelium des Johannes, wenn es vom Logos spricht: »Im Anfang war das Wort, und das Wort war bei Gott, und das Wort war Gott …« (Joh 1,1)

Daran ändert auch die Ausbildung der Trinitätslehre nichts, die gerade an der Einheit und Einzigkeit Gottes festhält – selbst wenn beispielsweise von Seiten des Islams die Dreifaltigkeit als vermeintlicher Tritheismus, als Verehrung von drei Göttern, missverstanden wird. Am Monotheismus sollten in den darauf folgenden Jahrhunderten auch alle christlichen Glaubensbekenntnisse festhalten, und zwar ausnahmslos.

4. Lassen sich Schöpfungsgeschichte und Evolutionstheorie in Einklang bringen?

»Im Anfang schuf Gott Himmel und Erde; die Erde aber war wüst und wirr, Finsternis lag über der Urflut, und Gottes Geist schwebte über dem Wasser. Gott sprach: es werde Licht. Und es wurde Licht. Gott sah, dass das Licht gut war: Gott schied das Licht von der Finsternis, und Gott nannte das Licht Tag, und die Finsternis nannte er Nacht. Es wurde Abend, und es wurde Morgen: erster Tag ...« (1. Mose 1f) Laut der biblischen Schöpfungsgeschichte, mit der das Alte Testament beginnt, brauchte Gott nur noch weitere fünf Tage, um die ganze Welt zu erschaffen. Denn schon am zweiten Tag baute er den Himmel über der Erde. Am dritten Tag trennte er das Wasser vom Festland und ließ auf der Erde Pflanzen wachsen. Am vierten Tag setzte er Sonne, Mond und die Sterne an den Himmel. Am fünften Tag schuf er die Tiere, die im Wasser, in der Luft und auf dem Land leben, sowie den Menschen als Mann und Frau, und zwar als sein Abbild: »Gott segnete sie, und Gott sprach zu ihnen: Seid fruchtbar, und vermehrt euch, bevölkert die Erde, unterwerft sie euch ... So wurden Himmel und Erde vollendet und ihr ganzes Gefüge. Am siebten Tag vollendete Gott das Werk, das er geschaffen hatte, und er ruhte am siebten Tag, nachdem er sein ganzes Werk vollbracht hatte.« (1. Mose 28f)

Jahrhundertelang wurde dieser biblische Siebentagebericht über die Entstehung der Welt und des Lebens, einschließlich des Menschen, durch einen göttlichen Willens- und Schöpfungsakt aus dem Nichts, einer *creatio ex nihilo*, wie Theologen ihn auf Lateinisch bezeichnen, als sakrosankt angesehen. (Die sogenannten Kreationisten, fundamentalistische Christen vor allem in den USA, gehen heute noch in nachgerade bornierter Art und Weise davon aus, dass der biblische Schöpfungsbericht die tatsächliche

Entstehung des Universums und des Lebens beschreibt – allen geo- und paläontologischen Fakten in Gestalt von Fossilfunden und der Kohlenstoff-14-Methode zur Altersbestimmung zum Trotz.) Und dies obgleich es bereits bei griechischen Naturphilosophen des Altertums, wie Empedokles (483/82 – 424/23), Anaximander von Milet (um 611 – 545) und Demokrit (460 – 371), Vorstellungen einer kontinuierlichen Entwicklung der Organismen auf der Erde und somit Ansätze eines Abstammungsdenkens gab.

Es waren jedoch moderne Naturwissenschaftler des 18., vor allem des 19. und 20. Jahrhunderts, die mit ihren zwar immer noch lückenhaften, aber schwer zu widerlegenden, weil in sich stimmigen, bislang alternativlosen kosmologischen und biologischen Evolutionstheorien den biblischen Schöpfungsglauben als »bloßen Mythos« zu entlarven versuchten: So geht das kosmologische Standardmodell von einem Urknall, dem *Big Bang* aus, der den Anfangspunkt der Entstehung von Materie und Raumzeit markieren soll: Vor 10 bis 20 Milliarden Jahren muss es, dem Gros der Astrophysiker zufolge, einen Materiezustand extrem hoher Dichte und Temperatur gegeben haben, aus dem heraus alle kosmische Materie in einer gigantischen Explosion auseinanderstrebte und nach und nach leichte, mittelschwere und schwere Atomkerne sowie später schließlich Sterne und Sonnensysteme bildete …

Als Begründer dieser erstmals 1931 in ihren Grundzügen formulierten Theorie gilt – welch feine historische Ironie – der belgische Theologe, Jesuitenpater und Astrophysiker Abbé Georges Edouard Lemaître (1894 – 1966). Ausgerechnet ein Mann der Kirche fand – ohne dafür eigens Gott bemühen zu müssen – eine natürliche Erklärung für die Anfänge des Universums! Überraschenderweise sprach sich sogar Papst Pius XII. offiziell für dessen Theorie aus, erklärte 1951 öffentlich aber den Urknall zum göttlichen Schöpfungsakt …

Im Verlauf der erdgeschichtlichen Entwicklung sei es sodann aufgrund einer Konzentration von einfachsten organischen Verbindungen im Wasser, in der sogenannten Ursuppe, unter Einwirkung verschiedener Energieformen – wie UV-Strahlung der Sonne und elektrischer Entladungen – zur Bildung erster Einzeller gekommen, die sich in weiteren unvorstellbar langen Zeiträumen (und definitiv nicht nur innerhalb einer einzigen Woche!) zu hochkomplexen Organismen entwickelten.

Die Theorie über die Herkunft der zahlreichen unterschiedlichen Pflanzen- und Tierarten, einschließlich des Menschen, nach der die heute existierenden Formen aus einfacher organisierten Vorfahren entstanden sind, wird Deszendenztheorie (auch Abstammungslehre oder Evolutionstheorie) genannt. Als ihr eigentlicher Begründer gilt Jean-Baptiste de Lamarck (1744 – 1829), obgleich es der Naturforscher Charles Robert Darwin (1809 – 1882) war, der die Deszendenztheorie mit seiner Selektionstheorie wissenschaftlich untermauerte und ihr zum Durchbruch verhalf. Hinzu kam die auf die Ergebnisse Gregor Mendels (1822 – 1884), des »Vaters der Genetik« (im Übrigen auch ein katholischer Priester!), aufbauende Mutationslehre Hugo Marie de Vries' (1848 – 1935), die eine sprunghafte Veränderung der Arten konstatiert. Darüber hinaus geht die moderne Theorie der Selbstorganisation davon aus, dass sich auch aufgrund von Rückkopplungsstrukturen zwischen Organismus und Umwelt neue Eigenschaften im Organismus entwickeln können.

Die Aussage, dass das Leben aus Unbelebten entstanden sei und eine Lebensform aus der anderen hervorgeht, besonders aber die vermeintliche Abstammung des Menschen von affenartigen, also nichtmenschlichen Vorfahren, wurde und wird bis heute – wohlgemerkt nicht nur in konservativen, kirchennahen Kreisen – als »eine der größten Kränkungen der Menschheit« (Sigmund Freud) angesehen.

Kurzum: Schöpfungsglauben und Evolutionstheorie scheinen sich unversöhnlich gegenüberzustehen. Trotzdem gibt es vor allem seit Mitte des 20. Jahrhunderts ernst zu nehmende Versuche eines Brückenschlags. Doch bereits die historisch-kritische Bibelforschung unterschied die zeitbedingte Weltsicht der Schöpfungstexte vom Glaubenszeugnis. Mithilfe der von Thomas von Aquin (1224 – 1274) angeführten »Zweitursache«, der zufolge das eigengesetzliche Wirken des Lebens als Teilhabe am Schöpfungswirken Gottes zu verstehen ist, ist eine Annäherung der beiden Auffassungen denkbar, vorausgesetzt, man lässt die göttliche »Erstursache« für die Möglichkeit allen Werdens und Seins gelten.

Dergestalt geschieht die Evolution der Schöpfung im Sinne einer *creatio continua*, einer fortwährenden Schöpfung, an der beide, transzendenter Schöpfer und immanente Naturprozesse, beteiligt sind.

In ähnlicher Art und Weise versucht die sogenannte Prozesstheologie, eine neuere Denkrichtung vorwiegend nordamerikanischer Theologen wie Charles Hartshore (1897 – 2000), die in enger Beziehung zur metaphysischen Prozessphilosophie von Alfred North Whitehead (1861 – 1947) steht, Schöpfungsglauben und Evolutionslehre miteinander zu verbinden: Obgleich Gott allmächtig ist, übt er keinen Zwang zur Ausführung seines Willens aus, vielmehr überlässt er die Welt der Selbstdeterminierung.

Einen weiteren Versuch, Schöpfungsglauben und Evolutionstheorie miteinander zu versöhnen, unternahm Mitte des 20. Jahrhunderts der französische Jesuit, Mystiker, Geologe und Paläontologe Pierre Teilhard de Chardin (1881 – 1955), für den die Schöpfung nichts Abgeschlossenes und Fertiges war, wie es die biblischen Schöpfungserzählungen suggerieren. Für Teilhard befinden sich – wie in seinem Hauptwerk *Der Mensch im Kosmos* (französisch = »Le Phénomène Humain«, 1955) dargelegt – Leben und Kosmos vielmehr in einer von Gott bewirkten kreativen Bewegung, die ihr Ziel noch nicht erreicht hat. Zeitlebens hielt er unbeirrt am tiefen Sinn und der Zielgerichtetheit der Evolution fest, die sich nach seiner Vorstellung von der »Geosphäre« über die »Biosphäre« bis hin zur »Noosphäre« (Geistsphäre) entwickelt, wobei der auferstandene Christus, das Alpha (Schöpfung in Christus) und Omega (Vollendung des Kosmos), den Punkt bildet, auf den alles zustrebt. Ein Ansatz, der von wissenschaftlicher Seite her jedoch als allzu »christozentrisch« abgetan wurde.

Dass die kirchliche Lehre von der Erschaffung des Menschen durch Gott nicht unbedingt im Widerspruch zu den naturwissenschaftlichen Erkenntnissen der Hominisation – das heißt der Menschwerdung in einem mindestens sechs Millionen Jahre dauernden Prozess, in dem sich aus tierischen Vorfahren vor 400 000 bis 100 000 Jahren der heutige »homo sapiens« genannte Mensch entwickelte – stehen muss, hat der Theologe Karl Rahner (1904 – 1984) mit seiner Theorie der sogenannten Selbsttranszendenz zu zeigen versucht. Diese ist mit der Theorie der »Selbstorganisation« in der naturwissenschaftlichen Evolutionslehre nah verwandt. Rahner zufolge lässt sich das schöpferische Wirken Gottes als die wahre Ermöglichung einer Selbstüberschreitung des Vorgegebenen, eben als Selbsttranszendenz, denken. Eine solche Selbsttranszendenz zieht Rahner unter anderem bei der Entstehung von Leben aus anorganischer Materie und beim Werden von menschlichem Bewusstsein aus tierischen Vorgegebenheiten in Betracht.

Mit der Pastoralkonstitution *Gaudium et Spes* (= »Freude und Hoffnung«) *über die Kirche in der Welt von heute*, einem 1965 verabschiedeten Dokument des II. Vatikanischen Konzils, das viele Theologen als wichtigstes Konzilsdokument ansehen, fand auch von offizieller kirchlicher Seite eine Annäherung an die naturwissenschaftliche Evolutionslehre statt. Darin wird eine allgemein fortschrittsoptimistische Sicht vertreten und »die geschaffenen Wirklichkeiten evolutiv« (Herbert Vorgrimmler) verstanden. Die moderne Sicht der Welt, die »von einem mehr statischen Verständnis der Ordnung der Gesamtwirklichkeit zu einem mehr dynamischen und evolutiven Verständnis«[12] übergeht, wird seitdem auch von kirchlicher Seite nicht mehr ernsthaft infrage gestellt.

5. Worin stimmen die Evangelien (nicht) überein?

In Anbetracht des großen Angebots, der vielfältigen Möglichkeiten haben die Christen der ersten Jahrhunderte wirklich »Geschmack bewiesen« – könnte man rückblickend ein wenig salopp formulieren. Denn sowohl von ihrer historischen als auch literarischen und theologischen Bedeutung her heben sich die vier Evangelien nach Matthäus, Markus, Lukas und Johannes deutlich von den anderen rund zwei Dutzend Evangelien der frühen Kirche ab. Man denke etwa an das Nazaräer-, das Hebräer-, das Petrus-, das Philippus-, das Judas- oder das Thomasevangelium, die zu den sogenannten Apokryphen gezählt werden, das heißt zu jenen Schriften, die keine Aufnahme in den biblischen Kanon fanden, weil sie zum Teil stark von der Gnosis geprägt waren. Nichtsdestoweniger beabsichtigen auch diese durchaus lesenswerten Evangelien (griechisch *evangelion* = »frohe Botschaft«) Zeugnis vom Leben und Wirken Jesu zu geben, auch wenn sie sich nicht als Biografien im heutigen Sinne, sondern als religiöse Deutung und Verkündigung verstehen.

Die vier allgemein anerkannten Evangelien, die – wie das Neue Testament insgesamt – auf Griechisch verfasst wurden, sind zuerst im *Kanon Muratori*, einem der wichtigsten Zeugnisse für die frühe Kanongeschichte des NT, um das Jahr 200 bezeugt. Auch die Reihenfolge der Evangelien stand bereits um diese Zeit fest, obgleich sie weder etwas über deren Entstehungszeit noch den Umfang besagt, sondern sich wohl aus der Häufigkeit der liturgischen Verwendung ergab. Als das älteste Evangelium gilt – zumindest nach heutigem Forschungsstand – das um das Jahr 70 verfasste nach Markus, das zugleich das kürzeste ist. Als die zweitältesten werden die Evangelien nach Matthäus und Lukas (um 80) angesehen, wobei das Lukasevangelium das längste und stoffreichste ist. Das jüngste, um 90 entstandene vierte Evangelium ist das des Johannes, das sich in Inhalt, Aufbau und Stil aber stark von den erstgenannten drei Evangelien unterscheidet, die sich wiederum als untereinander eng verwandt erweisen. Zahlenfreunde unter den Theologen haben – mit welcher Formel auch immer – errechnet, dass das Johannesevangelium sich nur in rund 9 % seines Textbestands mit den anderen berührt. Doch davon später mehr.

Desgleichen tauchen im zweiten Jahrhundert schon die Evangelistensymbole auf – ein Mensch für Matthäus, ein Löwe für Markus, ein Stier für Lukas und ein Adler für Johannes –, deren Herkunft auf eine Vision des Propheten Ezechiel zurückgeht, die ihrerseits mit der altorientalischen Vorstellung der vier Welteckenhüter beziehungsweise den »fixen« astrologischen Tierkreiszeichen in Zusammenhang gebracht wird. Dabei ersetzt der Adler den Skorpion und der Mensch den Wassermann.

Seit Johann Jakob Griebach (1745 – 1812), einer der Väter der neutestamentlichen Textkritik, im Jahre 1776 die Evangelien nach Matthäus, Markus und Lukas zum besseren Vergleich in Spalten nebeneinander parallel abdrucken ließ und dergestalt eine *Synopse*, das heißt eine übersichtliche »Zusammenschau« bot, werden diese als *synoptische Evangelien* bezeichnet. Da diese über weite Strecken dieselben Geschichten, oftmals sogar mit denselben Worten und in derselben Reihenfolge erzählen, muss es, so die Folgerung der Exegeten, eine gegenseitige literarische Abhängigkeit gegeben haben. Die heute am weitesten verbreitete Hypothese der Bibelwissenschaftler ist die sogenannte »Zweiquellentheorie«. Diese geht davon aus, dass das Markusevangelium als ältestes Matthäus und Lukas als Grundlage ihrer Evangelien diente. Daneben hätten Matthäus und Lukas aber noch auf eine zweite Quelle zurückgegriffen, die vor allem Sprüche Jesu enthalten habe und daher als »Logienquelle« (= »Q«) tituliert wird. Außerdem hätten beide ein sogenanntes »Sondergut« als zusätzliche Quellen verwendet. Bei diesen Quellen handelt es sich wohlgemerkt jedoch nur um rein hypothetische Quellen, die keineswegs als gegebene Textvorlage existieren.

Wenngleich es zwischen den drei synoptischen Evangelien große Überschneidungen gibt, lassen sich unterschiedliche (theologische) Profile und Schwerpunktsetzungen erkennen: Der Evangelist Markus scheint, wie bereits erwähnt, als Erster die zerstreuten (mündlichen) Überlieferungen über Jesus zusammengetragen und zu einer fortlaufenden biografischen Erzählung gestaltet zu haben. Ob Markus ein Mitarbeiter und gar eine Art Dolmetscher des Apostels Petrus war, ist unter Theologen stark umstritten. Er richtete sich aber offenbar vor allem an eine aus Nichtjuden bestehende Gemeinde. Da die Leidensgeschichte Jesu einen ungewöhnlich breiten Raum einnimmt, wird das Markusevangelium auch als »Passionsgeschichte mit verlängerter Einleitung« bezeichnet. Einen weiteren Fokus bilden die ausführlichen Berichte über Jesu Wundertaten. Im Unterschied zu den übrigen Evangelien enthält das Markusevangelium nur wenige Reden Jesu. Auch bietet es keine Kindheitsgeschichten. Der Erzählstil kann als volkstümlich, lebendig und farbig charakterisiert werden.

Besondere Bedeutung kommt dem Matthäusevangelium bereits aufgrund seines ersten Platzes im Neuen Testament zu. Es sollte für die Kirche zur am meisten gelesenen und kommentierten Schrift werden. Matthäus – ein vermeintlicher Jünger Jesu – erweist darin Jesus nicht nur als den bereits im Alten Testament verheißenen Messias, sondern auch als den endzeitlichen Lehrer. Die Rolle Jesu als Wundertäter tritt hier dagegen in den Hintergrund. Im Vergleich zu Markus vermehrt Matthäus die Reden Jesu mithilfe von großen Redekompositionen – unter ihnen die *Bergpredigt*, die *Aussendungsrede*, die *Gleichnisrede*, die *Gemeinderede* und die *Rede gegen die Pharisäer und Schriftgelehrten* – sowie die eindringliche Schilderung des *Weltgerichts*, die das Leben und Denken der Christenheit genauso stark bewegt und geprägt haben wie die Ausführungen zur *Nächstenliebe* und das *Vaterunser*, das zum christlichen Hauptgebet avancieren sollte. Für die Katholiken wurde die *Verheißung an Petrus* darüber hinaus zum Schriftbeleg für die Stiftung der Kirche und den Primat des Papstes. Als ein weiteres wichtiges Thema dieses Evangeliums kann die – zum Teil polemische, von späteren Judenverfolgern verhängnisvoll missbrauchte – Auseinandersetzung mit dem Judentum gelten, von dem sich die judenchristliche Gemeinde wahrscheinlich erst kürzlich getrennt hat.

Im Unterschied zu den übrigen Evangelisten ist Lukas, der sich mit seinem Evangelium, aber auch mit seiner *Apostelgeschichte* an griechische Heidenchristen richtet, mit dem gehobenen literarischen Stil der hellenistischen Geschichtsschreibung vertraut. Dabei ist der angebliche Begleiter des Paulus vor allem darum bemüht, die göttliche Würde Jesu stärker zu betonen. Im Gegenzug wird manch »menschlicher« Zug aus dem Markusevangelium gestrichen und auch die Jünger werden in der Kritik mehr geschont. Wie Matthäus hebt auch Lukas die Gottessohnschaft Jesu unter anderem mithilfe der Verkündigung seiner jungfräulichen Empfängnis und Geburt heraus. Und während Markus Jesus vor allem als Wundertäter, Matthäus indes als Lehrer darstellt, zeichnet ihn Lukas mit Vorliebe als Heiland der Elenden und Verachteten. Und so finden sich einige der schärfsten Urteile über den Reichtum und die Reichen und entsprechende Verheißungen für die Armen nur bei Lukas: »Er stürzt die Mächtigen vom Thron und erhöht die Niedrigen. Die Hungernden beschenkt er mit seinen Gaben und lässt die Reichen leer ausgehen.« (Lk 1,52f) Gleichzeitig fordert Jesus im Lukasevangelium die Menschen zu tätiger Barmherzigkeit auf, wie es beispielsweise das Gleichnis vom barmherzigen

Samariter verdeutlicht. Doch Lukas ist nicht nur der »Evangelist der Armen«, sondern auch der »Evangelist der Frauen«, denn kein anderes Evangelium erzählt so viel von Frauen, auch von Frauen um Jesus. Bedeutsam war Lukas besonders für die Entwicklung der Marienverehrung und der Feier des Weihnachtsfestes.

Kommen wir zum Evangelium nach Johannes, das sich, wie bereits angedeutet, in größerem Ausmaß von den drei synoptischen Evangelien unterscheidet, obgleich oder gerade weil es diese voraussetzt. Als dessen Urheber gilt der »Jünger, den Jesus liebte« (Joh 21,24). Ihn versuchte man bereits im 2. Jahrhundert mit dem Sohn des Zebedäus zu identifizieren, von dem es im Neuen Testament heißt, er sei Fischer von Beruf und habe zwei Söhne namens Johannes und Jakobus gehabt. Anders als Matthäus, Markus und Lukas beginnt Johannes sein Evangelium, das sich vorwiegend an Christen zu richten scheint, mit einem hymnisch geformten Prolog: »Im Anfang war das Wort ...«, der sich wohl als eine Art Leseanweisung für das gesamte Evangelium versteht. Jesu Selbstoffenbarung durch sein Wort, aber auch durch viele (Wunder-)Zeichen, mit denen Jesus sein eigenes Geschick deutet, bestimmen den ersten, aus zwölf Kapiteln bestehenden Hauptteil, zu dem auch ein Komplex groß angelegter Jesusreden gehört, die sich jedoch deutlich von den Reden bei den Synoptikern unterscheiden. Denn während Jesus dort von der anbrechenden Herrschaft Gottes spricht, redet Jesus bei Johannes von sich und seiner unmittelbaren Nähe zu Gott: »Wer mich sieht, sieht den Vater« (Joh 14,9). In großflächig entfalteten Bildern wird Jesus unter anderem als »Brot«, »Licht«, »Weg« und »Wahrheit« bezeichnet. Allesamt Metaphern, wie man sie auch aus der dualistisch geprägten gnostischen Tradition her kennt. Dies mag dazu beigetragen haben, dass man das Johannesevangelium auch als das mystische, esoterische unter den vier Evangelien bezeichnet. Inhalt des zweiten Hauptteils ist der Hingang Jesu zum Vater, wobei die Selbstoffenbarung Jesu vor den Seinen und die Vollendung der Sendung Jesu durch den Heiligen Geist im Sinne eines *Parakleten* (griechisch = »Beistand, Tröster«) die beiden Schwerpunkte bilden. Zu den besonderen Kennzeichen des Johannesevangeliums gehört es auch, dass das Menschsein Jesu öfter hinter seine Göttlichkeit zurücktritt. In einem Epilog (Kapitel 21) wird schließlich das Wirken des Auferstandenen behandelt.

Trotz des gleichen Stoffes setzen die vier Evangelien mithin unterschiedliche Akzente, wobei keines alleinige Authentizität für sich beanspruchen kann. Und so gab es bereits im Frühchristentum die ersten Versuche, aus den vier Evangelien eine einzige fortlaufende Erzählung zu machen. Diese älteste sogenannte »Evangelienharmonie«, die zudem apokryphes Material berücksichtigt, wurde vom syrischen Kirchenvater Tatian um das Jahr 170 unter der Bezeichnung *Diatessaron* (griechisch = »aus vier bestehend«) zusammengestellt und im 6. Jahrhundert ins Lateinische übersetzt. Auf Anregung des Hrabanus Maurus wurde es um 830 von Mönchen des Klosters Fulda ins Althochdeutsche übertragen. Aus der Sicht der Bibelkritik ist dies jedoch mehr als ein gewagtes Unterfangen. Denn auch eine Montage unterschiedlicher Linsen bewirkt nicht immer unbedingt ein schärferes Bild ... Ungeachtet dessen erfreuen sich in evangelikalen Kreisen weitere Versuche der Evangelienharmonie bis heute großer Beliebtheit.

6. Gibt es mit der Apokalypse am Ende der Heilsgeschichte ein Weltgericht?

»Dann *sah ich einen großen weißen Thron* und den, der auf ihm *saß; vor seinem Anblick flohen Erde* und Himmel, und es *gab keinen Platz mehr für sie*. Ich sah die Toten vor dem Thron stehen, die Großen und die Kleinen. Und *Bücher wurden aufgeschlagen*; auch *das Buch des Lebens* wurde aufgeschlagen. Die Toten wurden *nach ihren Werken* gerichtet, nach dem, was in den Büchern aufgeschrieben war ... Dann sah ich *einen neuen Himmel* und *eine neue Erde* ... Ich sah *die heilige Stadt*, das neue *Jerusalem* ...« (Offb 20,11ff)

In bildmächtigen Visionen voller Pathos und Dramatik prophezeit die *Offenbarung des Johannes*, das letzte Buch des Neuen Testaments, nicht nur ein von gigantischen Katastrophen begleitetes Zeit- und Weltende, sondern – nach der erfolgten Auferstehung der Toten – auch das Letzte oder Jüngste Gericht sowie den Beginn eines neuen Äons, symbolisiert durch das himmlische Jerusalem als der abschließenden Erfüllung aller Verheißung vom Reich Gottes. »Ich bin das Alpha und das Omega, der Anfang und das Ende ...« (Offb 21,6), hört Johannes Gott von seinem Thron aus verkünden. Die Metapher vom ersten und letzten Buchstaben des griechischen Alphabets deutet dabei die vollkommene Autorität Gottes an, der bereits mit seinem Schöpfungshandeln (Gen 1,1) die Vollendung der Welt in seinen Plan einbezogen hat. Mit denselben Symbolen wird auch Jesus Christus als der kommende Richter von Johannes bedacht.

Wer der Autor dieser auf der griechischen Insel Patmos Ende des 1. Jahrhunderts in der Verbannung niedergeschriebenen, an sieben christliche Gemeinden in Kleinasien gerichteten Apokalypse (griechisch = »Enthüllung, Offenbarung«) ist, bleibt bis heute allerdings umstritten. Die Forschung geht heute davon aus, dass es sich bei diesem urchristlichen Propheten weder um den Jünger Johannes noch um den Verfasser des vierten Evangeliums handelt. Doch wie auch immer. Dieses Werk, das gleichsam als Gegenstück zum Anfang der Welt die letzten Geheimnisse der (Heils-) Geschichte enthüllt, umfasst zahlreiche Bilder, Motive und eine Zahlensymbolik (vor allem die Zahlen Sieben und Zwölf), wie wir sie aus den jüdischen Apokalypsen her kennen. Diese stellen als theologische Geschichtsdeutungen eine eigene Literaturgattung aus der Zeit zwischen Altem und Neuem Testament dar.

In der nachbiblischen christlichen Tradition sollten weitere apokalyptische Schriften wie die *Petrusapokalypse* (1. Hälfte des 2. Jahrhunderts), die *Ascensio Jesaiae* (2. bis 4. Jahrhundert) oder die *Paulusapokalypse* (Ende des 4. Jahrhunderts) hinzukommen, die zwar allesamt zu den Apokryphen gezählt wurden, aber nicht zuletzt aufgrund ihrer drastischen Höllen-Schilderungen großen Einfluss auf die Seelenlage der Menschen zeitigten.

Doch Strömungen, die sich mit dem Ende der bisherigen Geschichte im Sinne eines »bösen Äons« und der Erwartung eines Gerichtes Gottes sowie seiner endgültigen Herrschaft beschäftigen – und hinter deren Warnungen immer auch eine Aufforderung zur moralischen Umkehr steckt –, gibt es bereits im Alten Testament. So offenbart der Prophet Daniel, was am Ende der Tage geschehen wird: »Zur Zeit jener Könige wird aber der Gott des Himmels ein Reich errichten, das in Ewigkeit nicht untergeht; dieses Reich wird er keinem anderen Volk überlassen. Es wird alle jene Reiche zermalmen und endgültig vernichten; es selbst aber wird in alle Ewigkeit bestehen.« (Dan 2,44) Auch an anderen alttestamentlichen Stellen wird Gott als gerechter Richter über die Völker und über den Kosmos gerühmt. Der Prophet Jesaja verbindet die Vorstellung des Messias als Weltrichter bereits mit einer endgültigen Verwandlung des ganzen Kosmos.

Diese Vorstellungen werden im Neuen Testament – außer in der bereits erwähnten Offenbarung des Johannes – auch von den Evangelisten aufgegriffen. Ihnen zufolge hat Jesus selbst das bevorstehende Gericht Gottes verkündet und die Entscheidung über das persönliche Heil des Einzelnen vom Bekenntnis zu ihm und zum Gebot der Gottes- und Nächstenliebe abhängig gemacht: »Wer an ihn glaubt, wird nicht gerichtet; wer nicht glaubt, ist schon gerichtet …« (Joh 3,18)

Paulus fügt der Rede vom Gericht Gottes ein weiteres Motiv hinzu: Jesus Christus wird »am Tag Jesu, unseres Herrn« (1 Kor 1,8) selbst Richter der Lebenden und (auferstandenen) Toten sein: »Denn wir müssen alle vor dem Richterstuhl Christi offenbar werden, damit jeder seinen Lohn empfängt für das Gute oder Böse, das er im irdischen Leben getan hat.« (2 Kor 5,10) Dem Apostel zufolge erhalten die Auferstandenen einen unverweslichen, unzerstörbaren, überirdischen Geistleib. »Die Posaune wird erschallen, die Toten werden zur Unvergänglichkeit auferweckt, wir aber werden verwandelt werden.« (1 Kor 15,52f)

Neben der Vorstellung eines die Menschheitsgeschichte beendenden Universalgerichts gab es jedoch schon im Neuen Testament (vgl. etwa die Lazarusperikope, Lk 16,19 – 31) auch die Vorstellung eines individuellen Partikulargerichts beim Tod des Einzelnen. Eine Vorstellung, die sich im Übrigen bereits bei dem griechischen, die christliche Theologie stark beeinflussenden Philosophen Platon (427 – 347) findet, der von einem Richterspruch nach dem Tod des Menschen ausgeht, wobei die Gerechten in die Seligkeit, die Ungerechten in die Strafhölle gelangen. Wie sich diese beiden Gerichte Gottes – das »allgemeine Gericht« und das

»besondere Gericht« – zueinander verhalten und in welchem Sinne »zwischen« ihnen überhaupt von »Zeit« gesprochen werden kann, bleibt ein bis heute ungeklärtes theologisches Problem.

Die katholische und orthodoxe Lehre vom Fegefeuer, einer Art »Zwischenzustand«, der den Menschen die Möglichkeit zur Läuterung bietet, wird von den protestantischen Kirchen jedenfalls genauso abgelehnt wie die Fürbittmöglichkeit für Verstorbene. Die Reformatoren Martin Luther (1483 – 1546), Johannes Calvin (1509 – 1564) und Ulrich Zwingli (1484 – 1531) folgen hier weitgehend der altkirchlichen Vorstellungen vom Jüngsten Tag, von Christi Wiederkehr zum Gericht (seiner *Parusie*), der allgemeinen Auferweckung der Toten und der Rettung der Seligen beziehungsweise der ewigen Verdammung der Gottlosen, wobei die Rechtfertigung des Einzelnen (vor allem) von seinem Glauben und der Gnade Gottes abhängt. Fegefeuerspekulationen werden von den Reformatoren verworfen.

Seit dem 17. Jahrhundert bezeichnet der aus der protestantischen Dogmatik stammende Begriff Eschatologie, abgeleitet aus dem Griechischen *ta és-chata* = »das Letzte, Äußerste«, die sogenannte Lehre von den Letzten Dingen, die insgesamt vier Themen umfasst: menschlicher Tod, Auferstehung von den Toten, Gottes letztes Gericht mit endgültiger Verdammnis der Gottlosen (Hölle) und Rettung der Seligen zum ewigen Leben sowie das gottgewirkte Ende der physischen Welt.

In den letzten Jahrzehnten des 19. Jahrhunderts fand abermals in der protestantischen Theologie eine eschatologische Revolution des theologischen Denkens statt. Es war unter anderem Albert Schweitzer (1875 – 1965), der erkannte, dass Jesu Verkündigung des nahe hereinbrechenden Reiches Gottes in ihrem Kern eine apokalyptische ist. Dieses Gottesreich sei dabei von Jesus als ein rein überweltliches verstanden worden. Er selbst habe in der Erwartung gelebt, dass es noch in seiner Generation durch eine kosmische Katastrophe hereinbrechen werde. Diese Naherwartung, die in den ersten christlichen Generationen besonders stark ausgeprägt war, habe die Entstehung des Christentums erst ermöglicht. »Christentum, das nicht ganz und gar und restlos Eschatologie ist, hat mit Christus ganz und gar und restlos nichts zu tun.«, formulierte Karl Barth (1886 – 1935). Und auch für den Theologen Rudolf Bultmann (1884 – 1976) spielte die Eschatologie eine beherrschende Rolle, insofern als sie den Menschen zur existenziellen Entscheidung rufe. Eschatologische Existenz verwirkliche sich durch die hier und jetzt gebotene Entscheidung für das wahre christliche Selbstverständnis, für den Glauben und die Umsetzung der Liebe Gottes in die Liebe zum Nächsten. Das heißt zugleich, dass in diesem Eschatologieverständnis kein Platz für spekulative Zukunftsaussagen über ein vermeintlich nahes oder fernes Ende der Welt bleibt: »Die christliche Hoffnung weiß, dass sie hofft; sie weiß aber nicht, was sie hofft.«

Demgegenüber gehen Theologen heute davon aus, dass Jesus wohl beides vertreten habe: ein gegenwärtiges *und* ein zukünftig kommendes Reich Gottes. Theologen sprechen von einer »präsentischen« und einer »futurischen Eschatologie«. Denn die Gottesherrschaft habe mit der Menschwerdung Jesu Christi bereits begonnen und sei folglich in Teilen jetzt schon auf Erden erfüllt. So wie es Jesus im Gleichnis vom Sauerteig ausgedrückt hat: »Mit dem Himmelreich ist es wie mit dem Sauerteig, den eine Frau unter einen großen Trog Mehl mischte, bis das Ganze durchsäuert war.« (Mt 13,33) Der gläubige Mensch müsse folglich in der Spannung zwischen einem »Schon« und einem »Noch nicht« leben, zwischen einer bereits realen Teilhabe am Heil und einer noch ausstehenden vollkommenen Gemeinschaft mit Gott. Zu den zukünftigen Ereignissen zählen neben der Wiederkunft Christi, der Auferstehung der Toten und dem Gericht auch (nach einem Endkampf zwischen lichten und finsteren Mächten) die Vernichtung alles Bösen und das ewige Leben.

Und obgleich das aufgeklärte Christentum unserer Tage sich insgesamt eher schwer mit einem apokalyptischen Glaubendenken tut, hat dieses unter chiliastischen Bewegungen wie den Zeugen Jehovas oder den Adventisten, aber auch bei Evangelikalen (vor allem in Nordamerika) Hochkonjunktur – wie es nicht zuletzt das große Interesse an Büchern und Actionfilmen belegt, die den apokalyptischen Endkampf zwischen Gut und Böse in Szene setzen.

7. Wie liest man die Bibel »richtig«?

Das Problem des richtigen Lesens, der korrekten Auslegung und des Verstehens der Bibel, in der ja – zumindest für Gläubige – Gott selbst den Menschen seinen Willen und seine Weisungen kundtut, ist so alt wie sie selbst. Denn schon der Apostel Petrus schreibt über das Zeugnis der Paulusbriefe: »In ihnen ist manches schwer zu verstehen, und die Unwissenden, die noch nicht gefestigt sind, verdrehen diese Stellen ebenso wie die übrigen Schriften zu ihrem eigenen Verderben.« (2 Petr 3,16) Aus diesem Grund bemühte sich die Theologie bereits seit der Frühzeit der Kirche um eine methodisch abgesicherte Textauslegung beziehungsweise *Exegese*, wie das aus dem Griechischen übernommene Fachwort dafür lautet.

So zeigte Paulus, wie das frühe Christentum bestimmte Aussagen des Alten Testaments auf das Neue Testament bezog. Zum Beispiel, wenn er in dem Felsen, aus dem Moses Wasser schlug, einen »geistlichen Felsen«, nämlich Christus, erkannte: »... und alle tranken den gleichen gottgeschenkten Trank; denn sie tranken aus dem Leben spendenden Felsen, der mit ihnen zog. Und dieser Fels war Christus.« (1 Kor 10,4) Theologen bezeichnen diese Art von Bibelauslegung, bei der Ereignisse oder Personen des AT als Ur- und Vorbilder für Ereignisse oder Personen des NT verstanden werden – und zwar in dem Sinne, dass das Frühere erst durch das Spätere voll begriffen werden kann –, als sogenannte *Typologie*. Weitere typologische Beispiele sind: Pesachlamm/Jesus; Manna und Wasser/Eucharistie und Taufe; Adam und Unheil/Jesus und Heil; eherne Schlange / Jesus am Kreuz; Arche in der Sintflut/Taufe usw.

Auf neuplatonischer Grundlage erarbeite der griechische Kirchenvater und Philosoph Origenes (185 – 254) den *dreifachen Schriftsinn*, demzufolge hinter dem buchstäblichen Wortsinn noch ein moralischer und ein allegorischer Sinn liegen. An den Mönch und Theologen Johannes Cassian (um 360 – 430/35) anknüpfend, ging die mittelalterliche Theologie sodann von einem *vierfachen Schriftsinn* aus: Der Literalsinn (die wörtliche Auslegung) bezieht sich auf die Fakten, der allegorische Sinn (die dogmatische Interpretation) auf den Glauben, der tropologische Sinn (der ethisch-moralische Gehalt) auf das Handeln und der anagogische Sinn (die eschatologische Bedeutung) auf das erhoffte Ziel. Friedrich Ohly (1914 – 1996), der Begründer der Bedeutungs- und Motivforschung, fasst diese lange Zeit angewandte Methode in seiner Studie *Vom geistigen Sinn des Wortes im Mittelalter* (1966) zusammen: »Befragt man den Text nach dem geschichtlich Gewesenen, so antwortet er mit dem geschichtlichen Buchstabensinn. Stellt man die Frage nach der heilsgeschichtlichen Bedeutung des Textes, so antwortet er auf der Stufe des allegorischen Sinns. Allegorie meint hier dasselbe wie der moderne Begriff der Typologie, also den Bedeutungsbezug zwischen Präfiguration und Erfüllung wie zwischen Altem und Neuem Testament. (…) Nicht unter dem heilsgeschichtlichen Aspekt, sondern im Hinblick auf das Leben der einzelnen Seele in der Welt betrachtet, erschließt sich das Wort in seinem tropologischen Sinn, der Anweisung zur Lebensführung gibt, indem er Bestimmung und Weg der Seele zu ihrem Heil zu erkennen gibt. Und schließlich nach seiner Aussage über die im Jenseits sich erfüllenden Verheißungen befragt, enthüllt sich des Wortes anagogischer, in den Himmel hinaufführender eschatologischer Sinn. Ein im Mittelalter immer wieder angeführtes Musterbeispiel ist das Wort ›Jerusalem‹: geschichtlich eine Stadt auf Erden, allegorisch die Kirche, tropologisch die Seele des Gläubigen, anagogisch die himmlische Gottesstadt.«[13]

Es waren die Reformatoren, aber auch Humanisten wie der niederländische Theologe Erasmus von Rotterdam (1466/69 – 1536), die diese willkürlich verfahrenden Schriftsinne als Erste anzuzweifeln wagten. Mit dem Aufkommen der historisch-kritischen Bibelwissenschaft seit dem 17. Jahrhundert fanden die Schriftsinne ihr Ende, auch wenn man heute noch auf Relikte dieser Interpretationsmethode stoßen mag.

Was zeichnet nun die *historisch-kritische Methode*, die sich lange Zeit vor allem im protestantischen Bereich entwickelte und bis heute eine unverzichtbare Grundlage für das Verständnis der Bibel bildet, im Einzelnen aus? Zunächst ist zu betonen, dass wir es mit einem ganzen Verbund einzelner, sich mehr und mehr spezialisierender Methoden zu tun haben. Schlagwortartig aufgezählt, sind es die *Textkritik*, die die handschriftliche Überlieferung (alte Übersetzungen und älteste erreichbare Textvarianten) untersucht; die *Literaturkritik*, die Indizien für ein »Wachstum« des Textes sucht; die *Überlieferungskritik*, die nach etwaigen mündlichen Überlieferungsstufen des Textes Ausschau hält; die *Formkritik*, die sprachliche und stilistische Analysen vornimmt, um Entstehungs- oder Verwendungssituationen des Textes, sozusagen seinen »Sitz im Leben«, zu rekonstruieren; die *Motiv- und Traditionskritik*, die den Text nach biblischen, aber auch außerbiblischen Motiven, Stoffen und Traditionen untersucht, und schließlich die *Redaktionskritik*, die den Entstehungsprozess des Textes und seine Aufnahme in den »Kanon«, das heißt die endgültige und als für die Gläubigen verbindlich anerkannte Sammlung heiliger Schriften, verfolgt.

In jüngster Zeit haben insbesondere sozialwissenschaftliche und psychologische Ansätze zur Bereicherung des Methodenrepertoires beigetragen. So interpretieren Tiefenpsychologen (unter anderem der 1940 geborene katholische Theologe und Psychoanalytiker Eugen Drewermann) die Bibeltexte wie Märchen, Mythen und Träume im Dienst einer befreienden Selbsterfahrung.

Bemüht sich die historisch-kritische Methode um ein Verständnis des ursprünglichen Sinnes biblischer Texte, so versucht die *biblische Hermeneutik* (griechisch = »Lehre vom Verstehen«), die aktuelle Bedeutung der Textpassagen aufzuspüren. Eine Methode, die heute viele Protestanten anwenden, vertrat doch schon Martin Luther (1483 – 1546) die Ansicht, dass die Heilige Schrift sich aus ihrem Gesamtzusammenhang selbst erklären lasse. Nicht so die Katholiken, für die die Auslegung der Bibel als »Zeugnis von Gottes Wort« (Walter Kasper) dem kirchlichen Lehramt unterliegt. Und so lehnte noch zu Beginn des 20. Jahrhunderts eine von der römisch-katholischen Kirche eigens geschaffene Bibelkommission die Erkenntnisse der modernen Exegese ab.

In der Enzyklika *Divino afflante Spiritu* von 1943 wurde unter Papst Pius XII. sowohl der Exegese als auch der Hermeneutik aber wieder größere Freiheiten zugestanden: »Was die Schriftausleger in den vergangenen Jahrhunderten mit herrlichem Erfolg geleistet haben, damit sollen auch die Exegeten unserer Tage nach Kräften wetteifern, damit die Kirche, wie in der Vergangenheit, so auch heute hervorragende Meister in der Schrifterklärung habe, und die Gläubigen durch deren Wirken und Arbeiten aus der Heiligen Schrift strahlendes Licht, Aufmunterung und Freude gewinnen.«[14]

Über die Konfessionsgrenzen hinweg ist man sich in der christlichen Welt aber heute darin einig, dass die biblische Schriftauslegung der »esoterischen Einkapselung in akademischer Theologie und dem kirchlichen Interpretationsmonopol entwunden werden«[15] müsse, damit diese auch für theologische Laien konkrete Lebenssituationen erschließen könne. Eine Aufgabe, der sich verschiedene Institutionen, wie etwa die Erwachsenenbildung, widmen.

Doch auch jenseits vermeintlich richtiger, falscher oder gar naiver Lesart erfahren Christen in aller Welt durch die Bibellektüre eine existenzielle Vertiefung ihres Glaubenslebens. Eine unversiegbare Inspirationsquelle ist die Bibel auch für andere Glaubensrichtungen. Nicht zuletzt für Künstler, Schriftsteller und Philosophen, selbst wenn diese sich als »religiös unmusikalisch« (Jürgen Habermas) bezeichnen.

Lässt sich die Existenz Gottes rational beweisen?
Auf welche Art(en) kann Gott vom Menschen erfahren werden?

II. ZU GOTT

Ist Gott männlich?
Ist der Teufel als Personifikation des Bösen letztlich ein Partner Gottes?
Ist die Dreifaltigkeit Gottes ein Widerspruch?
Wie lässt sich die Existenz des Leidens in der Welt mit der Liebe, Güte und Allmacht Gottes vereinbaren?
Was ist die »göttliche Gnade«?
Welche Aufgabe haben die Engel?

8. Lässt sich die Existenz Gottes rational beweisen?

»Das Dasein eines, der da ist, zu beweisen, ist das unverschämteste Attentat, da es ein Versuch ist, ihn lächerlich zu machen«[16], empörte sich der christlich-existenzialistische Philosoph Søren Kierkegaard (1813 – 1855). Trotzdem scheint der Versuch, die Existenz Gottes – ungeachtet des persönlichen Glaubens, der eigenen spirituellen Erfahrungen und der (vermeintlich) in der Offenbarung erschauten Wahrheiten – mithilfe rational nachvollziehbarer Argumente zu beweisen, ein tiefes Grundbedürfnis des Menschen zu sein, den bekanntlich schon Aristoteles als »zoon logikon«, als ein mit Vernunft begabtes Tier definierte. Und so überrascht es nicht mehr, dass wir seit der Antike bis in die jüngste Gegenwart auf eine Reihe von »Gottesbeweisen« stoßen, und zwar nicht nur bei Philosophen und Theologen, sondern selbst bei Mathematikern und Logikern …

Eine wahre Hochblüte erlebten die Gottesbeweise jedoch zur Zeit der mittelalterlichen Scholastik, die mit Rückgriff auf Platon (427 – 347), vor allem aber auf Aristoteles (384/3 – 322/1) ganz im Zeichen des Erweises der Vernünftigkeit des Glaubens stand, ja von dieser Idee regelrecht »besessen« war. Den Anfang machte der bedeutende Philosoph und Theologe Anselm von Canterbury (1033/34 – 1109) mit seinem sogenannten ontologischen Gottesbeweis, der zugleich als der wohl einflussreichste gelten darf, da sich unterschiedliche Varianten desselben später noch bei Denkern wie René Descartes (1596 – 1650), Baruch Spinoza (1632 – 1677) und Gottfried Wilhelm Leibnitz (1646 – 1716) finden. Für Anselm von Canterbury gehört es zum Begriff Gottes, dasjenige zu sein, worüber hinaus »nicht(s) Größeres gedacht werden kann«. Zu einem solchen vollkommenen Gott gehöre aber notwendig auch die Existenz, denn sonst könnte man sich ja noch etwas Größeres, Vollkommeneres vorstellen. Dergestalt wird aus dem Begriff Gottes, seiner Idee auf seine Existenz in der Wirklichkeit (kurz-) geschlossen.

Zwei Jahrhunderte später wird Thomas von Aquin (1224 – 1274) vor dem Hintergrund der aristotelischen Erkenntnistheorie diesen ontologischen Gottesbeweis aber kategorisch ablehnen. Seine Begründung: Zwar sei an sich im Begriff Gottes seine Existenz enthalten, jedoch nicht für uns Menschen, da wir keine adäquate Kenntnis des Wesens Gottes haben. Deshalb seien wir darauf angewiesen, die Existenz Gottes aus seinen Wirkungen in der Welt, das heißt *a posteriori*, zu beweisen. Hierfür entwickelt Thomas in seiner *Summa theologiae* fünf Wege (lateinisch *quinque viae*). Man könnte auch von fünf formalen Begründungsfiguren sprechen:

1. Aus der Bewegung *(ex parte motus)*: Wir nehmen wahr, dass in dieser Welt etwas bewegt wird. Alles, was bewegt wird, wird aber von einem anderen bewegt. Wir können jedoch die Reihe der Bewegenden nicht bis ins Unendliche fortsetzen. Es ist folglich notwendig, zu einem ersten Bewegenden zu kommen, das von keinem anderen bewegt wird.
2. Aus der Wirkursache *(ex ratione causae efficientis)*: Wir finden in der wahrnehmbaren Welt eine Ordnung der Wirkursachen vor. Nichts kann die Wirkursache seiner selbst sein. Wir können aber in der Reihe der Wirkursachen nicht bis ins Unendliche zurückgehen. Jede Wirkung ist, vermittelt durch eine endliche Zahl von Zwischenursachen, auf eine erste Ursache zurückzuführen.
3. Kontingenzbeweis *(ex possibili et necessario)*: Die Erfahrung des Entstehens und Vergehens zeigt uns Seiendes, das sein und auch nicht sein kann; folglich muss es notwendig Seiendes geben.
4. Stufenbeweis *(ex gradibus)*: Die Erfahrung zeigt uns, dass positive Bestimmungen (zum Beispiel das Gute, die Wahrheit, das Sein) den Dingen in unterschiedlichem Grad zukommen. Das bedeutet aber eine unterschiedliche Annäherung an eine höchste Verwirklichung, die Ursache der unvollkommenen Verwirklichungen ist.
5. Teleologischer Gottesbeweis *(ex gubernatione rerum)*: Wir beobachten, dass Seiende, die keine Erkenntnis haben, um eines Zieles willen wirken. Das erfordert die Existenz eines intelligenten Wesens, das sie auf ihr Ziel ausrichtet.[17]

Die klassisch-aristotelische These vom »ersten unbewegten Beweger« (Bewegungsbeweis) ist analog aufgebaut zum Beweis aus der

Wirkursache, dass nämlich allem Bewirkten eine selbst ursachenlose Erstursache zugrunde liegt. Da es außerdem unmöglich sei, dass alles Seiende nur zufällig und daher auch *nicht* sein könnte, müsse ein schlechthin notwendiges Wesen existieren (Kontingenzbeweis oder kosmologischer Beweis). Sodann verweise die graduelle Verwirklichung der positiven dinglichen Bestimmungen auf eine höchste Vollkommenheit (Stufenbeweis). Endlich ließen die sinnvoll geordneten Weltdinge den Rückschluss auf eine sie ordnende göttliche Intelligenz zu (teleologischer Gottesbeweis).

Der Vollständigkeit halber seien noch zwei antike Gottesbeweise angeführt, die weder Anselm von Canterbury noch Thomas von Aquin direkt aufgreifen, die aber geistesgeschichtlich bedeutsam sind: Der historische oder ethnologische Gottesbeweis der Stoa stützt sich auf die Annahme, dass es kein Volk ohne Gottesvorstellung gebe, und schließt aus dieser Übereinstimmung auf eine naturgesetzlich verankerte Gottesidee. Und der noologische Gottesbeweis, wie ihn unter anderem Platon und Aurelius Augustinus (354 – 430) führten, sieht den Geist im Denken auf ein absolutes Ziel ausgerichtet. Im Erkenntnisstreben setze die Vernunft das Unendliche als das Wahre und Gute immer schon voraus.

Es sollten weitere fünf Jahrhunderte ins Land gehen, bis Immanuel Kant (1724 – 1804) all diese vermeintlichen Gottesbeweise bestritt. Dabei führte Kant den teleologischen auf den kosmologischen und diesen wiederum auf den ontologischen Gottesbeweis zurück. In Letzterem erblickte er – im Unterschied zu Thomas von Aquin – sogar die Basis aller mit den Mitteln der theoretischen Vernunft geführten Gottesbeweise, lehnte jedoch dessen Gültigkeit ebenfalls ab, da die Vollständigkeit eines Ideals keineswegs etwas über dessen objektive Existenz aussage. In die gleiche Richtung zielt auch Gottlob Freges (1848 – 1925) Kritik des ontologischen Gottesbeweises. Denn in dem Satz »Pferde existieren« wird – so der Mathematiker und Logiker – nicht die Existenz von Pferden, sondern vielmehr die Existenz vom Begriff des Pferdes prädiziert, nämlich die Eigenschaft, dass der Begriff »Pferd« nicht leer ist, das heißt, dass es Gegenstände gibt, die unter ihn fallen.

Nichtsdestoweniger erkennt Kant ein praktisches oder moralisches Postulat der Existenz Gottes an: Um ethisch zu handeln, muss ein ethisches Wesen über der Welt angenommen werden, das denen die Glückseligkeit garantiert, die sich ethisch verhalten. So schließt Kant also aus der Notwendigkeit einer Ethik auf einen ethisch richtenden Gott und ein Leben des Menschen nach dem Tode, in dem dieser dem Gericht unterworfen ist (moralischer Gottesbeweis).

Allen angeführten Bedenken zum Trotz sollte der Theologe Karl Barth (1886 – 1968) den ontologischen Gottesbeweis noch einmal zu rehabilitieren versuchen. Denn Barth hielt Kants Kritik für nicht berechtigt, da sie der Denkbewegung Anselms nicht entspräche. Das berechtigte Anliegen Anselms besteht für Barth vielmehr darin, das eigene Denken von der Existenz Gottes ausgehen zu lassen, statt erst das Denken in sich selbst zu begründen und anschließend Gott zu denken.

Und obgleich das Interesse an Gottesbeweisen im 20. Jahrhundert insgesamt stark nachgelassen hat – für Rudolf Bultmann (1884 – 1976), den protestantischen Theologen und Entmythologisierer par excellence, stand beispielsweise eines außer Frage, dass »wer mit Gottesbeweisen etwas über Gottes Wirklichkeit auszusagen meint, über ein Phantom (disputiert)« –, stoßen wir auf Beachtenswertes, auch durchaus Kurioses:

So fand sich, ebenfalls von Anselms ontologischem Gottesbeweis ausgehend, im Nachlass Kurt Gödels (1906 – 1978), des »Mozarts der Mathematik« und des »größten Logikers seit Aristoteles«, ein Gottesbeweis mittels formaler Logik. Der von keinem Geringeren als Albert Einstein (1879 – 1955) Bewunderte, der sich mit seinem »Unvollständigkeitssatz«, dem Nachweis, dass selbst ein System wie die Mathematik niemals zum Beweis seiner eigenen Widerspruchsfreiheit verwendet werden könne, unsterblich machte, argumentiert so. Die in der »Anatomie des Denkens« (John Locke) ungeübten Leserinnen und Leser können den folgenden Abschnitt getrost überspringen:

»Axiom 1: Eine Eigenschaft ist genau dann positiv, wenn ihre Negation negativ ist. Axiom 2: Eine Eigenschaft ist positiv, wenn sie notwendigerweise eine positive Eigenschaft enthält. Theorem 1: Eine positive Eigenschaft ist logisch widerspruchsfrei (das heißt, sie trifft möglicherweise in einem Beispiel zu). Definition: Etwas ist gottähnlich genau dann, wenn er nur positive Eigenschaften hat. Axiom 3: Gottähnlichkeit ist eine positive Eigenschaft. Axiom 4: Positiv sein ist logisch und deshalb notwendig. Definition: Eine Eigenschaft P ist genau dann das Wesen von x, wenn x die Eigenschaft P hat und P notwendigerweise minimal ist. Theorem 2: Wenn x gottähnlich ist, macht Gottähnlichkeit das Wesen von x aus. Definition: x existiert notwendigerweise, wenn es eine wesentliche Eigenschaft hat. Axiom 5: Notwendig existent sein ist gottähnlich. Theorem 3: Notwendigerweise gibt es ein x so, dass x gottähnlich ist.«[18] Alle Klarheiten beseitigt ...?!

In jüngster Zeit wagte Robert Spaemann (geboren 1927), für den die Vernünftigkeit des Glaubens an Gott (= »das ewige Gerücht«) den Mittelpunkt seiner Philosophie darstellt, einen »letzten Gottesbeweis«, der auf unserer Grammatik, dem *Futurum exactum*, beruht. Wir erinnern uns: Mit dem Futurum exactum ist die Vorzukunft beziehungsweise das Futurperfekt (auch Futur II genannt) gemeint, etwa: »Ich werde gegangen sein ...« In seinem zusammen mit Rolf Schönberger verfassten Buch *Der letzte Gottesbeweis* aus dem Jahre 2007 lesen wir folgende Begründung: »Von etwas sagen, es sei jetzt, ist gleichbedeutend damit zu sagen, es sei in Zukunft gewesen. In diesem Sinne ist jede Wahrheit ewig. (...) Solange Vergangenes erinnert wird, ist es nicht schwer, die Frage nach seiner Seinsart zu beantworten. Es hat seine Wirklichkeit eben im Erinnertwerden. Aber die Erinnerung hört irgendwann auf. Und irgendwann wird es keine Menschen mehr auf der Erde geben. Schließlich wird die Erde selbst verschwinden. Da zur Vergangenheit immer eine Gegenwart gehört, deren Vergangenheit sie ist, müssten wir also sagen: Mit der bewussten Gegenwart – und Gegenwart ist immer nur als bewusste – verschwindet auch die Vergangenheit (...) Von welcher Art ist diese Wirklichkeit des Vergangenen, das ewige Wahrsein jeder Wahrheit? Die einzige Antwort kann lauten: Wir müssen ein Bewusstsein denken, in dem alles, was geschieht, aufgehoben ist, ein absolutes Bewusstsein.«[19]

Dieses von Spaemann beschriebene absolute Bewusstsein im Sinne eines immateriellen, allumfassenden Astralgedächtnisses, eines gleichsam kosmischen Zentralarchivs oder Computers, eines »Buches des Lebens«, in dem alle vergangenen, gegenwärtigen und zukünftigen Ereignisse *en détail* gespeichert sind, findet sich im Übrigen nahezu weltweit: in asiatischen Religionen ebenso wie in der christlichen Überlieferung sowie in einigen okkult-esoterischen Strömungen, von Plotin (205 – 270) über Marsilio Ficino (1433 – 1499) und Paracelsus (1493 – 1541) bis hin zu Helena Petrovna Blavatsky (1831 – 1891) und Rudolf Steiner (1861 – 1925). In Indien heißt dieses Buch des Lebens *Akasha-Chronik*.

9. Auf welche Art(en) kann Gott vom Menschen erfahren werden?

Da bekanntlich kein Mensch dem anderen gleicht – selbst eineiige Zwillinge pochen auf ihre Individualität –, muss es wohl genauso viele Wege, so viele Art und Weisen geben, Gott zu erkennen, ihn an Leib und Seele zu erfahren, wie es Menschen gibt. Allem Einmaligen, allem Unverwechselbaren zum Trotz lassen sich im breiten Spektrum christlicher Gotteserfahrung jedoch wiederkehrende Muster ausmachen: Für die/den eine/n ist es der Besuch eines ergreifenden Gottesdienstes, ist es ein grandioses Natur- oder Kunsterlebnis, ist es eine tiefgehende Liebesbeziehung, ist es die wundersame Errettung aus bedrohlicher Lebenslage, ist es ein mystisches Erlebnis und so weiter und so fort.

Vielen Menschen genügt indes bereits eine klare Sternennacht, genügt die Unermesslichkeit des Universums mit seinen zahllos funkelnden Galaxien und Sonnensystemen, gerät das Staunen über die Wunder der Welt zur Erfahrung des Numinosen, der unbegreiflichen Macht des Göttlichen. Im 20. Jahrhundert stellte der Sprachphilosoph Ludwig Wittgenstein (1889 – 1951) fest: »Nicht *wie* die Welt ist, ist das Mystische, sondern *dass* sie ist … Das Gefühl der Welt als begrenztes Ganzes ist das mystische … Es gibt allerdings Unaussprechliches. Dies *zeigt* sich, es ist das Mystische.«[20] Dasein ist mystisch! Und im Anschluss daran fand der Fundamentalontologe Martin Heidegger (1889 – 1976) das Wesen des Mystischen im Staunen über das Wunder, dass es »überhaupt Seiendes und nicht vielmehr nichts«[21] gibt. Doch schon für den »Vater der christlichen Mystik«, Gregor von Nyssa (331/40 – 395), stand fest, dass man Gott besser durch Staunen als durch Denken erkennen könne. Vom Staunen ist es nurmehr ein kleiner Schritt zum Loben, zum Verherrlichen, Preisen und Bekennen Gottes …

Aus biblisch-theologischer Sicht ist es jedoch Gott selbst, der durch seine Selbstoffenbarung die menschliche Gotteserkenntnis ermöglicht: Im Alten Testament durch sein erlösendes Befreiungshandeln und durch die unverbrüchliche Treue zu seinem Volk, im Neuen Testament durch das Mysterium der Menschwerdung des Sohnes und durch den Tod und die Auferweckung Jesu Christi. Indem der Mensch an Gott und sein Erlösungshandeln glaubt – im Sinne eines Vertrauensaktes, nicht eines Für-wahr-Haltens –, hat er bereits an der Gotteserkenntnis teil, so zumindest die protestantische Sichtweise. Die katholische Theologie lässt neben der übernatürlichen, auf offenbarungstheologischer Grundlage beruhenden Erkenntnis Gottes aus dem Glauben heraus – vergleiche Martin Luthers Formel *sola fide, sola scriptura* (= »allein durch den Glauben und die Schrift«) – auch eine vernünftig-philosophische Gotteserkenntnis gelten, wie sie beispielsweise in den Gottesbeweisen versucht wird. Bereits das I. Vatikanum (1869/70) verweist dabei auf eine Stelle aus dem Römerbrief: »Seit Erschaffung der Welt wird seine unsichtbare Wirklichkeit an den Werken der Schöpfung mit der Vernunft wahrgenommen, seine ewige Macht und Gottheit.« (Röm 1,20)

Darüber hinaus unterschied die christliche Tradition seit Anbeginn vier aktive Übungswege, die zur Erkenntnis und Erfahrung Gottes führen: die geistliche Lesung *(Lectio divina)*, die Meditation *(Meditatio)*, das Gebet *(Oratio)* und die Kontemplation *(Contemplatio)*. Mit der *Lectio divina* war die Lesung der Bibel sowie geistlicher Bücher gemeint, bei der es nicht nur um ein analytisch-exegetisches Erfassen, sondern um ein intuitives Erfasst-Werden ankam. Daran schloss sich die christliche *Meditatio* an, die klassische Meditation, die in längerem Schweigen nach dem Lesen und Hören des Bibelwortes geschah und zu der das Beobachten innerer Bilder und aufsteigender Gefühle gehörte. Zur *Oratio* zählte man eine Fülle von Gebetsformen wie das Beten mit dem Leib (Gebetsgebärden), das Sprachgebet oder das liturgische Beten usw. In der *Contemplatio* hingegen sollten die Bilder, die in der Meditation ihre unangefochtene Wichtigkeit hatten, immer mehr losgelassen werden, da das Göttliche bekanntlich alle menschlichen Bilder, Vorstellungen und Worte übersteigt. Dass die vier geistlichen Übungswege unbedingt zusammengehören und sich wechselseitig befruchten, beschrieb schon der Kartäusermönch Guigo II. (gest. 1188/93) in seiner *Mönchs- oder Paradiesleiter* von 1193 mit den Worten: »Ohne Meditation wird die Lectio trocken, ohne Lesung die Meditation irrig. Das Gebet ist ohne Meditation ängstlich und die Meditation ohne das Gebet unfruchtbar. Das Ziel aber ist die Contemplatio als Übersteigen aller Sinne und allen Tuns, als Einswerden mit Gott auf dem Grund der Seele.«[22] Die vierte und letzte Stufe der geistlichen Übung, also die Kontemplation, ist nach Guigo II. eine »nüchterne Trunkenheit«, in der die Seele jede Sinnlichkeit übersteigt.

Im Laufe der Zeit ist dieser vierte Übungsweg, die Praxis der Kontemplation, sowohl in der katholischen wie in der evangelischen Glaubenspraxis fast in Vergessenheit geraten. Man überließ diese und ähnliche mystische Praktiken einigen Expertinnen und Experten in Klöstern, Kartausen oder Eremitagen, wobei auch wenige spirituelle »Einzelkämpfer« sich ihrer annahmen und dergestalt für ihr Fortbestehen sorgten. Auf die Frage, wie es zu dieser kollektiven Verdrängung, dieser Verarmung und Verkümmerung einer einst lebendigen Tradition kommen konnte, lassen sich vor allem zwei Gründe aufzählen: zum einen die Verwissenschaftlichung der Theologie, die von der Aufklärung bis heute anhält, zum anderen die Angst der römischen Kirche vor Irrlehren. Heute aber knüpfen viele Suchende wieder an diese altbewährte kontemplative Praxis an, die im Übrigen trotz nicht zu leugnender Unterschiede auch sehr viele Gemeinsamkeiten mit östlichen spirituellen Übungen hat, etwa bestimmte Atemübungen und Körperhaltungen, wie sie im sogenannten »Yoga der Ostkirche« gang und gäbe waren. Archetypen, also Urbilder und Symbole, tauchen nicht nur in den religiösen Lehren aller Kulturen und Zeitalter auf. Man trifft sie ebenso in Form konkreter spiritueller Praktiken an.

Im Zuge der Praxis der Kontemplation kann es sogar zur *Unio mystica* kommen, wie von vielen Mystikerinnen und Mystikern überliefert ist. Doch worin besteht die mystische Einswerdung mit

Gott? Katharina von Genua (1447 – 1510) beschreibt ihre Unio mystica so: »Ich bin eingetaucht in den Quelle reiner Liebe, als befände ich mich im Meer, unter Wasser.« Und Elsbeth Stagel (um 1300 – 1360) bekennt in einem kühnen Gleichnis: »Ich schwimme in der Gottheit wie der Adler in der Luft.« Gertrud von Helfta (1256 – 1301/02) wiederum schreibt vom »ewigen Sonnenstillstand«, von der »Stätte, die alle Wonnen umschließt«, vom »Paradies beständiger Freuden«, an dem die Seele in Wirklichkeit ihre Heimat hat. Zuweilen wird das intime Geschehen zwischen der Person des Mystikers und dem Göttlichen sogar in Bildern erotisch-sexueller Vereinigung gekleidet. In diesem Sinne schreibt Johannes vom Kreuz (1542 – 1591): »Nacht, zu Vermählung einend Geliebter und Geliebte, in den Geliebten wandelnd die Geliebte.«

Schließlich kennt man aus der Geschichte des Christentums, anderen Weltreligionen vergleichbar, eine ganze Reihe von spontanen, oftmals als überwältigendes Gnadengeschenk empfundenen Bekehrungs- beziehungsweise Erleuchtungserlebnissen, von denen gleichsam ein mystisches »Licht der Gewissheit« (Augustinus) ausgeht, das über alle Zweifel erhaben zu sein scheint. Zu den bekanntesten zählen dabei die Bekehrung des Paulus von Tarsus (gestorben nach 60) durch eine Erscheinung Jesu, die Bekehrung des Aurelius Augustinus (354 – 430) durch das Lesen des Römerbriefes, die Bekehrung Franz von Assisis (1181/82 – 1226), als »das Bild des gekreuzigten Christus (zum ihm sprach), wobei sich die Lippen auf dem Bilde bewegten« sowie das »Turmerlebnis« Martin Luthers (1483 – 1546).

Ein besonders eindrucksvolles Bekehrungserlebnis hat uns der junge ungläubige Dichter Paul Claudel (1868 – 1955) überliefert: Es war der 25. Dezember 1886, morgens, als Claudel in Paris aufbrach, um dem Weihnachtshochamt in der Kathedrale Notre Dame beizuwohnen. Er dachte sich, die Weihnachtsliturgie sei für seine schriftstellerische Tätigkeit ein geeignetes Reizmittel und liefere ihm den Stoff für ein paar dekadente Übungen: »In dieser Verfassung wohnte ich, von der Menge gestoßen und gedrückt, dem Hochamt bei, ohne sonderlich Gefallen daran zu finden.« Da er nichts Besseres zu tun hatte, kam er am Nachmittag zur Vesper wieder dorthin. Er stand mitten in der Menge, nahe beim zweiten

Pfeiler am Choranfang, rechts auf der Seite der Sakristei. Der Knabenchor sang gerade das Magnificat. Da auf einmal geschah etwas Unerwartetes, das für das ganze Leben des Dichters bestimmend sein sollte. Claudel schildert dieses unvorhersehbare Ereignis so: »In einem Nu wurde mein Herz ergriffen, ich glaubte. Ich glaubte mit einer so mächtigen inneren Zustimmung, mein ganzes Sein wurde geradezu gewaltsam empor gerissen, ich glaubte mit einer so starken Überzeugung, mit solch unerschütterlicher Gewissheit, dass keinerlei Platz auch nur für den leisesten Zweifel offen blieb, dass von diesem Tage an alle Bücher, alles Klügeln, alle Zufälle eines bewegten Lebens meinen Glauben nicht zu erschüttern, ja auch nur anzutasten vermochten. Ich hatte plötzlich das durchbohrende Gefühl der Unschuld, der ewigen Kindschaft Gottes, das Gefühl einer unaussprechlichen Offenbarung.«[23]

Bei all den aufgeführten Möglichkeiten, Gott jenseits kritisch-rationaler Erkenntnis zu erfahren, ist es jedoch niemals auszuschließen, dass Menschen einer Täuschung, einer Fehldeutung erlegen sind. Denn noch wurde keine »Lackmusprobe« erfunden, dass wir es wirklich mit Gott zu tun haben.

10. Ist Gott männlich?

Was für eine Frage! Die schrecken ja wirklich vor gar nichts mehr zurück! Jetzt wollen sie sogar noch den Allerheiligsten kastrieren! So oder so ähnlich lauteten viele verärgerte Stimmen, als seit den späten 1960er-Jahren feministische TheologInnen (geschrieben mit dem obligaten großen Binnen-I) in ihrem multimedial geführten Kreuzzug gegen die übermächtige Phallokratie in Religion, Kirche und Gesellschaft selbst die Männlichkeit Gottes anzuzweifeln begannen. Die Empörung war allenthalben groß, und zwar nicht nur in klerikal-konservativen Kreisen.

»If god is male, then the male is god!«[24] – »Wenn ›Gott‹ männlich ist, ist das Männliche Gott«, schlussfolgerte die wegen Ketzerei aus der katholischen Kirche ausgeschlossene Theologin, pardon Thealogin, und radikale amerikanische Feministin Mary Daly (geboren 1928) in ihrem Buch *Beyond God Father: toward a philosphy of women's liberation* (Jenseits von Gottvater, Sohn & Co) aus dem Jahre 1973 scharf. Die blinde Verehrung rein maskuliner Gottesbilder komme einer devoten Verehrung des Mannes gleich und stütze damit automatisch die unhinterfragte, normative Vorrangstellung desselben ... Eine prägnante, griffige Kurzformel, die aller unverhohlenen Polemik zum Trotz nicht nur auf die augenfällige Problematik unserer gebräuchlichsten Bilder von Gott – etwa in Gestalt der kindlich-naiven, sich auch in der Kunstgeschichte hartnäckig gehaltenen Vorstellung vom langbärtigen Alten –, sondern auch auf die enge Verbindung von Männlichkeit und Göttlichkeit verweist: Schöpfer, Herr, Hirte, Höchster, König, Richter, Allmächtiger, Unnahbarer, Weltenlenker und, nicht zu vergessen, Vater sind nämlich allesamt männliche, den patriarchalischen Gesellschaftsverhältnissen geschuldete Metaphern für das Göttliche, von dem man sich – wir erinnern uns an das zweite Gebot des Alten Testaments – eigentlich überhaupt kein Bildnis, keine Vorstellung machen sollte (vgl. Ex 20,4 – 6) und über das – folgt man einem alten tiefsinnigen theologischen Prinzip – nur analog zu reden sei: Gott ist wie ... Den Juden war bekanntlich schon in den letzten vorchristlichen Jahrhunderten sogar das Aussprechen des Eigennamens Gottes (JHWH) – und zwar aus Ehrfurcht – untersagt!

Übersteigt Gott im Sinne des großen, größten Mysteriums, des Ganz Anderen letzten Endes aber nicht alle unsere kleinen menschlich-personalen Vorstellungen von IHM, das heißt auch jene von männlich und weiblich, weiß oder schwarz? In den 1970er- und 80er-Jahren sollte diese Erkenntnis zum bekannten ironischen Schlachtruf feministischer Theologinnen führen: »She is black!« ... »Wie ist Gott? Sie ist schwarz!« konnte man selbst auf T-Shirts gedruckt und an Hausmauern gesprüht lesen.

Doch selbst wenn man auf den personalen Charakter Gottes nicht verzichten, ihn als Du ansprechen und anrufen möchte – so ein weiteres nicht leicht von der Hand zu weisendes Argument der feministischen Theologie –, besteht gerade vor dem Hintergrund der alttestamentlichen Schöpfungsgeschichte noch lange kein Grund, Gott ausschließlich männliche Eigenschaften zuzusprechen. Denn in der Bibel wird ausdrücklich die Gottebenbildlichkeit des Menschen, das heißt die des Mannes *und* die der Frau gleichermaßen herausgestrichen: »Dann sprach Gott: Lasst uns Menschen machen als unser Abbild, uns ähnlich ... Gott schuf also den Menschen als sein Abbild; als Abbild Gottes schuf er ihn. Als Mann und Frau schuf er sie, und Gott sprach zu ihnen: Seid fruchtbar, und mehret euch, bevölkert die Erde, unterwerft sie euch, und herrscht über die Fische des Meeres, über die Vögel des Himmels und über alle Tiere, die sich auf dem Land regen« (Gen 1, 26 – 28).

Wenn sich das Göttliche mithin sowohl im Mann als auch in der Frau widerspiegelt und ausdrücklich an *beide* der Auftrag ergeht, die Welt verantwortlich zu leiten und sich zu vermehren, wie kann da noch allen Ernstes und guten Gewissens von einem rein männlichen Gott die Rede sein? Es kann! Zweitausend Jahre christlicher Theologiegeschichte beweisen es hinreichend. Sehen wir uns ein paar historische Meilensteine genauer an.

Bereits der Apostel Paulus scheint die fundamentale schöpfungsgemäße Gleichstellung beider Geschlechter und damit die Gottebenbildlichkeit der Frau aus dem Blick zu verlieren, wenn er der Frau nur noch den zweiten Platz zubilligt, und dies nicht allein in Hinsicht auf ihr Verhalten im Gottesdienst: »Ihr sollt aber wissen, dass Christus das Haupt des Mannes ist, der Mann das Haupt der Frau und Gott das Haupt Christi. Wenn ein Mann betet oder prophetisch redet und dabei sein Haupt bedeckt hat, entehrt er sein Haupt. Eine Frau aber entehrt ihr Haupt, wenn sie betet oder prophetisch redet und dabei ihr Haupt nicht verhüllt.« (1 Kor 11,3 – 4) Und indem Paulus durch seine typologische, das heißt alt- und neutestamentliche Personen und Geschehnisse aufeinander beziehende Schriftauslegung Christus als Typus für den erlösten Menschen, Adam hingegen für die sündige Menschheit verwendet, wird der Mann theologisch zum Maß des Menschlichen schlechthin erklärt, während die Frau und mit ihr gut die Hälfte der Menschheit einfach – sozusagen *en passant* – herausfällt ... Und dies zweifelsfrei mit verheerenden Auswirkungen auf das spätere christliche Frauenbild.

Der französische Theologe und Philosoph Pierre Abélard (1079 – 1142) bezeichnet rund tausend Jahre später nur den Mann als sogenannte *imago Dei*, sprich als Abbild Gottes, weil er Christus als dem vollkommenen Bild des Vaters ähnlich sei, der Frau spricht er im Gegenzug lediglich eine abgeschwächte Ähnlichkeit *(similitudo)* zu. Warum die Gottebenbildlichkeit der Frau hinter der des Mannes zurückstehe, begründet der französische Frühscholastiker Wilhelm von Auxerre zu Beginn des 13. Jahrhunderts sodann gleich auf dreifache Art und Weise: wegen der unmittelbaren Erschaffung des Mannes und der nur mittelbaren der Frau durch Gott (die alte Geschichte mit der Rippe), wegen der größeren Klarheit des männlichen Intellekts, welche die Frau – wohlgemerkt – nach der Naturordnung ihm unterworfen sein lasse, und schließlich wegen der Ähnlichkeit nur des Mannes zu Gott als Schöpfer.

In diese chauvinistische Richtung zielt auch der bedeutendste mittelalterliche Theologe Thomas von Aquin (1224 – 1274), wenn er uns in seiner *Summa Theologiae* – auch in philosophischer Hinsicht eines der einflussreichsten Bücher des Mittelalters – wissen lässt: »In Bezug auf etwas Zweites findet sich die imago Dei im Mann, aber nicht in der Frau. Denn der Mann ist Ursprung (principium) und Ziel (finis) der Frau, so wie Gott Ursprung und Ziel der gesamten Schöpfung ist.«[25] Die gleiche Denkweise begegnet uns später aber auch im deutschen Protestantismus des 17. Jahrhunderts: »Der Mann ist Ursprung (origo) und Prinzip, aus dem die Frau geschaffen ist, er ist aber auch das Ziel, um dessentwillen sie hervorgebracht wurde.« (Jacob Thomasius – Johannes Sauerbrei) Und noch der angesehene deutsche katholische Theologe Matthias J. Scheeben (1835 – 1888) vergleicht das Verhältnis des Mannes zur Frau mit dem Gottes zur Schöpfung, weshalb für ihn die Frau als Frau nicht Bild Gottes sei.

Durchwegs unverblümt frauenfeindliche Positionen, die heute – dem Höchsten Wesen sei's gedankt – aus den Dogmatiken verschwunden sind. Was aber nicht heißt, dass die Lehre von der lang tradierten verminderten Gottebenbildlichkeit der Frau restlos überwunden wäre, wie etwa die Diskussionen um die Ämter für Frauen in der katholischen Kirche verdeutlichen.

Kurzum, wir sehen, dass die Beschreibung Gottes als rein männlich nicht nur ein einfaches sprachlich-grammatikalisches Problem darstellt, sondern diese Konvention ernste Konsequenzen für das theologisch begründete Rollenverständnis der Frau in der Geschichte gezeitigt hat.

Dabei gab es auch in der Theologiegeschichte von Anfang an Ansätze zu einer anderen, neuen Rede von Gott, die das dominant maskuline Gottesbild, wenn nicht revolutioniert, so doch zumindest relativiert: So kann kein Zweifel bestehen an der großen Bedeutung der weiblichen Sophia-Theologie und -Christologie für die Jesusbewegung und die ersten Gemeinden. Seit dem Exil hat Israel Gottes Güte und Zuwendung zu den Menschen in der weiblichen Gestalt der personifizierten Weisheit (hebräisch *Chokmah*, griechisch *Sophia*), beschrieben und hymnisch gefeiert. Dieses weibliche Gottesbild Israels ist ein bemerkenswerter Beitrag zu einem nicht patriarchalen Monotheismus. Die jüdische Mystik der Kabbala kennt darüber hinaus die sogenannte *Schechina*, die weibliche Manifestation Gottes. Sophia ist nicht nur Symbol, sondern wird in einer konkreten Frauengestalt dargestellt, die Traditionen antiker Göttinnen in sich aufgenommen hat, so der ägyptischen – oftmals mit Kuhgehörn und Sonnenscheibe dargestellten – Isis, vor allem aber der Ma'at, der Göttin der Weltordnung. Sophia ist eine vermittelnde Frau, die auch in Schöpfungstexten neben JHWH, dem Schöpfergott, erscheint – »So beschloss ich, sie als Lebensgefährtin heimzuführen …« (Weish 8,9); »Ich ging aus dem Mund des Höchsten hervor …« (Sir 24,3) – und sogar ein Verbindungsglied zwischen Altem und Neuem Testament ist. Und auch in den Evangelien finden sich Spuren dieser Sophia-Theologie: Jesus hat sich selbst und die frühe Kirche hat Johannes und Jesus als die letzten Gesandten oder Propheten der Sophia verstanden (Mt 23,34; Lk 11,49). Im Johannesevangelium wird Jesus durch den Prolog und durch die »Ich bin«-Worte als Sophia ausgewiesen. Diese Weisheits-Christologie sollte jedoch durch die spätere Logos-Christologie, die in Christus das fleischgewordene Wort Gottes betont, wieder verdrängt werden.

Eingang fand das Göttliche in seiner Manifestation als Sophia, das heißt als Weisheit, Barmherzigkeit und Weiblichkeit, in eine feminisierte Christologie unter anderem bei der Mystikerin Hildegard von Bingen (1098 – 1179). Und eine Theologie vom Göttlichen als Mutter begegnet uns bei der Exponentin der Frauenmystik Juliana von Norwich (um 1343 bis nach 1416). Die feministischen Theologinnen berufen sich sodann auf die in der Bibel zwar seltenen, aber dennoch existenten weiblichen Gottesbilder, die nur aufgrund der andauernden männlichen Dominanz in ihrer geschichtlichen Tradition verdrängt worden seien. Als Beispiele mütterlicher Gottesbilder werden angeführt: die Hausherrin, die Gebärende, die Mutter, die Hausfrau und die Hebamme: »Wie die Augen der Knechte auf die Hand ihres Herrn, wie die Augen der Magd auf die Hand ihrer Herrin, so schauen unsre Augen auf den Herrn, unsern Gott, bis er uns gnädig ist.« (Ps 123,2) – »An den Fels, der dich gezeugt hat, dachtest du nicht mehr, du vergaßest den Gott, der dich geboren hat.« (Dtn 32,18) – »Kann denn eine Frau ihr Kindlein vergessen, eine Mutter ihren leiblichen Sohn? Und selbst wenn sie ihn vergessen würde: ich vergesse dich nicht.« (Jes 49,15) – »Mit dem Himmelreich ist es wie mit dem Sauerteig, den eine Frau unter einen großen Trog Mehl mischte, bis das Ganze durchsäuert war.« (Mt 13,33) Und, um ein letztes Beispiel anzuführen: »Du bist es, der mich aus dem Schoß meiner Mutter zog, mich barg an der Brust der Mutter.« (Ps 22,10)

Wie aber nun konkret von Gott sprechen? Die feministische Theologin Rosemary Radford Ruether (geboren 1936) führte den Ausdruck *Gott/in* als »künstliches Symbol« und »analytisches Zeichen« ein. Ihre Begründung: Dieser Ausdruck vereine » … die männliche und die weibliche Bedeutung des Wortes für das Göttliche … und (trage) der jüdisch-christlichen Behauptung, dass die Gottheit eine Einheit sei, Rechnung«[26]. Eine gut gemeinte Lösung, die sich zwar für theologische Diskussionen, aber wohl kaum für die Praxis der Gebetssprache eignen dürfte! Dies mag auch auf den Lösungsvorschlag der anfangs zitierten Theologin Mary Daly zutreffen, die das geschlechtsneutrale, dynamisch-abstrakte Wort »Being« vorschlug, bei dem aber das anredbare personale Du genauso verlorenzugehen droht, wie bei den zum Teil überaus poetischen Gottesbildern aus der Tradition der mittelalterlichen Frauenmystik: Licht, Brunnquell aller Güter, Quell reiner Liebe, Urgrund und so weiter und so fort.

Aber auch wenn die feministischen Theologinnen keine wirklich überzeugende Alternative zu »Gott« anzubieten haben, kommt ihnen das große Verdienst zu, nicht nur auf die folgenschwere Einseitigkeit männlicher Gottesbilder, sondern auch auf die damit zusammenhängende fehlende Identifikationsmöglichkeit der Frau mit einem Gott-Vater hingewiesen zu haben. Denn bei dem Erfahrungsmaterial, auf dem männliche Gläubige den Vaterbegriff und seine Beziehung zum Sohn verstehen, handelt es sich um ein völlig anderes als bei einer Frau.

Dem Glauben Rechnung tragend, dass Gott menschliche Erkenntnis- und Benennungsmöglichkeiten weit übersteigt, und dabei auch bewusst auf die Erkenntnisse feministischer Theologinnen zurückgreifend, bietet die durchaus umstrittene *Bibel in gerechter Sprache* – eine Neuübersetzung der biblischen Schriften ins Deutsche aus den Jahren 2001 – 2006 – unterschiedliche, ausdrücklich nicht in »patriarchalischer Herrschaftssprache« übersetzte Lesemöglichkeiten für den Eigennamen Gottes an, der Lebendige/die Lebendige, ErSie, der Ewige/die Ewige, Schechina, Ich-bin-da (Ex 3,14), lässt vielerorts den tradierten Gottesnamen aber auch einfach bestehen: »Durch einen Anfang hat Gott Himmel und Erde geschaffen …«

Schließen wir mit dem zeitlosen Wort eines bedeutenden Mystikers: In Angelus Silesius *Cherubinischem Wandersmann* (1657) hat die letzte, alles hervorbringende und sinngebende Wirklichkeit zwar viele Namen, muss aber dennoch namenlos bleiben: »Man kann den höchsten Gott mit allen Namen nennen: Man kann ihm wiederum nicht einen zuerkennen.«[27]

11. Ist der Teufel als Personifikation des Bösen letztlich ein Partner Gottes?

»Der größte Erfolg des Teufels besteht darin, den Eindruck zu erwecken, dass es ihn nicht gibt.« Wie dieses Papst Johannes Paul II. (Amtszeit 1978-2005) zugeschriebene Zitat belegt, haben wir es im Falle des Teufels – das deutsche Wort »Teufel« leitet sich vom semitischen *tfl* = »besudeln« ab – mit einem besonders zähen, langlebigen Phänomen zu tun. Aller vermeintlichen Aufklärung und theologischen Entmythologisierung, aller modernen Tiefenpsychologie zum Trotz. Auch wenn heute dabei niemand mehr an ein höllisches Wesen mit Wolfsfratze, Bockshörnern, Rattenschwanz, Vogelkrallen, Pferdehuf und Fledermausflügeln denken mag, das nach Pech und Schwefel stinkt und – in der Not – Fliegen frisst. Die Realität des Bösen in der Geschichte – für die der Holocaust hier nur stellvertretend genannt sei – ist nicht von der Hand zu weisen. Und die Frage nach Ursprung und Sinn des Bösen bleibt weiterhin bestehen, ungeachtet dessen, ob wir uns nun dieses bildhaft personifiziert vorstellen wollen oder nicht. Vielleicht liegt die bemerkenswerte Lebensfähigkeit des Teufels ja in seiner Nützlichkeit begründet, nämlich Gottes, aber auch des Menschen Schuld abzuschwächen.

Einer mit extrem negativen Eigenschaften, aber auch mit Intelligenz, Geschick und übersinnlichen Kräften ausgestatteten Symbolgestalt begegnen wir schon früh in fast allen Religionen dieser Welt. Im Alten Testament ist es *Satan* (hebräisch = »Widersacher«), der die böse Macht schlechthin verkörpert. Er, der auch unter den Namen *Belial* und *Sammael* auftritt, gilt als Mitglied des himmlischen Hofstaates. Dem außerbiblischen jüdischen Schrifttum zufolge war er ursprünglich ein gut geschaffener Engelsfürst, der sich aber mit anderen Engeln aus Stolz gegen Gott aufgelehnt haben soll und daraufhin von diesem aus dem Himmel gestürzt wurde. Dabei ist er jedoch weit davon entfernt, ein unabhängiger, souveräner Rivale Gottes zu sein. Wie wir an der Geschichte Hiobs sehen können, reicht seine Macht immer nur so weit, wie Gott selbst es zulässt: »Der Herr sprach zum Satan: Gut, all sein (des Menschen Hiob) Besitz ist in deiner Hand, nur gegen ihn selbst streck deine Hand nicht aus! Darauf ging der Satan weg vom Angesicht des Herrn« (Ijob 1,12). Und als der Anstifter zum Bösen »entlastet« Satan zuweilen auch den Herrn (1 Chron 21,1).

Eine bedeutende Rolle spielt die widergöttliche Macht des Bösen desgleichen im Neuen Testament, das die Anschauungen des Alten Testaments weitgehend übernimmt. Hier begegnen wir dem Teufel vor allem unter dem Namen *Diabolos,* was im Griechischen soviel wie »Durcheinanderwerfer«, »Verwirrer« heißt. Andere Bezeichnungen für ihn sind Widersacher, Beelzebub, Fürst dieser Welt, Verführer des ganzen Erdkreises, Drache, Vater der

Lüge, Mörder von Anfang an, die alte Schlange und – wenn er sich verstellt – sogar Engel des Lichts (2. Kor 11,14).

Der Teufel versucht Jesus, indem er ihm alle »Reiche der Welt mit ihrer Pracht« anbietet, wenn sich dieser vor ihm niederwirft. Doch Jesus widersteht: »Weg mit dir, Satan!« (Mt 4,1ff). Aber der Teufel versucht auch andere Menschen, verursacht Krankheiten durch seine Helfer, die Dämonen, verfolgt Gläubige und beeinflusst Judas bei seinem Verrat: »Der Satan aber ergriff Besitz von Judas …« (Lk 22,3) Der Apostel Paulus bezeichnet ihn einmal sogar als »Gott dieser Welt« (2 Kor 4,3f). Trotzdem ist der Teufel kein ebenbürtiger Konkurrent Gottes, sondern steht immer unter dessen Herrschaft.

Der Offenbarung des Johannes zufolge wird die Heilsgeschichte mit dem endgültigen Sturz des Teufels enden: »Wenn die tausend Jahre vollendet sind, wird der Satan aus seinem Gefängnis freigelassen werden. Er wird ausziehen, um die Völker an den vier Ecken der Erde … zu verführen. … Aber Feuer fiel vom Himmel und verzehrte sie. Und der Teufel, ihr Verführer, wurde in den See von brennendem Schwefel geworfen …« (Offb 20,10)

Dabei ist durch Jesus Christus, durch seinen Tod und seine Auferstehung, alles Dämonische eigentlich bereits entmachtet, ja sogar überwunden und das Reich Gottes schon anfanghaft unter uns gegenwärtig: »Denn ich bin gewiss«, schreibt Paulus, »weder Tod noch Leben, weder Engel noch Mächte, weder Gegenwärtiges noch Zukünftiges, weder Gewalten der Höhe oder Tiefe noch irgendeine andere Kreatur können uns scheiden von der Liebe Gottes, die in Christus Jesus ist, unserem Herrn.« (Röm 8,38f)

Von einem echten metaphysischen Dualismus im Sinne miteinander streitender, gleichstarker guter und böser (kosmischer) Mächte, wie wir sie beispielsweise aus der persischen Zarathustra-Religion, dem Zoroastrismus, her kennen, kann somit weder im Alten noch im Neuen Testament die Rede sein. Diese nichtdualistische Sichtweise wurde im Großen und Ganzen auch von der Theologie in den folgenden Jahrhunderten geteilt. Kirchenväter wie Aurelius Augustinus (354 – 430) versuchten den Teufel ins göttliche Heilswerks zu integrieren: Als Geschöpf Gottes musste letzten Endes sogar der Teufel etwas Gutes sein. Die mittelalterlichen Scholastiker erklärten das Böse sodann als *privatio boni*, als einen Mangel des Guten und damit als eine Wirklichkeit minderen Ranges. Was seiner Wirkmächtigkeit allerdings keinen Abbruch tun sollte. Im Gegenteil.

Verheerende Folgen zeitigten die von der Kirche (Hilarius von Poitiers, Johannes Chrysostomus) vorgenommenen und vom Aberglauben des Volkes an Geister und Dämonen gestützten Identifizierungen des Teufels mit Fremden und Randständigen: mit Juden und Zigeunern, mit Angehörigen anderer Religionen, aber auch mit Ketzern, Magiern und Heilern, sowie mit Kranken und Behinderten – für deren Denunziation, Verfolgung und Tötung man nun einen willkommenen Vorwand gefunden hatte. Vor allem unzählige Frauen landeten seit dem Mittelalter als vermeintliche Hexen zuerst in den Folterkammern der Inquisition und schließlich auf dem Scheiterhaufen: »vom Teufel besessenes Fleisch, das aus dem Leib der Heiligen Kirche herausgeschnitten werden musste, damit dem Bösen Einhalt geboten werden konnte«, lautete beispielsweise eine Begründung. Denn als ein gefallener Engel (Luzifer = Lichtträger) konnte der Teufel – so die damals gängige Ansicht – vom Menschen angerufen und durch einen Pakt zu allerlei, vorzugsweise aber zu üblen Schaden anrichtenden Hilfeleistungen veranlasst werden.

Mithilfe des Teufels konnten Menschen eingeschüchtert und manipuliert werden. *Upique daemon* – der Teufel ist überall, hieß es im Mittelalter: Kaufte eine arme Klosterfrau eine Staude Endivie, konnte der Satan darin stecken. Freute sich der Mönch in seiner einsamen Zelle am Gesang eines Vögelchens, war es vielleicht der Gesang des Teufels ... Die Versuchungen des großen Verführers – nicht zuletzt zur sündigen Fleischeslust (etwa in Gestalt des männlichen *Incubus* und des weiblichen *Succubus*) – lauerten überall und waren für Menschen nur schwer durchschaubar. Zugleich konnten Menschen ihre eigenen verdrängten Ängste, Aggressionen und Schattenseiten in andere hineinprojizieren, um diese dann als teuflisch zu bekämpfen. Nicht zu vergessen ist, dass mit dem Teufelsglauben auch ansonsten Unerklärliches – wie grassierende Hungersnöte, Glaubenskriege, Epidemien, soziale Umwälzungen und Katastrophen aller Art – bequem erklärt werden konnte, man dergestalt rasch einen Sündenbock zur Hand hatte.

Selbst in der Reformation erlebte der Teufelsglaube eine neue Blüte. Martin Luther (1483 – 1546) soll eines Abends realiter mit dem Teufel gesprochen und mit einem Tintenfass nach ihm geworfen haben. (Seine Aussage, er habe »den Teufel mit Tinte vertrieben«, wird heute jedoch eher auf Luthers Bibelübersetzung denn auf die nächtlichen Kämpfe auf der Wartburg bezogen. Der Tintenfleck, der im letzten Jahrhundert noch in der Lutherstube auf der Wartburg zu sehen war, scheidet als Beweismittel jedoch aus. Denn es gibt nicht wenige Berichte, nach denen der Fleck in den Jahrhunderten oftmals nachgebessert, neu angebracht und nachgefärbt worden sein soll ...) Protestantische Flugblätter stellten den Papst und das Papsttum als Teufel und Antichristen in apokalyptischen Szenerien dar.

Und obgleich im Zuge der neuzeitlichen Aufklärung und der liberalen Theologie der Glaube an den Teufel auch innerhalb der Kirchen und im Volk deutlich an Kraft verlor, erlebte er seit dem 19. Jahrhundert eine zumindest künstlerisch-literarische Renaissance: von Goethes *Faust I* (1805), wo der Teufel als Geist auftritt, der »stets das Böse will und stets das Gute schafft«, über E.T.A Hoffmanns *Elixiere des Teufels* (1815/16) bis hin zu Thomas Manns Roman *Doktor Faustus* (1947). Und selbst in der zweiten Hälfte des 20. Jahrhunderts bleibt die Faszination für ihn ungebrochen, wie man an Roman Polanskys Film *Rosemary's Baby* (1967) oder *Der Exorzist* aus dem Jahre 1973 ersehen kann.

Mit Ausnahme der Evangelikalen und Pfingstler tun sich die Kirchen heute allerdings schwer mit dem Glauben an den Teufel, wenngleich es hinsichtlich seiner Existenz und biblischen Bezeugung – wohlgemerkt – keine offizielle Stellungnahme der katholischen Kirche gibt. Ein Schelm wer Böses dabei denkt ...

12. Ist die Dreifaltigkeit Gottes ein Widerspruch?

Auf einem Gemälde des spanischen Renaissance-Künstlers Jerónimo Cosida y Vallejo (1510 – 1592) aus Zaragoza sieht man eine majestätisch thronende Gestalt mit einem dreigesichtigen Kopf, einem »Tricephalus«: einem Gesicht, das dem Betrachter frontal zugewandt ist, und zwei Gesichtern, die nach links beziehungsweise nach rechts gedreht sind. Aber diese Figur besitzt nur vier statt sechs Augen, da die Augen des mittleren Gesichtes zugleich jeweils ein Auge der seitwärts blickenden Gesichter bilden. Ein raffiniert changierender optischer Effekt, der sich als treffliche, tiefsinnige Symbolik entpuppt. Doch damit nicht genug. In ihren Händen hält die Figur ein aus Schriftbändern gebildetes Dreieck mit einem Mittelpunkt, der wiederum mit den Ecken des Dreiecks verbunden ist: »Pater non est Filius« (der Vater ist nicht der Sohn), »Filius non est Spiritus sanctus« (der Sohn ist nicht der Heilige Geist) und »Spiritus sanctus non est Pater« (der Heilige Geist ist nicht der Vater) lesen wir auf den Schenkeln des Dreiecks, während der innere Text verkündet: »Pater est Deus« (der Vater ist Gott), »Filius est Deus« (der Sohn ist Gott) und »Spiritus sanctus est Deus« (der Heilige Geist ist Gott). Was auch beim zweiten, dritten Überdenken dieser Aussagen verwirrend, ja paradox erscheint, ist es in der Tat. Denn es handelt sich hier um nicht weniger als den Versuch einer bildlichen Darstellung der sogenannten Trinität, der (Heiligen) Dreifaltigkeit beziehungsweise Dreieinigkeit, eines zentralen Dogmas der christlichen Theologie, das spätestens seit dem 4. Jahrhundert zu erbitterten Kontroversen geführt hat, mitunter immer noch führt.

Natürlich gab es im Christentum wesentlich schlichtere symbolische beziehungsweise bildliche Darstellungsversuche des Trinitätsmysteriums, das sich, wenn überhaupt – darin ist sich die Theologenzunft einig –, rational nur annäherungsweise begreifen lässt: So soll einer Legende nach der heilige Patrick auf seiner Missionsreise im 5. Jahrhundert die Iren mit einem Kleeblatt über die Dreieinigkeit Gottes aufgeklärt haben, besteht der Klee doch aus drei Blättern, die zusammen aber ein und dieselbe Pflanze bilden! Aurelius Augustinus (354 – 430) verglich die Trinität mit der dreifachen Stufung der Natur des Menschen in Körper, Seele und Geist. Der kappadokische Asket, Bischof und Kirchenvater Basilius von Caesarea (um 330 – 379), auch der Große genannt, wollte im Regenbogen ein Symbol der Trinität erkennen: Sonne, Sonnenlicht und Farben. In neuerer Zeit hat der irische Schriftsteller, Literaturwissenschaftler und Verfasser christlich apologetischer Werke Clive Staples Lewis (1898 – 1963), ein enger Freund J. R. R. Tolkiens (1892 – 1973), die Trinität mit einem Würfel in seinen drei Dimensionen verglichen. Als bekanntestes Zeichen der Dreifaltigkeit kann jedoch seit alters her das Dreieck gelten, oft durch das Einfügen des Auges Gottes in seiner Mitte verstärkt. Desgleichen findet man drei sich überschneidende Kreise, etwa im Maßwerk gotischer Kathedralen.

Figürlich weitaus am häufigsten ist die Darstellung der Trinität durch den greisen Gottvater, den jugendlichen Christus und die Taube, wobei das Lamm für Christus und die Hand Gottes für Gottvater stehen können. Die bedeutendste Bildformulierung ist seit dem 12. Jahrhundert jedoch der sogenannte Gnadenstuhl, der *thronus gratiae*: Gottvater, über dem eine Taube schwebt, hält das Kreuz mit dem Sohn oder den Schmerzensmann ohne Kreuz. Um ein letztes Beispiel anzuführen, sei an die Dreifaltigkeit als putziges Dreihasenbild erinnert, einer Darstellung von drei Hasen, die gemeinsam an drei Ohren hängen, so etwa im Fenstermaßwerk im Kreuzgang des Paderborner Doms, dem bekannten »Dreihasenfenster«. »Drei Hasen und der Löffel drei, und doch hat jeder Hase zwei«, heißt es schon in der deutschen Volksweise. Es ist jedoch davon auszugehen, dass die Trinitätsbedeutung in dieses archetypische Bild erst später hineininterpretiert wurde.

Doch der Reihe nach: Warum ist bei Gott eigentlich 1 = 3 oder haben wir es in diesem Fall nur mit einem Beispiel höherer Mathematik zu tun? Obgleich die Trinitätslehre im Neuen Testament nicht ausdrücklich als solche genannt wird, ist dort bereits von Gott dem Vater, dem Sohn und dem Heiligen Geist die Rede. Beispielsweise im »Taufbefehl« des Matthäusevangeliums, nach dem auch heute noch getauft wird: »Darum geht zu allen Völkern, und macht alle Menschen zu meinen Jüngern; tauft sie auf den Namen des Vaters und des Sohnes und des Heiligen Geistes ...« (Mt 28,19) Die nahe liegenden Fragen, wie sich diese drei Genannten zueinander verhalten, vor allem aber wie sich diese Dreieinigkeit mit dem monotheistischen Glauben an einen einzigen Gott vereinbaren lasse, avancierten alsbald zu einem veritablen Streit in der frühchristlichen Kirchengeschichte. So behauptete der alexandrinische Priester Arius (250 – 336), dass Jesus gar nicht gottgleich, sondern nur ein adoptierter Sohn, ein Geschöpf Gottes sei und den Menschen lediglich als Vorbild diene. Damit stellt der Arianismus eine Spielart des Subordinantianismus dar, der den Sohn und den Heiligen Geist nicht wirklich als gleichberechtigte Mit-Subjekte des göttlichen Heilsdenkens denken konnte, sondern in ihnen von Gott Geschaffene sah.

Diesem Standpunkt widersprach das Konzil von Nicäa (325) mit seinem Glaubensbekenntnis aufs Heftigste und deklarierte den Arianismus kurzerhand zur Irrlehre: »Gott vom Gott, Licht vom Licht, wahrer Gott vom wahren Gott, gezeugt, nicht geschaffen, wesenseins mit dem Vater«, heißt es im Nicäum. Denn nach Auffassung des Konzils könne Jesus die Menschen nur dann erlösen, wenn er selbst Gott, nicht aber lediglich ein vergöttlichter Mensch sei. Genau 56 Jahre später sollte das Konzil von Konstantinopel die Aussagen um das ausdrückliche Bekenntnis zur Trinität erweitern, und zwar mithilfe subtiler, man könnte auch sagen, spitzfindiger metaphysischer Kategorien: Gottes Sein (griechisch *ousia*; lateinisch *essentia*) stellt sich in drei Hypostasen (= Seinsweisen oder Wesenheiten, nicht aber Personen!) dar, nämlich als Vater, Sohn und Heiliger Geist, wobei es sich wohlgemerkt keineswegs um drei verschiedene Götter, sondern nur um einen einzigen Gott handelt. Wird dabei von Gott die ewige »Unerzeugtheit« angenommen, so von Christus die ewige »Erzeugung« und vom Heiligen Geist das ewige »Hervorgehen«. Mit anderen Worten: Der eine Gott nimmt nicht nacheinander drei Rollen- oder Erscheinungsweisen an (Theologen sprechen hier von »Modalismus«), er ist immer schon und für immer eine Dreiheit in nicht überbietbarer göttlicher Zusammengehörigkeit.

Die katholische Kirche formulierte diese Trinitätslehre in der Synode von Toledo 675 als Dogma, bestätigte sie im 4. Laterankonzil 1215 und stellte sie auch danach nicht wieder infrage. Im Jahre 1334 wurde gesamtkirchlich auch ein eigenes Dreifaltigkeitsfest *(Sanctissimae Trinitatis)* vorgeschlagen und seitdem meistens am Sonntag nach Pfingsten gefeiert. Trinitarische Elemente lassen sich auch in der katholischen Liturgie zuhauf finden: zum Beispiel beim Kreuzzeichen, im Glaubensbekenntnis – »Ich glaube an Gott, den Vater, den Allmächtigen, den Schöpfer des Himmels und der Erde, und an Jesus Christus, seinen eingeborenen Sohn, unseren Herrn, empfangen durch den Heiligen Geist ...« – und im »Trishagion«, in der Anrufung »Heiliger Gott, heiliger Starker, heiliger Unsterblicher, erbarme dich unser«, die alle Riten des Ostens und Westens verwenden.

Die Behauptung, dass der Heilige Geist vom Vater »und vom Sohne« (lateinisch *filioque*) ausgehe, wie sie im nicäeno-konstantinopolitanischen Glaubensbekenntnis eingefügt wurde, entfachte aber einen Streit zwischen der Ost- und der Westkirche, der als sogenannter Filioque-Streit eine der Ursachen für das morgenländische Schisma war und bis heute nicht beigelegt ist. Denn die Ostkirche lehnt(e) diesen Zusatz ab. Charakteristisch für die Ostkirche ist hingegen eine stärkere Betonung der Selbstständigkeit der drei göttlichen »Personen«, wie sie etwa in der »Trinitätsikone« Andrei Rubljos von 1411, der in der russischen Kirche eine gewisse Verbindlichkeit zukommt, Ausdruck findet. Denn darauf sind drei eigenständige »Personen« zu sehen, die um einen Tisch postiert sind, auf dem ein Kelch steht. Eine Szenerie, die wiederum an die alttestamentliche Geschichte erinnert: Im 1. Buch Mose, 18. Kapitel ist es nämlich Gott, der in Gestalt dreier Männer Abraham und Sara besucht, um den beiden Alten die Geburt ihres Sohnes Issaks zu prophezeien.

Antitrinitarische Bewegungen gab es jedoch auch bei den Protestanten, wenngleich die Trinitätslehre in den reformatorischen Bekenntnissen – wie dem Augsburger Bekenntnis (1530) und dem Heidelberger Katechismus (1563) – als Fundament vorausgesetzt wird. Ab dem 16./17. Jahrhundert kam es daher im Zuge der Sozinianer – einer nach dem Italiener Fausto Sozini (1539 – 1604) benannten antitrinitarischen Bewegung – zur Gründung unitarischer Gemeinden, und zwar von Polen und England bis in die USA.

Auch der liberale evangelische Theologe Friedrich Schleiermacher (1768 – 1834) konnte in der Trinitätslehre keine »unmittelbare Aussage über das christliche Selbstbewusstsein« erkennen und verbannte diese in seinem Buch *Der christliche Glaube* von 1831 auf den letzten Platz der systematischen Theologie. Für ihn stellte die Trinitätslehre lediglich ein antikes Erbstück dar (er spricht von bewusstlosen sich einschleichenden Anklängen des Heidnischen) – eines ohne jede Bedeutung für den modernen christlichen Glauben: »Die kirchliche Dreieinigkeit fordert, dass wir jede der drei Personen sollen dem göttlichen Wesen gleich denken und umgekehrt, und jede der drei Personen den anderen gleich; wir vermögen aber weder das eine noch das andere, sondern wir können die Personen nur in einer Abstufung vorstellen, und eben so die Einheit des Wesens entweder geringer als die die drei Personen oder umgekehrt.«[28]

Doch im 20. Jahrhundert sollte die Trinitätslehre auch in der protestantischen Theologie rehabilitiert werden. So meinte Karl Barth (1886 – 1968) aus der Logik des Gottes- und Offenbarungsbegriffs selber heraus gar nicht anders als trinitätstheologisch denken zu können … Trotzdem gibt es unter freisinnigen Protestanten nicht wenige Theologen, für die die Trinitätslehre, da sie im Neuen Testament nicht ausdrücklich genannt ist, keineswegs verbindlich ist. So schlussfolgert Ulrich von Hasselbach: »Man braucht sie also nicht zu akzeptieren, um Christ zu sein«[29]. Und tatsächlich ist heute davon auszugehen, dass den meisten Christen die »metaphysische Logik« der Trinitätslehre fremd sein dürfte und diese daher auch in der religiösen Praxis der Gläubigen keine wesentliche Rolle mehr spielt.

Auf katholischer Seite versuchte der 1938 geborene brasilianische Befreiungstheologe Leonardo Boff die gesellschaftliche Bedeutung der Trinitätslehre durch Integration in eine politische Theologie unter Beweis zu stellen. Die dreifaltige Gemeinschaft in Gott versteht Boff als Kritik und Inspiration der menschlichen Gesellschaft und begründet die befreiungstheologische Option für die Armen trinitätstheologisch.

Durch die Trinitätslehre unterscheidet sich das Christentum von allen anderen Religionen, gerade den monotheistischen wie dem Judentum und dem Islam. So ist für die klassische islamische Theologie die christliche Trinitätslehre unvereinbar mit der Einheit Gottes. Dabei grenzt sich das Christentum ausdrücklich gegen einen sogenannten Tritheismus ab: nämlich gegen die in vielen Religionen vertretene Überzeugung von drei höchsten Gottheiten, einer Variante des Polytheismus, wie sie etwa im Hinduismus in Gestalt einer Trimurti, einer Dreiheit von Gott als Schöpfer (Brahma), als Erhalter (Vishnu) und als Zerstörer (Shiva) vorkommt.

13. Wie lässt sich die Existenz des Leidens in der Welt mit der Liebe, Güte und Allmacht Gottes vereinbaren?

»Warum, warum soll ich ihn preisen? Jede Faser meines Wesens sträubte sich dagegen. Nur weil er Tausende seiner Kinder in Gräben verbrennen ließ? Nur weil er sechs Gaskammern Tag und Nacht, Sabbat und Festtag arbeiten ließ? Nur weil er in seiner Allmacht Auschwitz, Birkenau, Buna und so viele andere Todesfabriken geschaffen hat? Wie soll ich zu ihm sagen: ›Gepriesen seiest Du, Ewiger, König der Welt, der Du uns unter den Völkern erwählt hast, damit wir Tag und Nacht gefoltert werden, unsere Väter, unsere Mütter, unsere Brüder in den Gaskammern verenden sehen? Gelobt sei Dein heiliger Name, Du, der Du uns auserwählt hast, um auf Deinem Altar geschlachtet zu werden?‹«[30]

Diese von tiefstem Glaubenszweifel, aber auch bitterster Empörung geprägten Zeilen finden sich in Elie Wiesels 1958 erschienenem Roman *Die Nacht. Erinnerung und Zeugnis.* Darin schildert der 1928 im damals ungarischen Siebenbürgen geborene jüdische Autor und spätere Friedensnobelpreisträger von 1968 seine traumatische Erfahrung als Kind im Konzentrationslager Auschwitz, wo seine Eltern, Großeltern und die jüngste Schwester von den Nazis ermordet wurden. Mit seinen insistierenden Fragen formuliert Wiesel zugleich ein klassisches philosophisches, vor allem aber theologisches Dilemma, das seit Anfang des 18. Jahrhunderts als sogenanntes Theodizee-Problem bezeichnet wird, neu: Wie lässt sich die Existenz des allgegenwärtigen, immerwährenden

Leidens in der Welt mit der verkündeten Liebe, Güte und Allmacht Gottes vereinbaren?

Der aus dem Altgriechischen entlehnte Begriff der Theodizee (*theós* = »Gott« und *dike* = »Gerechtigkeit«) geht dabei auf ein Werk des Philosophen Gottfried Wilhelm Leibnitz (1646 – 1716) zurück. Dieser versuchte – vermutlich in Anlehnung an eine Stelle aus dem Römerbrief des Paulus: »Ist Gott – ich frage sehr menschlich – nicht ungerecht, wenn er seinen Zorn walten lässt?« (Röm 3,5) – in seinem *Essais de Théodicée sur la bonté de Dieu, la liberté de l'homme et l'origine du mal* von 1710 nachzuweisen, dass die Welt – ja, wir lesen richtig – »die beste aller möglichen Welten« sei und Gott selbst angesichts des Übels und des Bösen in der Welt gerechtfertigt werden könne: »Es gibt keinen besseren Plan, denn sonst hätte Gott ihn vorgezogen.« Eine zweifellos gewagte These des lutherischen Philosophen, die spätestens 1755 mit dem Erdbeben von Lissabon, bei dem in einer einzigen Nacht rund 30 000 Menschen ums Leben kamen, in sich zusammenbrechen sollte. François Marie Arouet Voltaire (1694 – 1778) sah sich dadurch zu seinem satirischen, die Kirche provozierenden Roman *Candide oder der Optimismus* veranlasst, in dem ein argloser junger Mann immer wieder Opfer von üblen Schurken und schrecklichen Zufällen wird. Denn welchen Sinn könnte diese Naturkatastrophe – also ein Leid, das ausdrücklich *nicht* durch menschliche Schuld verursacht wurde – wohl haben? Vor allem aber: Wie kann ein Gott, der so etwas zulässt, ein liebender, gütiger und allmächtiger Gott sein und nicht vielmehr ein grausames Ungeheuer, ein regelrechter Sadist?

Ein Problem, das selbst streng Gläubigen und eingefleischten Skeptikern bis heute noch auf den Nägeln brennt, sie in arge Erklärungsnot bringt, mutiert für strikte Gottesleugner indes zum finsteren Herzstück ihres Atheisten-Katechismus', wird für Nihilisten und Zyniker zum schlagenden Beweis von Gottes Nichtexistenz, zumindest seines (nach dem Schöpfungsakt) erfolgten Todes. Oder um mit Maria-Henri Beyle alias Stendhal (1783 – 1842), dem Vater des realistischen Romans und Schöpfer komplett desillusionierter Figuren, zu sprechen: »Die einzige Entschuldigung Gottes ist, dass er nicht existiert«.

Zur prophylaktischen Beruhigung der Atheistenfraktion sei gleich gesagt, dass es für das Theodizee-Problem in der Tat keine akzeptable Lösung gibt, jedenfalls keine mathematisch-rationale. Denn spätestens seit Immanuel Kant (1724 – 1804) wissen wir, dass mit puren Vernunftgründen die »Verteidigung der höchsten Weisheit des Welturhebers gegen die Anklage, welche die Vernunft aus dem Zweckwidrigen in der Welt gegen jene erhebt«[31] – so die klassische Theodizee-Formulierung des Königsbergers –, zum Scheitern verurteilt ist, weil sie die Grenzen der endlichen Vernunft der Menschen schlechthin übersteigt. Im Interesse des Glaubens verweist Kant aber zugleich daraufhin, dass ein solcher Versuch einer Rechtfertigung Gott nicht die Ehre gibt, sondern ihn gleichsam vor den Richterstuhl der menschlichen Vernunft zwingt. Im 20. Jahrhundert sollte der Schweizer Theologe Karl Barth (1886 – 1968) an Kant anknüpfen, als er desgleichen eine »Lösung« des Theodizee-Problems kategorisch ablehnte, jedoch gleichzeitig betonte, dass die Menschen nicht berechtigt seien, Gott anzuklagen. Vom Paradoxen könne vielmehr nur dialektisch gesprochen werden …

Nichtsdestoweniger wollen wir uns die Sache hier nicht ganz so einfach machen und im Folgenden einen historischen Blick auf die wichtigsten Lösungsansätze des aufgezeigten Widerspruchs werfen: Eine erste Antwort finden wir im alttestamentlichen Buch *Ijob*. Dort beharrt der gleichnamige leidende Gerechte – entgegen der lang tradierten, aber umso engeren Logik seiner Freunde: Jeder Leidende müsse gesündigt haben und folglich sein Gewissen erforschen, sich bekehren und Buße tun – auf seiner Unschuld und klagt Gott aufgrund der erlittenen Heimsuchungen und Schicksalsschläge (Blitzschlag und bösartige Geschwüre inklusive) bitter an: Dieser züchtige den Menschen ohne jegliche Rücksicht auf dessen Unschuld. Damit widerspricht Ijob dem »Tun-Ergehen-Zusammenhang«, wie es Theologen zu nennen pflegen. Diesem zufolge soll es nämlich eine Verbindung zwischen frommer Lebensführung, Glück und Wohlstand (im Sinne einer Belohnung durch Gott) einerseits und einen Zusammenhang zwischen sündhafter Lebensführung, Leid und Not (im Sinne einer Bestrafung des Schöpfers) andererseits geben. Schließlich erscheint Gott am Endes des Buches »im Sturm« und gibt in zwei großen Reden Ijob sogar Recht (und zürnt obendrein seinen Freunden), indem er nämlich einräumt, dass das Leiden in der Welt tatsächlich keinem simplen Belohnungs-Bestrafungs-Kalkül folgt. Vielmehr verweist der Herr auf seine Allmacht und die Wunder seiner Schöpfung, die das menschliche Wissen und Können bei Weitem übersteigen, und zeigt Ijob, wie klein und nichtig der Mensch dagegen ist. Gott kehrt gewissermaßen den Spieß um: Wenn Ijob Gott zurechtweisen wolle, müsse er seinerseits die Welt leiten, ihre Ordnung erhalten und die Übeltäter vernichten können. Dann werde selbst Gott ihn preisen … Könne er dies aber nicht, so stehe ihm eine bescheidenere Haltung besser zu Gesicht.

Mit anderen Worten: Gottes Entschluss, sein Handeln sind letzten Endes unerforschlich und dürfen nicht hinterfragt werden. Dem Menschen, auch dem vermeintlich unschuldig Leidenden, bleibt nur die beharrliche Gottesanklage oder – besser noch – die schweigende Demut übrig. Das Buch *Ijob* hat – das sei hier nicht unterschlagen – gleichwohl ein echtes Happy End: Denn nachdem sich Ijob Gott unterwirft – »Vom Hörensagen nur hatte ich von dir vernommen; jetzt aber hat mein Auge dich geschaut.« (Ijob 42,5) –, erhört ihn dieser und wendet dessen Schicksal radikal, indem er ihn mit Besitz, Kindern, Kindeskindern und einem langen Leben aufs Reichlichste und Großzügigste beschenkt.

Doch auch im Neuen Testament begegnen wir zumindest einem indirekten Antwortversuch auf die Frage, warum Gott großes Leiden toleriert. Denn hier muss selbst Gottes Sohn Verfolgung, Folter und Tod ertragen und, ans Kreuz genagelt, »mit lauter Stimme« rufen: »*Eloï, Eloï, lema sabachtani?*, das heißt übersetzt: *Mein Gott, mein Gott, warum hast du mich verlassen?*« (Mk, 15, 4) Zugleich aber solidarisiert sich Gott in Jesus mit allen Leidenden, leidet selbst am Unrecht der Welt – die Theologen sprechen von einer *passio continua* – und erfährt der Sohn durch die Auferweckung die absolute Bestätigung seines Weges. Den Gläubigen wiederum wird für alle Zeiten und Orte die Gewissheit geschenkt, dass Leid und Tod nicht das letzte Wort sind. Dergestalt stellt das Problem des von Gott verlassenen Sohnes für Theologen geradezu die Ursituation, den Ausgangspunkt des christlichen Glaubens dar und ist mithin bereits »produktive Reaktion« auf die Theodizee-Frage.

Mit Irenäus (um 140/150 bis nach 200) und Augustinus (354 – 430) – später auch mit Thomas von Aquin (1224 – 1274) – kommt ein weiterer bedeutender Lösungsvorschlag ins Spiel. Diese Kirchenväter versuchen, die Theodizee-Frage mit Rückgriff auf die Philosophie Platons (428/427 – 348/347) und Aristoteles (384 – 322) zu beantworten: Dabei wird das Böse als ein Nichtseiendes beziehungsweise als ein Mangel des Guten, als *privatio boni* gedeutet. Weil Gott das Seiende gut geschaffen hat, ist er nicht die Ursache des Bösen, kann er es gar nicht sein. Das moralische Böse ist allein eine Tat der Menschen und mithin Sünde. Das physische Übel wird von Gott als Mittel der Erziehung zum Guten und zur Läuterung der Seelen zugelassen. Auch das metaphysische Übel – der Teufel – muss letztendlich den Plänen Gottes dienen. Der sogenannten Privationstheorie sollte bis ins 17. Jahrhundert eine außerordentliche Erfolgsstory beschieden sein, jedoch lediglich bis zu jenem Zeitpunkt, da einige Theologen – *horribile dictu* – auch dem Übel eine eigene Realität zuzusprechen begannen.

Ein anderer zu beachtender Erklärungsversuch besteht in dem Verweis auf die Freiheit und Eigenverantwortung, die Gott dem Menschen in seinem Handeln geschenkt hat und die er so radikal ernst nimmt, dass er sie ihm auch bei deren Missbrauch nicht entzieht. Die Schwachstelle dieser Argumentation besteht selbstredend darin, dass sie jenes Leid nicht erklären kann, das nicht durch Schuld verursacht wurde, wie etwa im Falle von Naturkatastrophen und Krankheiten.

Im Zuge deistischer Vorstellungen kam es dann zu einem recht pragmatischen Lösungsansatz in der Theodizee-Diskussion, wonach Gott zwar die Welt mit einem ungeheuren Entwicklungspotential geschaffen habe, nun aber weder selbst in die Welt eingreifen wolle noch könne, da dies das Potential der Welt und den freien Willen des Menschen stören würde. Ein Eingreifen Gottes, um Leid zu verhindern, würde aus der Welt und den Menschen gleichsam nur ein riesiges Versuchslabor machen. Zu guter Letzt sei auf eine gleichermaßen originelle wie elegante, wenngleich von allen Kirchen verworfene Lösung des Theodizee-Problems mithilfe eines dualistischen Denkens aufmerksam gemacht. Dieses greift auf Vorstellungen zurück, wie sie uns aus der frühchristlichen Gnosis, dem Manichäismus und den großen mittelalterlichen Häresiebewegungen der bulgarischen Bogumilen und den besonders in Südfrankreich verbreiteten Katharern (von Letzteren leitet sich das Wort »Ketzer« ab!), überliefert wurde. Um für den schwerlich hinzunehmenden Widerspruch zwischen den Übeln der Welt und der Allmacht und Güte Gottes eine akzeptable Lösung zu finden, wird die kühne Hypothese von zwei deutlich unterschiedenen Göttern aufgestellt: Zwar sei Gott der Schöpfer dieser Welt, aber Satan, ein Bruder Christi und Sohn Gottes, der auch der böse Gott des Alten Testaments ist, sei ihr Ordner und Architekt. Dergestalt kann der gute Demiurg – in der Beweisführung logisch und absolut korrekt – von allem Bösen freigesprochen werden.

In eine ähnliche Richtung geht ein kosmogonisches Modell, das sich bereits in den unorthodoxen Spekulationen der Lurianischen Kabbala findet und das Hans Jonas (1903 – 1993) im Jahre 1984 in seinem Essay *Der Gottesbegriff nach Auschwitz. Eine jüdische Stimme* radikalisiert hat. Damit an Gottes Güte angesichts des Grauens festgehalten werden kann, gibt der Philosoph die für die Hoffnung des Glaubens doch unverzichtbare Allmachtsprädikation auf: »Um Raum zu machen für die Welt, musste der *En-Sof* des Anfangs, der Unendliche, sich in sich selbst zusammenziehen und so außer sich die Leere, das Nichts entstehen lassen, in dem und aus dem er die Welt schaffen konnte. (…) Hierüber nun geht mein Mythos noch hinaus. Die Zusammenziehung ist total, als Ganzes hat das Unendliche, seiner Macht nach, sich ins Endliche entäußert und ihm damit überantwortet. (…) Verzichtend auf seine eigene Unverletzlichkeit, erlaubte der ewige Grund der Welt, zu sein. Dieser Selbstverneinung schuldet alle Kreatur ihr Dasein und hat mit ihm empfangen, was es vom Jenseits zu empfangen gab. Nachdem er sich ganz in die werdende Welt hineingab, hat Gott nichts mehr zu geben.«[32]

All dem Ausgeführten zum Trotz, bleibt das Theodizee-Problem zumindest für jene, die weiterhin an einen allmächtigen und guten Gott glauben, zu glauben gewillt sind, eine große, wenn nicht sogar die größte Herausforderung ihres religiösen Lebens.

14. Was ist die »göttliche Gnade«?

Gnade vor Recht ergehen lassen, vor jemandes Augen keine Gnade finden, bei jemandem in hohen Gnaden stehen, aber auch die Gnade der späten Geburt und so weiter und so fort. Viele deutsche Redensarten gebrauchen das Wort »Gnade« in jenem Sinne, den es bereits im Alt- und Mittelhochdeutschen hatte. Denn dort bedeutete *g(e)nade* beziehungsweise *gināda* nichts anderes als »Wohlwollen, Gunst, Huld«. Dabei wurde es im germanischen Sprachbereich – das Juristisch-Politische eingeschlossen – noch weitgehend durch den Inhalt des christlichen Gnadenbegriffes bestimmt. So sprach man schon damals von »göttlichem Erbarmen« und »göttlicher Hilfe«.[33] Eine tiefgehende Prägung, die jedoch kaum überrascht. Stellt das Wort »Gnade« – beziehungsweise seine hebräische und griechische Entsprechung – doch nicht weniger als eine Kurzformel für Gottes Handeln dar, ein Urwort des jüdisch-christlichen Glaubens und damit einen Schlüsselbegriff der gesamten Heiligen Schrift.

Gleichwohl fällt es vielen Menschen von heute nicht leicht, diesen sehr abstrakt wirkenden Begriff mit einem konkreten Inhalt zu füllen. Gehen wir deshalb auf Spurensuche in die Geschichte zurück. Im Alten Testament wird von Jahwe gesagt, er sei »gnädig und barmherzig, geduldig und reich an Güte« (Ex 34,6). Das Volk Israel erfährt Gottes Gnade – die im Hebräischen mit *chäsäd* wiedergegeben wird – nicht nur in der grundlosen Auserwählung zum Bundesvolk, sondern auch und gerade in der alle Gerechtigkeit überbietenden Treue, die Gott selbst noch seinem zuweilen ganz und gar untreuen, abtrünnigen Volk gegenüber beweist. Immer wieder aufs Neue vergibt Gott den Menschen ihre Schuld und verheißt ihnen ein größeres Leben. Beim Propheten Jesaja rückt die Gnade dabei in die Nähe von Güte und Barmherzigkeit: »Die Huld des Herrn will ich preisen, die ruhmreichen Taten des Herrn, alles, was der Herr für uns tat, seine große Güte, die er dem Haus

Israel erwies in seiner Barmherzigkeit und seiner großen Huld. Er sagte: Sie sind doch mein Volk, meine Söhne, die nicht enttäuschen. Er wurde ihr Retter in jeder Not.« (Jes 63,7f)

Im Neuen Testament meint Gnade – die die Griechen mit dem Wort *charis* wiedergeben – in Anknüpfung und Weiterführung jüdischen Glaubendenkens, das von Gott in freier und liebender Zuwendung durch Jesus Christus den Menschen geschenkte Heil. Indem Gott in Jesus gleichsam selbst zum Bruder des Menschen wird und indem Gott seinen eigenen Sohn für uns hingibt (vgl. Röm 8,32), wird sein Heilshandeln zum eigentlichen Inhalt des Begriffs Gnade. Zwar verwendet Jesus selbst den Begriff der Gnade nicht, bezeugt aber in den Gleichnissen – unter anderem in dem Gleichnis von den unverdient belohnten Arbeitern im Weinberg (Mt 20,1 – 16) – und nicht zuletzt durch sein eigenes Verhalten den gnädigen Vatergott gleich in vielfältigster Art und Weise.

Es ist vor allem Paulus, der die göttliche Gnade zum Zentrum seiner Theologie macht. Der Apostel verwendet den Begriff der Gnade mit Bezug auf die Erlösung. So wird jeder Mensch allein durch Gottes Gnade ohne eigenes Verdienst gerechtfertigt und mit neuem Leben beschenkt: »Ohne es verdient zu haben, werden die gerecht, dank seiner Gnade, durch die Erlösung in Christus Jesus.« (Röm 3,24) Als eine Gnade bezeichnet Paulus aber auch seine eigene Berufung zum Apostеldienst, die gerade nicht aufgrund eigener Vorzüge oder Verdienste geschah – war er doch zunächst ein fanatischer Christenverfolger –, vielmehr durch Gottes zuvorkommende und durch Christus vermittelte Gnade: »Doch durch Gottes Gnade bin ich, was ich bin, und sein gnädiges Handeln an mir ist nicht ohne Wirkung geblieben. Mehr als sie alle habe ich mich abgemüht – nicht ich, sondern die Gnade Gottes zusammen mit mir.« (Röm 15,10)

Paulus macht uns darauf aufmerksam, dass unser gesamtes Sein und Wirken, einschließlich unserer Eigenleistung und unseres Erfolges, letzten Endes aus göttlicher Gnade geschieht. »Was hast du, das du nicht empfangen hast, warum rühmst du dich, als hättest du es nicht empfangen?« (1 Kor 4,7), lautet in diesem Zusammenhang ein Kernsatz des Apostels. Wir Menschen haben daher keinerlei Grund zum Selbstruhm, vielmehr sind wir zu Dank und Lobpreis aufgerufen. Im Leben aus der Gnade vermögen wir aber auch unsere Schwachheit, unsere Grenzen zu akzeptieren, da Gottes Liebe diese einschließt: »Meine Gnade genügt dir; denn sie erweist ihre Kraft in der Schwachheit.« (2 Kor 12,9)

Auch in der Theologiegeschichte spielt der Begriff der göttlichen Gnade eine bedeutende Rolle, jedoch von Beginn an mit unterschiedlichen Akzentsetzungen. Denn während die griechischen Kirchenväter das gesamte Heilshandeln Gottes – von der Schöpfung über die Erlösung bis hin zur Heilsvollendung – als ein gnadenhaftes Geschehen betrachten, betonen die lateinischen Kirchenväter ein anderes Moment der Gnade: Die Rede ist von der Vergebung der *individuellen* Sünde und – damit verbunden – zugleich von der Freiheit des Menschen. Letztere bedarf nach Aurelius Augustinus (354 – 430) jedoch der erwählenden Gnade Gottes. Erst die helfende Kraft Gottes lässt den Menschen gerecht werden. So deutete Augustinus den paulischen Satz »Die Liebe Gottes ist ausgegossen in unsere Herzen durch den Geist, der uns geschenkt wurde.« (Röm 5,5) wie folgt: »Mit dieser in unsere Herzen ausgegossenen Liebe Gottes ist nicht jene Liebe gemeint, mit der *Gott* uns liebt, sondern die, durch die er *uns* zu Menschen *macht*, die ihn lieben.«[34]

Die mittelalterliche Theologie der Scholastik unterschied in ihrem Hang zu begrifflichen Haarspaltereien sodann gleich eine ganze Reihe von Gnadengeschehen: die ungeschaffene und die geschaffene, die externe und die interne, die habituelle und die aktuelle, die heiligmachende, die helfende, die zuvorkommende, die begleitende, die hinreichende und – fast hätten wir sie vergessen – die wirksame Gnade …

Derlei definitorische Spitzfindigkeiten stießen bei den Reformatoren auf wenig Verständnis. Martin Luther (1483 – 1546) machte die Gnade Gottes in erster Linie als Rechtfertigung zum theologischen Thema, unter anderem in seiner Schrift *Vom unfreien Willen* aus dem Jahre 1525: Nur Gott allein vermag den Menschen anzunehmen und ihn allein aus Gnade – *sola gratia* – zu rechtfertigen. Menschliches Tun und Handeln können die Rechtfertigung nicht herbeiführen, geschweige denn erzwingen. Im Unterschied zu Luther betonte das Konzil von Trient (1545 –

1563) neben dem begnadenden Handeln Gottes am sündigen Menschen auch die Mitwirkung des Menschen bei seiner Rechtfertigung. Insofern wirke der Mensch an der »Vorbereitung« seiner Rechtfertigung mit (vgl. unsere Schlüsselfrage zur sogenannten »Rechtfertigungslehre«).

Theologen des 20. Jahrhunderts verweisen mehrheitlich auf die innere Einheit von Gott und Gnade. Karl Rahner (1904 – 1984) zufolge ist Gnade nichts anderes als die »Selbstmitteilung Gottes«, sein verwandelndes Ankommen im Menschen und in der Geschichte. Diese Gnade kann vom Menschen als solche auch erfahren werden – von der Gnade, am Leben zu sein, dieses ohne eigenes Zutun geschenkt bekommen zu haben, über den Gunsterweis besonderer Gaben (griechisch *charismen*), die man selbst weder erwirkt noch verdient hat – wie etwa die Gabe des Heilens, aber auch ein besonderes Talent –, bis hin zum Erlebnis eines »begnadeten Alters«, eines gnädigen Todes … »Was entscheidet, ist doch immer die Gnade Gottes. Und diese Gnade Gottes, sie geht ihre eigenen Wege. Es bindet sie keine Regel, sie ist sich selbst Gesetz.«[35], kann mit Theodor Fontane (1819 – 1898) wohl jeder gläubige Christ sagen.

Als Gnadenlehre wird in der Theologie jenes dogmatische Lehrstück bezeichnet, das sich mit Wesen, Wirkung und historischer Deutung der Gnade Gottes auseinandersetzt. Dabei besteht selbstredend eine enge Beziehung zu allen theologischen Fächern, die letzten Endes alle mit Gottes Gnade zu tun haben.

15. Welche Aufgabe haben die Engel?

Sie können den Menschen im Wachzustand oder in Träumen erscheinen. Manchmal sind sie anthropomorph und erinnern an Knaben, Jünglinge oder (bärtige) Männer, manchmal an Mädchen und Frauen, oftmals in androgyner Art und Weise an beide. Sie können aber auch tierähnlich oder – ab Ende des 4. Jahrhunderts in der bildenden Kunst zur Anschauung gebracht – beflügelt auftreten. Desgleichen wechseln ihre Kleidung und ihre Attribute, die ein Hinweis auf ihre Funktion sein können: ob in Waffenrüstung,

Priester- und Diakonengewand oder in Hof- und Herrschertracht, mit Botenstab, Schriftrolle, Zepter, Weltkugel, Fackel, Weihrauchgefäß, Passionsinstrumenten, Posaune und hell leuchtendem Nimbus – wenn sie einem nicht splitternackt oder gar körperlos, als geflügelte Kinderköpfe entgegenschweben. Aber irgendwie »sehen sie sich alle ähnlich«, meinte zumindest Heinrich Heine (1797 – 1856). Wer selbst noch keinen wahrhaftig begegnet ist, kennt sie aus der (religiösen) Literatur, der Volksfrömmigkeit, der Kunst und – nicht zu vergessen – der Werbung: groß, machtvoll und streng, makellos und von ätherisch schöner, verführerischer Gestalt, überaus erhaben, aber auch verspielt, kindlich-naiv und oftmals furchtbar süßlich-kitschig. Engel sind omnipräsent.

»Engel, lass die Zeit stillstehen / lehr mich zu verstehen / lehr mich dankbar sein / Engel, lass uns ein Wunder tun / die Welt soll wissen, warum sich zu lieben lohnt / Engel, das wär schön …«[36] Wer glaubt, dass diese Anrufung des Engels der Liebe einem verstaubten frommen Gebetsbuch entstammt, irrt gewaltig. Denn Schöpfer des »Engel« betitelten Liebesliedes ist der 1948 geborene deutsche Rockmusiker Marius Müller-Westernhagen, um nur ein Beispiel von vielen zu nennen, das bezeugt, wie gegenwärtig das Thema »Engel« selbst im Bewusstsein, zumindest in der Fantasie der aufgeklärten, modernen Menschen immer noch ist.

Aber was ist eigentlich ein Engel, wie »definiert« er sich? Das Wort »Engel« leitet sich vom griechischen *angelus* = »Bote« ab, das wiederum dem hebräischen *mal'ak* entspricht. Und dieses Mal weist uns die Etymologie auch den richtigen Weg des Verstehens. Denn Engel sind nach biblischem Verständnis tatsächlich vor allem eines, nämlich Boten: von Gott geschaffene übermenschliche Geist-Wesen, deren Hauptaufgabe darin besteht, zwischen Gott und den Menschen zu vermitteln, zu kommunizieren: Das heißt einerseits, den Abstand zwischen Gott und den Menschen zu überbrücken, andererseits aber dafür zu sorgen, dass die absolute Majestät und Transzendenz Gottes, seine Unnahbarkeit – ein Motiv, das im biblischen Glauben eine zentrale, oftmals vergessene Rolle spielt – unbedingt gewahrt bleibt! Im Gegenzug besteht ihre gleichsam »innenpolitische« Aufgabe im steten Lobpreis Gottes, seiner fortwährenden Verherrlichung.

Bereits das Alte Testament ist überaus reich an Geschichten mit und über Engel, die eine Art himmlischen Hofstaat Gottes bilden (daher auch die Bezeichnung »himmlische Heerscharen«), göttliche Befehle auf Erden ausführen, Gottes Ratschlüsse verkünden, fürbittend, schützend, aber auch strafend wirken, wie etwa im Falle der Vertreibung aus dem Paradies durch den Cherub – und dies obwohl das Judentum eine Verehrung einzelner Engel generell ablehnt. Namentlich genannt werden im Alten Testament gleichwohl Gabriel (= »der Mann Gottes«, »die Stärke Gottes«), Michael (= »Wer ist wie Gott?« bzw. »der Übermächtige«) und Raphael (= »Gott heilt«). Letzterer geht beispielsweise – so das apokryphe um 200 v. Chr. entstandene Buch *Tobit* – unerkannt mit dem jungen Tobias, um ihn sicher durch die Gefahren einer Reise in die Fremde zu leiten und die Gebete seiner Eltern zu erfüllen. (Tob 3,16 – 12,22)

Eine Sonderstellung nimmt im Alten Testament der Gottesbote »malak JHWH«, der »Engel des Herrn«, ein. Eine Gestalt, in der Gott selbst dem Menschen verhüllt entgegentritt und deshalb oft in der Ich-Form spricht. »Der Engel des Herrn fand Hagar an einer Quelle in der Wüste … Der Engel des Herrn sprach zu ihr: Deine Nachkommen will ich so zahlreich machen, dass man sie nicht zählen kann. Weiter sprach der Engel des Herrn zu ihr: Du bist schwanger, du wirst einen Sohn gebären und ihn Ismael (Gott hört) nennen; denn der Herr hat auf dich gehört in deinem Leid.« (Gen 16ff) Dabei steht der Engel des Herrn aber wohlgemerkt nicht auf gleicher Stufe mit den übrigen alttestamentlichen Engeln, die gewöhnlich nur in Gruppen auftreten und sich deutlich von Jahwe unterscheiden.

Eine andere Ausnahme bilden die Dämonen, die als sogenannte gefallene oder gestürzte Engel gelten, weil sie gegen Gott rebelliert haben. Diese stehen im Dienste des Teufels, der ebenfalls als ein gefallener Engel oder als ein Engel des göttlichen Hofstaates gilt: »Der Herr sprach zum Satan. Hast du auf meinen Knecht Ijob geachtet?« (Ijob 1,6 – 2,10)

Das Neue Testament übernahm sodann im Großen und Ganzen die alttestamentlichen Anschauungen von Engeln als den Boten Gottes: Gabriel verkündigt die Geburt des Täufers und des

Herrn, ein Engel des Herrn erscheint dem Joseph vor der Geburt Jesu, vor und nach der Flucht nach Ägypten. Engel verkünden den Hirten von Bethlehem die Geburt Jesu und den Frauen von Jerusalem die Auferstehung Jesu. Ein Engel erscheint Jesus nach dem Fasten in der Wüste, stärkt Jesus in seiner Todesangst. Am leeren Grab Jesu weisen Engel den verwirrten Frauen den Weg zum rechten Verständnis dessen, was sie sehen. Nach Jesu Auffahrt zum Himmel erklären »zwei Männer in weißen Gewändern« – die Theologen sprechen diesbezüglich auch von »Deuteengeln« – den Jüngern das Geschehen: »Ihr Männer von Galiläa, was steht ihr da und schaut zum Himmel? Dieser Jesus, der von euch ging und in den Himmel aufgenommen wurde, wird ebenso wiederkommen, wie ihr ihn habt zum Himmel hingehen sehen.« (Apg 1,11)

Ungeachtet dieser wundersamen Engelsgeschichten wird im Neuen Testament die Überlegenheit Gottes und Christi über die Engel (wie auch über sonstige Mächte, etwa die Dämonen) stets herausgestellt. Mit anderen Worten: Die Menschwerdung Gottes in Jesus genügt vollauf. Sie bedarf keiner Ergänzung, kann durch Vermittlung von Engeln nicht überboten werden. Nichtsdestoweniger kann die Verehrung der Engel Anstoß zum Lob, zur Verherrlichung Gottes durch die Menschen sein.

Religionswissenschaftler gehen im Übrigen heute einhellig davon aus, dass die durchaus vergleichbaren jüdischen und christlichen, aber auch islamischen Vorstellungen von Engeln – es soll Gabriel *(Djibril)* gewesen sein, der Mohammed den Koran überbrachte, und Iblis, der gefallene Engel, mit dem das Urböse in die Welt kam – auf Einflüsse aus Assur, Babylonien und Persien (Zoroastrismus) sowie aus der griechisch-römischen Antike zurückgehen.

Die Theologiegeschichte ist reich an Kontroversen und Spekulationen über Engel. So verteidigten die Kirchenväter die bloße Geschöpflichkeit der Engel gegen gnostische Vorstellungen, es handle sich um göttliche Kräfte. Auf dem Konzil von Nicäa 325 wird die Engelschöpfung zum Dogma erklärt. Aurelius Augustinus (354 – 430) bringt die Erschaffung der Engel mit der Erschaffung des Lichts in Zusammenhang und erklärt, dass »Engel« der Name einer Aufgabe und nicht einer Gattung, sprich eine Wesensbezeichnung sei. Als »Vater« einer systematisierten, für die nächsten Jahrhunderte maßgeblichen *Angelologie* (= »Engellehre«) gilt um das Jahr 500 ein unbekannter christlicher Autor namens Pseudo-Dionysios Areopagites mit seinen detaillierten Darlegungen über die Hierarchie der Engel, deren »Chöre« Stufen von der geschaffenen Welt zum trinitarischen Gott bilden. Sein System hat, und zwar von oben nach unten – in Klammern die griechische Bezeichnung –, folgende Anordnung: Serafim (Seraphim), Kerubim (Cherubim), Throne (Thrones), Mächte (Dynameis), Herrschaften (Kyriotes), Gewalten (Exusiai), Fürstentümer (Archai), Erzengel (Archangeloi) und Engel (Angeloi).

Für die wissensdurstigen mittelalterlichen Scholastiker um Thomas von Aquin (um 1224 – 1274) stellte sodann die Frage »Wie viele Engel haben auf einer Nadelspitze Platz?« beziehungsweise »Wie viele Engel können auf einer Nadelspitze tanzen?« – heutzutage geradezu ein Musterbeispiel für eine überflüssige Diskussion und sinnlose Haarspalterei – ein schwerwiegendes, die Gemüter stark bewegendes Problem dar.[37] (Genauso wie die Frage, wie viele Engel von der Decke des Brautzimmers in der *Camera degli Sposi* den jungen Eheleuten bei ihrem vergnüglichen Tun zuschauen können ...)

Die im wahrsten Sinne des Wortes auf die Spitze getriebene Frage nach den akrobatischen Engeln auf der Nadel kreist im Kern um die Geistnatur beziehungsweise Leiblichkeit der Engel. Besitzen Engel, jene Wesen, die zwischen der Welt des Göttlichen und der profanen Welt der Menschen vermitteln, überhaupt einen Körper? Und wenn ja, ist er ätherisch, substanziell oder unsichtbar? Fragen, die an die Zeilen eines Gedichtes von Christian Morgenstern (1871 – 1914) aus seinen *Galgenliedern* erinnern: »Kann ein Engel Berge steigen? / Nein. Er ist zu leicht dazu.«[38] Der christlichen Tradition zufolge sind die Engel von Gott geschaffene personale Wesen, deren Geistigkeit nicht wie beim Menschen an einen irdischen Leib gekoppelt ist.

Doch bevor sich unter dem Einfluss von Thomas von Aquin die Lehre von der reinen Geistnatur der Engel durchgesetzt hat, herrschte die allgemeine Ansicht, dass die Engel aus *spiritueller Materie* bestünden, sie zwar körperlos und immateriell, aber zumindest im Vergleich zu Gott *dicht* und *stofflich* seien. Fulentius von Ruspe (467 – 533), Bischof im damals wandalischen Nordafrika, meinte beispielsweise, dass die Leiber der guten Engel aus Feuer, die der bösen hingegen aus Luft bestünden. Auch das II. Konzil von Nicäa (787) schrieb den Engeln eine besondere Form von Körperlichkeit zu, nämlich eine Art Ätherleib, eine transparente und lichtvolle, leuchtende Hülle, wie man sie auch von den Darstellungen der bildenden Kunst her kennt. Nach traditioneller Ansicht können Engel von den Menschen allerdings nur intuitiv, auf geistige Art wahrgenommen werden, die sich aber in psychischen und sinnlichen Bildern manifestiert.

Es war also Thomas von Aquin, der der Jahrhunderte währenden hitzigen Diskussion um die Leiblichkeit der Engel ein Ende bereitete. Es heißt, findige Theologiestudenten hätten ihm – im Rahmen der im Hochmittelalter vornehmen akademischen Übung, den Magistri der Universität mit beliebigen Fragen (*Quaestiones quodlibetalis*, kurz auch *Quodlibeta* genannt) zu kommen, die diese vor dem gelehrten Publikum zu beantworten hatten – die berühmte Frage nach den Engeln auf der Nadelspitze gestellt, die dieser jedoch niemals beantwortet hätte, da sie ohnehin sinnlos wäre. Wie auch immer. Augenscheinlich begnügte sich der *Doctor angelicus* nicht mit einer einfachen und schroffen Ablehnung.

Vielmehr legte Thomas von Aquin in seiner *Summa Theologiae* auf vielen Seiten seine Engellehre dar. Er behauptete, dass die Engel reiner Geist seien, ohne jede Beimischung von Materie, eine Lehre, die unter den christlichen Theologen seither Gemeingut geworden ist. Da die Materie nach Thomas von Aquins philosophisch-theologischer Lehre bei den irdischen Lebewesen erst die Aufteilung der jeweiligen Art in Individuen erlaubt, ergibt sich für den Scholastiker aus der Materielosigkeit der Engel, dass jeder von ihnen eine Art für sich ist. Desgleichen folgert er deren Unvergänglichkeit: »Man muss notwendig sagen, dass die Engel ihrer Natur nach unvergänglich sind. Der Grund dafür ist folgender. Nichts wird zerstört außer dadurch, dass dessen Form vom Stoff getrennt wird. Da also der Engel eine in sich gegründete Form ist, ist es unmöglich, dass sein Wesen vergänglich sei.«[39] Die biblischen Angaben über das Essen der Engel, etwa im Bericht vom Besuch der drei Männer bei Abraham (Gen 18,1 – 14) oder in der Erzählung von Raphael (Tob 3,16 – 12,22), werden im Übrigen meist dahingehend interpretiert, dass sie nur zum Schein aßen, um nicht als verkleidete Engel erkennbar zu sein.

Anders als Katholiken und Orthodoxe, lehnen seit der Reformation evangelische Theologen bis heute es ab, sich an Spekulationen über Engel zu beteiligen, und spätestens seit der Aufklärung avancierte die Frage nach den Engeln auf der Nadelspitze zu einem Paradebeispiel absurder Gedankenspielerei. Einen festen Platz haben Engel, wenn schon nicht auf der Nadelspitze, so doch im Bewusstsein der Menschen bis heute. Wir sind von Engeln geradezu umgeben, und das nicht nur zur Weihnachtszeit, auch wenn sich die Perspektiven geändert haben mögen. In Wim Wenders Film *Der Himmel über Berlin* aus dem Jahr 1987 möchte der Engel Daniel kein Engel mehr sein. Er möchte Mensch werden, Liebe erfahren, möchte wissen, »was … kein … Engel … weiß«.

Was wissen wir wirklich vom historischen Jesus von Nazareth?
Wurde Jesus von einer Jungfrau geboren?

III. ZU JESUS CHRISTUS

War Jesus ein Prophet?
Inwiefern konnte Jesus Christus Mensch und zugleich Gott sein?
Wie sind Jesu Wunder zu deuten?
Warum redete Jesus in Gleichnissen?
Warum musste Jesus am Kreuz sterben?
Was ist an Ostern geschehen?
Was besagt Jesu Botschaft vom »Reich Gottes«?
Hat Jesus gelacht, hatte er Humor?

16. Was wissen wir wirklich vom historischen Jesus von Nazareth?

Da Jesus selbst uns weder seine Autobiografie noch irgendwelche Schriften hinterlassen hat – im Übrigen auch kein Video, wie es ein Ende der 1990er-Jahre veröffentlichter und auch verfilmter Thriller suggeriert –, selbst sein Grab war bekanntlich am Ende leer, müssen wir auf andere Quellen zurückgreifen, um uns ein Bild über sein Leben und Wirken zu machen. Schenken wir den vier Evangelien des Neuen Testaments, der Apostelgeschichte und den Paulus-Briefen Glauben (der Apostel hatte offenbar Kontakt mit den Christen von Damaskus und mit Petrus und Jakobus), lassen sich die äußeren Daten des Lebens Jesu in etwa so umreißen:

Nach dem Evangelisten Lukas ist Jesus zur Zeit der Regierung des römischen Kaisers Augustus (62 v. Chr. – 14 n. Chr.) und zur Zeit des jüdischen Königs Herodes des Großen (73 v. Chr. – 4 n. Chr.) geboren. Matthäus erwähnt Sterndeuter, »Weise aus dem Morgenland«, die aus Persien oder Babylonien nach Jerusalem kamen und König Herodes befragten, wo sie den neugeborenen König der Juden finden könnten. (Da Herodes bereits 4 v. Chr. starb und 5 v. Chr. Jerusalem verließ, müssen die Sterndeuter ihm vor dem Jahr 5 begegnet sein.) Jesus wurde als Sohn des Zimmermanns Josef und seiner Verlobten Maria geboren, die als Nachkommen von König David (mit Stammbaum) zu einer Steuerzählung in dessen Geburtsort Bethlehem gereist waren. Josef galt nur juristisch als Vater Jesu, da die Evangelien berichten, dass Jesus durch eine Jungfrauengeburt zur Welt kam. Jesus wuchs in der galiläischen Stadt Nazareth auf. Über die Kindheit und Jugend berichten die vier Evangelien im Grunde nichts, mit Ausnahme einiger weniger Details bei Lukas, etwa über den 12-jährigen Jesus im Tempel, der mit den Schriftgelehrten diskutierte. Jesus übte wohl eine Zeit lang den Beruf seines Vaters als Zimmermann aus. Erst nach der Begegnung mit Johannes dem Täufer mit etwa dreißig Jahren begann er umherzureisen, öffentlich zu predigen und eine Gruppe von Jüngern zu sammeln. Sein Wirken währte nur kurze Zeit, denn schon drei Jahre später wurde er der Gotteslästerung angeklagt und auf

Drängen der Juden vom römischen Statthalter Pontius Pilatus zum Tod durch Kreuzigung verurteilt.

Aber was ist Dichtung und was Wahrheit, was ist reine Legende und was hartes geschichtliches Faktum? Entstanden die Evangelien doch erst vierzig bis siebzig Jahre nach dem Tod Jesu. Auch finden sich zahlreiche Widersprüche zwischen den Evangelien, besonders zwischen den Synoptikern (Matthäus, Markus und Lukas) und dem Johannesevangelium. Die Suche nach der historischen Person Jesus von Nazareth setzte erstaunlicherweise erst mit dem Zeitalter der Aufklärung im 18. Jahrhundert ein und wird seitdem von Theologen – zunächst protestantischen, dann auch katholischen Neutestamentlern – als sogenannte Leben-Jesu-Forschung bezeichnet. Werfen wir einen kurzen Blick auf einige Ansätze und Lösungsvorschläge:

Hermann Samuel Reimarus (1694 – 1768), Professor für orientalische Sprachen in Hamburg, stellte in seiner *Apologie oder Schutzschrift für die vernünftigen Verehrer Gottes* als Erster das traditionelle Christusbild der Kirchen radikal infrage, indem er den Glauben der Apostel methodisch streng von der Eigenverkündigung Jesu unterschied.

Thomas Jefferson (1743 – 1826), Autor der Unabhängigkeitserklärung und dritter US-Präsident, versuchte als Freidenker ein »von Aberglauben befreites« historisches Leben Jesu aus allen vier Evangelien herauszufiltern. Mit seiner Jesusbiografie *The Life and Morals of Jesus of Nazareth. Extracted textually from the Gospels in Greek, Latin, French and English* gilt er als Pionier der synoptischen Betrachtungsweise, die aus gemeinsamen Texten auf historische Zuverlässigkeit und Ursprünglichkeit schließt.

Ferdinand Christian Baur (1792 – 1860) war Theologieprofessor in Tübingen und führte die historisch-kritische Methode in die NT-Forschung ein. In Jesus sah er den Gründer des Urchristentums, der einen Messiasanspruch erhoben habe.

David Friedrich Strauß (1808 – 1874) löste mit seinem 1835 erschienenen Werk *Das Leben Jesu, kritisch bearbeitet* einen heftigen Streit mit Kirchen und Behörden aus. Seiner Grundthese zufolge seien in den Evangelien durchweg mythische, vor allem messianische Vorstellungen des Alten Testaments auf Jesus übertragen worden.

Ernest Renan (1823 – 1892), ein französischer Katholik, schrieb 1863 das Buch *Das Leben Jesu*. Darin verarbeitete er in poetisch-sentimentaler Form nicht nur seine Reiseerlebnisse in Phönizien, sondern popularisierte auch antijudaistische Klischees und Stereotypen: Jesus erscheint als ungebildeter, naiver und sanfter Freund der Menschen und Tiere in idyllischem Ambiente.

Heinrich Julius Holtzmann (1832 – 1910) wollte Jesu »Persönlichkeit« historisch rekonstruieren und gilt als klassischer Vertreter der Liberalen Theologie im Deutschen Kaiserreich. Sein methodischer Ansatzpunkt war die Zweiquellentheorie, die Christian Gottlob Wilke und Christian Hermann Weiße entwickelt hatten. Seinen wissenschaftlichen Durchbruch schaffte er mit der Veröffentlichung *Die synoptischen Evangelien. Ihr Ursprung und ihr geschichtlicher Charakter* im Jahre 1863. Von nun an galt das Markusevangelium als das älteste der vier Evangelien, neben ihm die hypothetisch erschlossene Logienquelle als zweite schriftliche Vorlage des Matthäus- und Lukasevangeliums.

Adolf Harnack (1851 – 1930) stellte als Kirchenhistoriker in seinem Buch *Das Wesen des Christentum*, dem Hauptwerk der Liberalen Theologie vor dem Ersten Weltkrieg, fest, dass sämtliche Einzelmotive der Verkündigung Jesu schon im Alten Testament und im Hellenismus gelehrt worden seien.

Bruno Bauer (1809 – 1882), Albert Kalthoff (1850 – 1906) und Arthur Drews (1865 – 1935) sind drei Vertreter der radikalen Skepsis an Jesu Existenz: Jesus habe gar nicht gelebt, sondern sei ein bloßes literarisches Kunstprodukt.

Es war Albert Schweitzer (1875 – 1965), der berühmte Musiker, Arzt und Theologe, der mit seiner 1906 verfassten *Geschichte der Leben-Jesu-Forschung* ein erstes, und zwar ernüchterndes Resümee dieser Disziplin zog – aller akribischen, ja kriminologisch ambitionierten Spurensuche zum Trotz. So kann Schweizers Werk als weitgehende Widerlegung der liberalen Leben-Jesu-Forschung gelten. Denn das optimistische Vertrauen in die Rekonstruierbarkeit einer »Persönlichkeit« Jesu und seiner biografischen Entwicklung hatte sich als unhaltbare Projektion eigener Interessen und Werte in die NT-Quellen erwiesen. Damit war die Frage nach einem vom biblischen und kirchlichen Christusbild abweichenden historischen Jesus wieder völlig offen. Trotzdem folgerte Schweitzer nicht, dass der geschichtliche Jesus den modernen Menschen nichts mehr anginge, wie der Schluss seines Buches nahelegt: »Als ein Unbekannter und Namenloser kommt er zu uns, wie er am Gestade des Sees an jene Männer, die nicht wussten, wer er war, herantrat. Er sagt dasselbe Wort: Du aber folge mir nach! und stellt uns vor die Aufgaben, die er in unserer Zeit lösen muss. Er gebietet. Und denjenigen, welche ihm gehorchen, Weisen und Unweisen, wird er sich offenbaren in dem, was sie in seiner Gemeinschaft an Frieden, Wirken, Kämpfen und Leiden erleben dürfen, und als ein unausweichliches Geheimnis werden sie erfahren, wer er ist ...«[40]

Eine Generation später sollte der evangelische Theologe Rudolf Karl Bultmann (1884 – 1976) die Sache auf den sprichwörtlichen Punkt, genauer gesagt, auf eine Postkarte bringen: »Von Jesus wissen wir historisch eigentlich gar nichts; das, was wir sicher wissen, passt auf eine Postkarte.«[41] Mit seinem Begriff der »Entmythologisierung« unternahm Bultmann dabei den programmatischen Versuch, die zentrale Botschaft des Neuen Testaments vom Kreuz und der Auferstehung Christi aus dem mythischen Weltbild herauszulösen und für die moderne Rede- und Denkweise in existenzieller Art und Weise zu übersetzen, nämlich als Ruf für ein sich Verstehen »aus Gott«. Nur eine Postkarte also. Und nicht einmal ein Bild, denn auch wie Jesus wirklich ausgesehen hat, weiß niemand – selbst das mysteriöse Phantombild auf dem Turiner Grabtuch bleibt bis heute umstritten, genauso wie die zahlreichen vermeintlichen Reliquien (Kreuz- und Passionsreliquien, Teile der Krippe, Jesu Windeln usw.), vielleicht mit Ausnahme des *Sanctum praeputium*, der heiligen Vorhaut Jesu, den einzigen Körperteil des Erlösers, der nicht mit auferstanden ist ...[42] Aber immerhin! Sehen wir uns die »Absender« dieser »Postkarte« einmal genauer an:

Außerhalb des Neuen Testaments und der Apokryphen sind an heidnischen Quellen im Wesentlichen nur zwei lateinische Texte zu nennen, in denen Jesus sicher erwähnt wird. So fügt der römische Historiker Publius Cornelius Tacitus (um 55 – 117 n. Chr.) in seinem Bericht von den unter Nero über die Christen verhängten Züchtigungen – in seinen *Annalen* – folgenden Satz bei: »Diesen

Namen führen sie wegen Christus, der unter der Regierung des Tiberius durch den Prokurator Pontius Pilatus hingerichtet wurde.«[43] Eine andere Quelle findet sich bei Plinius dem Jüngeren 861/64 – 113/15). Dieser berichtet als Legat von Bithynien zwischen 111 und 113 n. Chr. in einem Konsultationsschreiben an Kaiser Trajan (53 – 117) bezüglich der Haltung, die es den Christen gegenüber einzunehmen gelte: »Sie gestehen, dass sie sich an einem bestimmten Tag vor Sonnenaufgang versammeln und Hymnen singen zu Ehren Christi als zu Ehren eines Gottes; sie halten auch zu einer späteren Stunde Versammlungen ab, um gemeinsam eine harmlose Speise zu sich zu nehmen.«[44]

Unter den jüdischen Zeugnissen ist dasjenige des jüdischen Geschichtsschreibers Flavius Josephus (37/38 – 100?) das wichtigste. Er erwähnt Johannes den Täufer und Jakobus. Er teilt mit, der Hohepriester Annas, ein Enkel jenes Annas, der in den Evangelien genannt wird, habe »vor dem Hohen Rat zusammen mit einigen anderen einen Mann namens Jakobus zitiert, einen Bruder jenes Jesus, der Christus genannt wurde«[45] und habe ihn als Übertreter des Gesetzes steinigen lassen.

Einige Anspielungen auf Jesus und das junge Christentum enthält auch die rabbinische Literatur, die möglicherweise auf Erzählungen der Rabbiner des 1. Jahrhunderts zurückgeht, so dass hier die geschichtliche Existenz Jesu wirklich bezeugt würde.

Mit seinem 1953 publizierten Aufsatz *Das Problem des historischen Jesus* eröffnete der Bultmann-Schüler Ernst Käsemann (1906 – 1998) sodann die zweite Phase der historischen Jesusforschung. Käsemann wollte Jesus aus seiner jüdischen Umwelt herauslösen und nur solche Worte und Taten Jesu in den Evangelien für echt halten, die man nicht aus dem zeitgenössischen Judentum und nicht aus dem Osterglauben der Christen herleiten könne. Seit Anfang der 1980er-Jahre trat die Jesusforschung in eine neue, dritte Phase. Theologen wie Gerd Theissen (geboren 1943), Klaus Berger (geboren 1940) und Jürgen Becker (geboren 1934) versuchen, Jesus wieder stärker aus dem Judentum heraus zu verstehen. Auch gibt es Forscher, die das apokryphe Thomasevangelium als zum Teil dichter am historischen Jesus sehen als die in den Kanon des Neuen Testaments aufgenommenen Schriften.

Schließlich seien noch ein paar esoterische, durchaus massenmedienwirksame Jesushypothesen erwähnt, welche die Informationslücken der Quellentexte mithilfe spekulativer, zum Teil hanebüchener Theorien zu schließen versuchen: Jesus starb nicht am Kreuz; Jesus lebte und starb in Indien beziehungsweise in Tibet; Jesus wird in den Schriftrollen vom Toten Meer erwähnt, die der Vatikan aber unter Verschluss hält beziehungsweise deren Veröffentlichung manipuliert; Jesus ist die fiktive, von Gallien nach Galiläa transformierte Kopie des Lebens von Julius Caesar (100 – 44 v. Chr.); Jesus hatte eine Ehefrau und Nachkommen und so fort. Vonseiten der historisch-kritischen Theologie werden diese Jesustheorien jedoch aufgrund ihrer unwissenschaftlichen Methoden und mangelnder Beweise abgelehnt. Es bewahrheitet sich jener psychologische Mechanismus, den der Philosoph und spirituelle Lehrer Jiddu Krishnamurti (1895 – 1986) in seiner Schrift *Das Licht in dir* einmal so formulierte: »Wenn das Denken sagt, dass es sich auf die Suche nach etwas Echtem, Ursprünglichen machen will, kann es das, was es als echt betrachtet, projizieren, aber das ist nur eine Illusion.«[46]

17. Wurde Jesus von einer Jungfrau geboren?

Nicht ohne Grund machten ihn viele bildende Künstler im Laufe der Jahrhunderte zum Outsider, zur randständigen Figur, zum buchstäblichen Mann im Hintergrund. Wenn sie ihn im Zusammenhang mit der Darstellung der heiligen Familie überhaupt für würdig erachteten: Gemeint ist der heilige Josef von Nazareth, seines Zeichens Zimmermann und Verlobter, dann Ehemann von Maria, der Mutter Jesu. Denn während das Markus- und das Johannesevangelium Josef ausdrücklich als Vater Jesu erwähnen, sehen die Evangelisten Matthäus und Lukas in ihm lediglich den gesetzlichen Vater, nicht aber den leiblichen, biologischen Erzeuger Jesu. Der Heilige Geist kennt eben keine Konkurrenz, könnte man meinen … Seitdem bezeichnet man jene Form der Ehe, in der – oft aus religiösen Gründen – auf Geschlechtsverkehr verzichtet wird, landläufig ja auch als eine »Josefsehe«.

Bei Matthäus lesen wir über die Geburt Jesu Christi Folgendes: »Maria, seine Mutter, war mit Josef verlobt; noch bevor sie zusammengekommen waren, zeigte sich, dass sie ein Kind erwartete – durch das Wirken des Heiligen Geistes. Josef, ihr Mann, der gerecht war und sie nicht bloßstellen wollte, beschloss, sich in aller Stille von ihr zu trennen. Während er noch darüber nachdachte, erschien ihm ein Engel des Herrn im Traum und sagte: Josef, Sohn Davids, fürchte dich nicht, Maria als deine Frau zu dir zu nehmen; denn das Kind, das sie erwartet, ist vom Heiligen Geist. Sie wird einen Sohn gebären; ihm sollst du den Namen Jesus geben; denn er wird sein Volk von seinen Sünden erlösen.« (Mt 1,18 – 21)

Ein paar Verse später deutet der Evangelist dann diese Schwangerschaft als vermeintliche Erfüllung einer alttestamentlichen Stelle: »Darum wird euch der Herr von sich aus ein Zeichen geben: seht, die Jungfrau wird ein Kind empfangen; sie wird einen Sohn gebären, und sie wird ihm den Namen Immanuel (Gott mit uns) geben.« (Jes 7,14) Denn offenbar hat Matthäus nur den griechischen, nicht aber den hebräischen Text berücksichtigt. Letzterer spricht nämlich keineswegs von einer »Jungfrau«, sondern lediglich von einer »jungen Frau«, was wohl mehr als eine Nuance, eine *quantité négligeable* ist! Nicht zum ersten Mal in der Geschichte hat ein kleiner Übersetzungsfehler große Missverständnisse gezeitigt.

Und dem Evangelisten Lukas zufolge spielte sich die Verheißung der Geburt Jesu folgendermaßen ab: Nachdem der Engel Gabriel der Jungfrau Maria, der Verlobten Josefs, die Geburt eines Sohnes angekündigt hatte, fragte Maria, die keusch lebende, den Engel erstaunt: »Wie soll das geschehen, da ich keinen Mann erkenne? Der Engel antwortete ihr: der Heilige Geist wird über dich kommen, und die Kraft des Höchsten wird dich überschatten. Deshalb wird auch das Kind heilig und Sohn Gottes genannt werden.« (Lk 1,34f)

Es sind exakt diese zwei kurzen Vorgeschichten aus dem Neuen Testament, auf die sich die kirchliche Lehre von der sogenannten Jungfrauengeburt, der *Parthogenese*, wie der griechische Begriff dafür lautet, bis heute beruft. Und dies bereits seit dem 2. Jahrhundert, als die Jungfrauengeburt erstmals Eingang in das Apostolische Glaubensbekenntnis fand, das die meisten christlichen

Konfessionen – entgegen aller menschlichen Erfahrung, von den modernen humanbiologischen Erkenntnissen ganz zu schweigen – gelten lassen: »… empfangen durch den Heiligen Geist, geboren von der Jungfrau Maria …«. Doch damit nicht genug: Die römisch-katholische wie die orthodoxe Kirche kennen obendrein das Dogma der *Semper Virgo*, der immerwährenden Jungfräulichkeit Marias. Eine Lehre, die seitens der evangelischen Kirchen nicht nur als unbiblisch, sondern auch als unwesentlich für den christlichen Glauben abgelehnt wird.

Trotzdem bleibt die Frage: Handelt es sich nun bei der Jungfrauengeburt Jesu um ein historisches Faktum – und sei es ein die Naturgesetze aufhebendes Wunder – oder bloß um einen schönen Mythos? »Denn schon im heidnischen Altertum war Jungfräulichkeit und Mutterschaft verbunden denkbar«[47], notiert Johann Wolfgang von Goethe in seinem Aufsatz ***Kunst und Altertum am Rhein, Main und Neckar*** von 1814/15. Der Dichter macht damit auf den bereits in der heidnischen Antike, also lange vor Aufkommen des Christentums weit verbreiteten Gedanken aufmerksam, dass bedeutende Personen jungfräulich empfangen wurden. Sehen wir uns ein paar Beispiele genauer an:

Im alten Ägypten kündigte der Gott Amun-Re der noch jungfräulichen Königsgattin den Thronerben an, wohnte ihr in Gestalt des Pharaos bei und zeugte mit ihr dessen Sohn. In Persien galt der endzeitliche Retter Saoschyant als vom Samen Zarathustras gezeugt, den eine im See badende Jungfrau aus dem Wasser empfangen habe. Selbst Buddha soll durch das Eingehen eines weißen Elefanten in den Körper der schlafenden Māyā empfangen worden sein, wobei der Elefant bei der Geburt aus ihrer Seite wieder ausgetreten sei – und dies alles, wohlgemerkt, ohne sie zu versehren. In der griechisch-römischen Antike zeugte die Gattin Aristons mit Apollon den Philosophen Platon. Danae empfing den Samen des Gottes Zeus schlafend als Goldregen und wurde so mit Perseus schwanger. Alexander der Große soll durch Zeus oder Amun in Gestalt einer Schlange oder eines Blitzstrahls in der Hochzeitsnacht seiner Mutter gezeugt worden sein. Selbst das Alte Testament sprach vom archaischen »Geschlecht der Riesen«, das von Menschenfrauen zur Welt gebracht wurde, die von den Gottessöhnen geschwängert worden waren (vgl. Gen 6,4). Und auch jüdische Theologen wollten von übernatürlichen Zeugungsakten wissen: So lehrte Philon von Alexandria (15/10 v. Chr. – 45/50 n. Chr.) die Zeugung von Menschen durch Engel, wie etwa im Falle jener hochbetagten Frauen der Patriarchen, die entgegen normaler Lebensgesetze die verheißenen Nachkommen zur Welt gebracht hätten.

Auch wenn es keine Belege gibt, liegt mithin die Vermutung nahe, dass die Evangelisten die in den antiken Kulturen häufige Vorstellung von der Jungfrauengeburt eines Religionsstifters, Heros oder Herrschers einfach adaptierten, um dergestalt die Bedeutung Jesu, seine Einzigartigkeit als Sohn Gottes, noch stärker zu betonen, ihn aus der Menge der anderen Menschen herauszuheben. Vielleicht auch, um darauf hinzuweisen, dass Gott mit einem neuen Schöpfungsakt in seinem Sohn einen erneuten Anfang gesetzt hat ... Doch wie auch immer. Die frühen Kirchenväter erhoben Marias Jungfräulichkeit zum Dogma, genauer gesagt, gleich zu zwei nebeneinander bestehenden Dogmen: 1. Maria habe Jesus durch den Heiligen Geist empfangen, als sie Jungfrau war, und vor dessen Geburt mit keinem Mann verkehrt. 2. Maria sei auch während und nach Jesu Geburt Jungfrau geblieben und mit ihrem Mann Josef nur dem Namen nach verheiratet gewesen. Ab dem 6. Jahrhundert wurden diese Lehrsätze zum dogmatischen Streitpunkt.

Während viele Gnostiker und Judenchristen die Jungfrauengeburt Jesu bestritten und in ihm »nur« einen natürlich gezeugten Messias sehen wollten, machte Irenäus von Lyon den Glauben an sie in seinem Traktat *Adversos haereses* (um 180) zum Kriterium für das wahre Christsein. Er deklarierte kurzerhand alle, die dem widersprachen, zu Häretikern, die es aus dem Christentum auszuschließen galt. Auch Origenes vertrat um das Jahr 200 die unverletzte Jungfräulichkeit von Maria, und zwar vor, in und nach Jesu Geburt. Petrus von Alexandrien, der von 300 bis 311 Bischof von Alexandrien war, und Epiphanius von Salamis (um 315 – 403), der das Bischofsamt von Konstantia (Salamis) auf Zypern bekleidete, verliehen Maria den Ehrentitel *aeiparthenos*, was soviel wie »Immerjungfrau« heißt. Dass Maria zeitlebens Jungfrau geblieben sei, vertrat auch der große christliche Prediger Johannes Chrysostomos um das Jahr 400. Dagegen beschränkte sich Aurelius Augustinus (354 – 430) auf die Aussage, dass Jesus von einer Jungfrau empfangen worden und damit als einziger Mensch sündlos geblieben sei. Denn nur so habe er die Menschheit vor der Erbsünde auch erlösen können.

Um das Jahr 300 wurde der neue Ausdruck *theotokos*, also »Gottesgebärerin«, für Maria in Gebeten und liturgischen Texten gebräuchlich. Dies führte dazu, dass Theologen wie Ambrosius von Mailand, Athanasius und Nestorius davor warnten, aus Maria eine »Göttin« zu machen. Auf dem Konzil von Ephesos 431 ließ Kyrill von Alexandria Nestorius als Ketzer verurteilen. Zugleich wurde der Ausdruck *theotokos* dogmatisiert, so dass einer Bezeichnung Marias als »Mutter Gottes« – auch und gerade in der Volksfrömmigkeit – nichts mehr im Wege stand. Dennoch fand nur die Aussage »geboren aus« beziehungsweise »von der Jungfrau Maria« Eingang in die altkirchlichen Bekenntnisse, sprich in das Altrömische und das Apostolische Glaubensbekenntnis. Marias Göttlichkeit wurde vom Nicäno-Konstantinopolitanum indes ausgeschlossen. Im Gegenzug wurde der Begriff *theotokos* für Maria vom Konzil von Chalcedon 451 bekräftigt. Angeregt durch die Marienverehrung und die Liturgie formulierte das Zweite Konzil von Konstantinopel 553 den Satz: »Der Logos hat Fleisch angenommen von der heiligen ruhmreichen Gottesgebärerin und Immerjungfrau [semper virgo] Maria und wurde von ihr geboren.« Eine Aussage, die mit dem frühen kirchengeschichtlichen Gedanken der Präexistenz Jesu Christi bei Gott verbunden ist.

Im Jahre 649 erklärte die Lateransynode unter Papst Martin I. den Glauben an die immerwährende Jungfräulichkeit Maria und ihre unbefleckte Empfängnis *(immmaculata conceptio)* sogar für heilsnotwendig: »Wer nicht mit den Heiligen Vätern im eigentlichen und wahren Sinne die heilige und immer jungfräuliche und unbefleckte Maria als Gottesgebärerin bekennt, da sie (…) das göttliche Wort selbst, das vom Vater vor aller Zeit gezeugte, in den letzten Zeiten, ohne Samen, vom Heiligen Geist empfangen und unversehrt geboren hat, indem unverletzt blieb ihre Jungfrauschaft auch nach der Geburt, der sei ausgeschlossen.«

In der Scholastik des 9. Jahrhunderts stritt man sich sodann um die Frage, ob die Jungfräulichkeit Marias auch nach Jesu Geburt unversehrt blieb oder ob es eine natürliche Geburt Jesu gab, ohne dabei aber an der göttlichen Zeugung zu zweifeln. Die immerwährende Jungfräulichkeit Marias wurde 1546 vom Konzil von Trient erneut bekräftigt.

Die altkirchliche Lehre von der Jungfrauengeburt Jesu sollte auch von der Reformation übernommen werden. Doch während Martin Luther (1483 – 1546) Jesu übernatürliche Empfängnis befürwortete, lehnte er Marias Verehrung als immerwährende Jungfrau kategorisch ab. Dies sei lediglich Götzendienst, die Lehre für den Glauben an die Menschwerdung des Sohnes Gottes unwichtig, zumal sie in der Bibel keine besondere Rolle spiele. Auch erwähne das Neue Testament an verschiedenen Stellen Brüder und Schwestern Jesu, die Brüder sogar namentlich (Jakobus, Joses/Josef, Judas und Simon)! Die katholische Tradition versteht diese aber seit dem Kirchenvater Hieronymus (347 – 420) lediglich als leibliche Verwandte Jesu, da das Hebräische – im Unterschied zum Griechischen – keine Begriffe für Vettern und Basen gehabt und statt Vettern »Brüder« gesagt hätte. Abermals ein heikles, weil weitreichendes Übersetzungsproblem … Die orthodoxen Ostkirchen nehmen wiederum an, dass es sich bei den Brüdern und Schwestern Jesu um Kinder Josefs aus einer früheren Ehe, also um Stiefgeschwister Jesu, gehandelt habe.

Im Zuge der Aufklärung und der historisch-kritischen Methode begannen Theologen im 19. Jahrhundert auch das Dogma von der Jungfrauengeburt ernsthaft in Zweifel zu ziehen. So wertete der deutsche Theologe und Philosoph David Friedrich Strauß (1808 – 1874) dieses als Mythos, den die Urchristen erdichtete hätten, um ihre Ideen auszudrücken, denn dieser widerspreche nicht nur allen Naturgesetzen, sondern auch dem vorchristlichen Judentum. Die deutschsprachige liberale Theologie interpretierte Jesu Jungfrauengeburt in der Folge nur noch als Symbol beziehungsweise als Metapher.

Religionshistorische Forschungen machten im 20. Jahrhundert den Einfluss altägyptischer und hellenistischer Motive auf die neutestamentlichen Geburtengeschichten geltend. Der evangelische Theologe und Systematiker Wilfried Härle (geboren 1941) deutet die Jungfrauengeburt als metaphorische Antwort des Neuen Testaments neben anderen auf die Frage nach dem göttlichen Ursprung Jesu Christi. Die Lehre von der immerwährenden Jungfräulichkeit Marias sei darüber hinaus ein idealisiertes asexuelles Frauenbild, das zusammen mit der christlichen Trennung von Eros und Agape sexual- und frauenfeindliche Tendenzen mit negativen Folgen für beide Geschlechter gefördert habe.

Entgegen dieser Forschungsergebnisse, aber auch einigen katholischen Theologen in den eigenen Reihen, setzt der Vatikan die Dogmen seiner Marienlehre bis heute durch. Aufgrund skeptischer Äußerungen bezüglich der Jungfrauengeburt wurde beispielsweise der 1927 geborenen Theologin Uta Ranke-Heinemann 1987 die Lehrbefugnis entzogen. Ihre Begründung: »Viele Juden sind umgebracht worden, weil sie nicht an die Jungfrauengeburt glauben konnten. Und ich kann das auch nicht.«[48]

Von der Jungfrauengeburt zu unterscheiden ist die sogenannte Unbefleckte Empfängnis (lateinisch *immaculata conceptio*), ein weiteres römisch-katholisches Glaubensdogma, das oftmals irrtümlicherweise mit Ersterer verwechselt wird. Denn dieses bezieht sich nicht auf die Empfängnis Jesu, sondern auf die seiner Mutter Maria, die auf natürliche Weise von ihren Eltern Anna und Joachim gezeugt, empfangen und geboren wurde. Am 8. Dezember 1854 dogmatisierte Papst Pius IX. die Lehre von der unbefleckten Empfängnis Marias endgültig mit den Worten: »Die Lehre, dass die seligste Jungfrau Maria im ersten Augenblick ihrer Empfängnis durch das einzigartige Gnadengeschenk und Vorrecht des allmächtigen Gottes im Hinblick auf die Verdienste Jesu Christi, des Erlösers, von jedem Fehl der Erbsünde rein bewahrt blieb, ist von Gott geoffenbart und deshalb von allen Gläubigen fest und standhaft zu glauben!«[49]

Wie der evangelische Theologe Andreas Malessa (geboren 1955) herausstreicht, hatte der Papst mit seinem Dogma »weniger die ästhetische oder die moralische Verurteilung männlichen Spermas im Sinn, sondern wollte betonen …, dass die ›Mutter Gottes‹ nicht wie alle natürlich Geborenen mit der Erbsünde ›befleckt‹ gewesen sei … Pius meinte nicht mögliche postcoitale Flecken auf der Bettdecke, sondern Sünden auf der Seele.«[50] Da sich diese Lehre von der unbefleckten Empfängnis nicht wie die Jungfrauengeburt aus der Bibel ableiten lässt, wird sie weder von evangelischen noch von orthodoxen oder altkatholischen Christen geteilt.

18. War Jesus ein Prophet?

»Prophete rechts, Prophete links, das Weltkind in der Mitten«[51], lauten die Schlussverse eines Goethe-Gedichts, die mittlerweile zum geflügelten Wort geworden sind. Mit dem Zitat wird heute in der Regel jemand gemeint, der – heiter und in sich ruhend – sich weder um die Meinungen anderer kümmert, noch sich von den ihn umgebenden Eiferern beeinflussen lässt. Ein Vorbild mithin, das nichts von seiner Aktualität eingebüßt hat, denn Propheten, zumal falsche, gibt es ja bekanntlich mehr denn je ... Und Jesus, der Offenbarer und Verkünder des Königreiches Gottes, reiht er sich selbst letzten Endes nicht auch in die Schar der Propheten, zumindest der ehrwürdigen des Alten und Neuen Testaments, ein?

Um diese seit alters her immer wieder neu gestellte Frage beantworten zu können, müssen wir zunächst klären, was ein »Prophet« überhaupt ist, wie er sich definiert. Denn schenken wir den Theologen und Religionshistorikern Glauben, ist dies alles andere als ein leichtes Unterfangen. Ernst Josef zufolge ist »(d)ie Kennzeichnung eines Menschen als Prophet (lediglich) eine Worthülse, die mit Inhalt gefüllt werden muss.«[52], so der Theologe in seinem Buch über *Johannes den Täufer*, der im Allgemeinen ebenfalls als Prophet gehandelt wird.

Unter dem Begriff des Propheten subsumieren Religionswissenschaftler sehr unterschiedliche religiöse Figuren. Keineswegs nur die alttestamentlichen Propheten, an die man zunächst denken mag, sondern auch Gestalten wie Mohammed (um 570 – 632), den Stifter des Islam, oder Zarathustra, den Stifter des Zoroastrismus (um 1300 v. Chr.). Die Verkündigung des Willens einer Gottheit und die Vorhersage der Zukunft werden dabei als die beiden häufigsten Kennzeichen von Propheten genannt. Hinzu kommt, dass Propheten ihre Botschaft zumeist in Form von Visionen oder

Auditionen empfangen, die zuweilen mit ekstatischen Erfahrungen einhergehen können. Zu den weiteren Charakteristika zählen, dass die Propheten von einer Gottheit entsendet sind, um die empfangene Botschaft zu verkünden. Dieser Aufgabe geht oftmals ein Berufungserlebnis voran, das sie aus ihrem normalen Alltagsleben brüsk herausreißt und sie, die nun auf der Seite der Gottheit stehen, in starke Opposition gegen bestimmte religiöse oder politische Autoritäten bringt. Mitunter sogar ausdrücklich gegen ihren eigenen Willen. Daher auch die sprichwörtliche Rede vom Propheten, der in seinem eigenen Land nichts gilt.

Die heidnischen Propheten der Antike – das griechische Wort bezeichnet zunächst nur einen »öffentlichen Künder« – waren meist Orakelpropheten, die die oft dunklen Äußerungen eines Offenbarungsempfängers deuten mussten. Also alles in allem eher eine rationale, interpretierende Funktion hatten. Den ekstatischen Part übernahmen indes die weissagenden Priesterinnen, wie etwa die sogenannte Pythia am Orakel des Apollon in Delphi.

Die griechische Bezeichnung *prophetes* setzte dann die Septuaginta, also die älteste griechische Übersetzung des Alten Testaments, für das hebräische Wort *nabi* ein. Dieses lässt sich wahrscheinlich von der akkadischen Wurzel *nabu* = »rufen« herleiten, mit dem in der Regel ein »Berufener« gemeint war. Trotzdem findet sich auch im frühen Judentum kein einheitlicher Gebrauch. Denn einerseits wird mit *nabi* ein Angehöriger einer bestimmten Gruppe von Berufspropheten bezeichnet, der – wie im Falle der griechischen »Propheten« – kultische Aufgaben hat. Andererseits bezeichnet *nabi* auch die »echten« Propheten, das heißt jene Einzel- und Ausnahmegestalten, die im Gegensatz zum institutionalisierten Prophetentum stehen. Schließlich werden damit auch ältere Gestalten wie Abraham, Mose, Aaron, Mirjam usw. tituliert.

Wenn von den alttestamentlichen Propheten die Rede ist, sind aber zuallererst die von ca. 750 bis 450 v. Chr. auftretenden Schriftpropheten gemeint, die man in die vier großen Propheten – Jesaja, Jeremia, Ezechiel und Daniel – und die zwölf kleinen Propheten – Hosea, Joel, Amos, Obadja, Jona, Micha, Nahum, Habakuk, Zefanja, Haggai, Sacharja und Maleachi – einteilt. Eine Unterscheidung, die auf Aurelius Augustinus (354 – 430) in seinem großen

Buch *Über den Gottesstaat* (lateinisch *De civitate Dei*) zurückgeht und sich dabei lediglich auf den Umfang der prophetischen Bücher, nicht jedoch auf die Bedeutung und Wirkungsmächtigkeit der Propheten bezieht. Im Gegensatz zur landläufigen Meinung, beschränkt sich ihr Prophetentum aber nicht nur auf die möglichst exakte Vorhersage der Zukunft, an der die Propheten meist gemessen werden. Genauso wenig lassen sich die Propheten auf ihre Rolle als unermüdliche Mahner und Warner beziehungsweise als apokalyptische Unheilskünder reduzieren. Ihre Bedeutung ist eine viel tiefere, umfassendere. Denn in erster Linie ist der Prophet ein Organ Gottes, der »Mund Jahwes« selbst, der die Offenbarungen vermittelt. Der lateinische Ausdruck dafür ist *munus*, was soviel wie Amt, Aufgabe, Dienst bedeutet. Zu den Aufgaben der Propheten als Mittler zwischen Gott und Mensch gehören ebenso tröstende Aussagen über das göttliche Heilswirken zu machen, die göttliche »Wahrheit« zu verkünden.

Doch auch das Neue Testament kennt gleich eine ganze Reihe von Propheten, genauer gesagt, von Männern wie Frauen, die prophetische Züge tragen: Zacharias, Elisabeth, Simeon, Hanna usw. Unter diesen ragt Johannes der Täufer heraus, der bereits von seinem Vater als »Prophet des Allerhöchsten« (Lk 1,76) bezeichnet wird. Auch das Volk und die jüdischen Führer erkennen in ihm einen Propheten. Jesus selbst geht sogar noch einen Schritt weiter, wenn er ihn »mehr als einen Propheten« (Mt 11,9) nennt und ihn mit dem Elias gleichsetzt (Mt 11,14), dem Propheten und Retter der Jahwe-Religion im Nordreich, dessen Popularität sich ins Legendenhafte steigerte und ihn zum »neuen Moses« werden ließ. Darüber hinaus erinnern sowohl die Geburts- und Berufungsgeschichte des Täufers als auch sein öffentliches Auftreten an ähnliche Berichte über die alttestamentlichen Propheten.

Neben Johannes dem Täufer wird schließlich Jesus selbst im Neuen Testament gelegentlich als Prophet bezeichnet, wobei besonders das Johannesevangelium und die Apostelgeschichte betonen, dass mit Jesus die alttestamentliche Prophetie erfüllt worden und er selbst der verheißene eschatologische Prophet sei. Nach der wunderbaren Speisung einer Volksmenge am See von Tiberias, die die Menschen als Zeichen sahen, das Jesus getan hatte, sagten sie: »Das ist wirklich ein Prophet, der in die Welt kommen soll.« (Joh 6,14) Der Apostelgeschichte zufolge beruft sich Petrus ausdrücklich auf eine Stelle des Alten Testaments (Dt 18,15.19) und wendet diese auf Jesus an, um zugleich das Prophetentum Jesu seiner messianischen Sendung einzuordnen: »Mose hat gesagt: Einen Propheten wie mich wird euch der Herr, euer Gott, aus euren Brüdern erwecken. Auf ihn sollt ihr hören in allem, was er zu euch sagt.« (Apg 3,22)

Den Titel »Prophet« wandten in den kommenden Jahrhunderten auch die Kirchenväter auf Jesus an, relativierten diesen aber zugleich. Nach Origenes (185 – 254) war Jesus nicht nur Prophet, sondern vor allem »Sohn Gottes« und »Erstgeborener aller Schöpfung«. Augustinus bezeichnete Jesus sodann als »Herrn der Propheten«. Insgesamt kam man im Laufe der Kirchengeschichte zu der Überzeugung, das Prophentum in der Gestalt Jesu Christi für »erfüllt« und mithin für beendigt zu betrachten. Trotzdem gab und gibt es immer noch in der Kirche Stimmen, die einem »prophetischen Freimut« das Wort reden, was damit zugleich der Warnung vor »falschen Propheten«, vor »Wölfen im Schafspelz« (Mt 7,15f) neue Aktualität verleiht.

Ein Blick auf die moderne Theologie zeigt, dass die Frage nach Jesu Prophetentum immer noch kontrovers diskutiert wird: Edward Parish Sanders, ein 1937 geborener US-amerikanischer Theologe und Spezialist für nichtbiblische jüdische Literatur, sieht in Jesus einen radikalen eschatologischen Propheten; für den Neutestamentler Gerd Theißen (geboren 1943) und Annette Merz (geboren 1965) ist das Prophetentum Jesu hingegen nur Teil der Gesamtcharakterisierung als Charismatiker, das heißt als einen in besonderer Weise mit den Gaben des Heiligen Geistes Beschenkten; dem irisch-amerikanischen Theologen John Dominic Crossan (geboren 1934) zufolge war Jesus kein Prophet, da Jesus, der »jüdische Kyniker« und Verfechter eines einfachen, bedürfnislosen Lebens, ein mittlerloses und egalitäres Reich Gottes wollte; der 1934 geborene evangelische Theologe Jürgen Becker wiederum vertritt die Ansicht, dass Jesus eine Funktion übernahm, die weit über die der alttestamentlichen oder zeitgenössischen Propheten hinausging.

19. Inwiefern konnte Jesus Christus Mensch und zugleich Gott sein?

Theologische Streitigkeiten haben ihre eigene, besondere Zeit und treten zuweilen genauso schnell auf den Plan, wie sie von anderen Diskussionen wieder verdrängt werden. Unabhängig davon, ob es dabei zu einer allseits überzeugenden und befriedigenden Lösung kommt – oder auch nicht.

Wir schreiben das Jahr 451. Vom 8. Oktober bis zum 1. November findet in der Euphemia-Kirche in Chalkedon in Bithynien – einem heutigen Stadtteil Istanbuls – das vierte von insgesamt sieben ökumenischen Konzilien der Alten Kirche statt. Ein Konzil mit überaus weitreichenden Folgen. Denn dessen Dogmen über das innertrinitarische Verhältnis (vergleiche unsere 12. Schlüsselfrage) zwischen der göttlichen und der menschlichen Natur in Jesus Christus werden künftig gleichermaßen von der katholischen wie von der orthodoxen Kirche als unfehlbar anerkannt und später sogar zur Lehrgrundlage der evangelischen und anglikanischen Kirchen erhoben! Im Gegenzug führte das Konzil von Chalkedon aber zum Schisma zwischen der Reichskirche, das heißt der orthodoxen und katholischen Kirche einerseits, und den altorientalischen Kirchen Ägyptens und Syriens andererseits. Warum, werden wir gleich sehen.

Vom Kaiser einberufen, sollte das chalkedonische Konzil – an dem aus dem kirchlichen Westen nur vier päpstliche Legaten und zwei nordafrikanische Bischöfe teilnahmen – durch einen Bekenntnistext verschiedene, zum Teil lang andauernde, erbittert geführte und im 4. und 5. Jahrhundert geradezu eskalierende Streitigkeiten über die sogenannte *Zwei-Naturen-Lehre* autoritativ für alle Mal beenden. Denn wie lässt sich – aufgrund der Aussagen des Neuen Testaments – die Behauptung mit vernünftig nachvollziehbaren Argumenten aufrechterhalten, dass Jesus Gottes Sohn und zugleich Mensch sei? Lesen wir doch im Johannesevangelium: »Und das Wort ist Fleisch geworden und hat unter uns gewohnt, und wir haben seine Herrlichkeit gesehen, die Herrlichkeit des einzigen Sohnes vom Vater, voll Gnade und Wahrheit.« (Joh 1,14) Und Paulus schreibt in seinem Brief an die Philipper: »Er war Gott gleich, hielt aber nicht daran fest, wie Gott zu sein, sondern entäußerte sich und wurde wie ein Sklave und den Menschen gleich. Sein Leben war das eines Menschen; er erniedrigte sich und war gehorsam bis zum Tod, bis zum Tod am Kreuz.« (Phil 2,6 – 8)

Gegen die Lehre des – nach dem Patriarchen von Konstantinopel Nestorius (um 381bis um 451) benannten – *Nestorianismus*, die in Jesus Christus zwei miteinander verbundene Personen sah, aber auch gegen den strikten *Monophysitismus* beziehungsweise *Miaphysitismus*, der vor allem von den mächtigen Kirchen Ägyptens und Syriens verfochten wurde und vorgab, in Jesus Christus seien die zwei Naturen zu einer einzigen vermischt worden (was das oben genannte Schisma zeitigte), formulierte das Konzil ein neues Dogma: Diesem zufolge ist Jesus Christus, der Mensch gewordene Logos Gottes, eine Person in zwei Naturen, die in dieser einen Person »unvermischt, unverändert, ungeteilt und ungetrennt« vereint sind.

Dass es sich hierbei um eine paradoxe, den menschlichen Verstand an seine Grenzen bringende Kompromissformel handelt, die einerseits das wahre Menschsein Jesu Christi betont und andererseits die volle Gottheit Jesu Christi als des inkarnierten Gottessohnes zur Geltung bringt, wird einem spätestens dann bewusst, wenn man den exakten Wortlaut des christologischen Bekenntnisses des Konzils von Chalkedon – das sogenannte *Chalkedonense* – liest: »Wir folgen also den heiligen Vätern und lehren alle übereinstimmend: Unser Herr Jesus Christus ist als ein und derselbe Sohn zu bekennen, vollkommen derselbe in der Gottheit, vollkommen derselbe in der Menschheit, wahrhaft Gott und wahrhaft Mensch derselbe, aus Vernunftseele und Leib, wesensgleich dem Vater der Gottheit nach, wesensgleich uns derselbe der Menschheit nach, in allem uns gleich der Sünde, vor Weltzeiten aus dem Vater geboren der Gottheit nach, in den letzten Tagen derselbe für uns und um unseres Heiles willen (geboren) aus Maria, der jungfräulichen Gottesgebärerin, der Menschheit nach, ein und derselbe Christus, Sohn, Herr, Einziggeborener in zwei Naturen unvermischt, unverändert, ungeteilt und ungetrennt zu erkennen, in keiner Weise unter Aufhebung des Unterschieds der Naturen aufgrund der Einigung, sondern vielmehr unter Wahrung der Eigentümlichkeit jeder der beiden Naturen und im Zusammenkommen zu *einer* Person und *einer* Hypostase, nicht durch Teilung oder Trennung in zwei Personen, sondern ein und derselbe einziggeborene Sohn, Gott, Logos, Herr, Jesus Christus, wie die Propheten von Anfang an lehrten und er selbst, Jesus Christus, uns gelehrt hat, und wie es uns im Symbol der Väter überliefert ist.«[53] Dabei sollte nicht vergessen werden, dass es hierbei um nicht weniger ging als um die Sicherheit der durch Christus gewirkten Erlösung.

Spätestens mit dem Konzil von Chalkedon, das Papst Leo I. (um 400 – 461) bestätigte, wurden auch die Argumentationen verschiedener frühchristlicher, vor allem gnostischer Gruppen, die man als Doketisten bezeichnet, vom Tisch gewischt. Die Lehre des sogenannten Doketismus (von griechisch: *dokein* = »scheinen«) besagt nämlich, dass Jesus Christus nur *scheinbar* einen physischen Körper gehabt habe und immer Gott geblieben sei. So meint etwa der Häretiker Markion (um 85 bis um 160), dass Christus als Mensch erschien, obwohl er kein Mensch war, und dass er weder Geburt noch Leiden wirklich auf sich genommen habe, sondern eben nur zum Schein. Dahinter verbirgt sich die – möglicherweise durch Platons (428/27 – 348/47) Ideenlehre vorbereitete – Auffassung, dass alle Materie unrein und minderwertig sei, weshalb Christus, der ewige Logos, gar keine Stofflichkeit haben könne ...

Eine Weiterentwicklung erfuhr die Zwei-Naturen-Lehre in der Wittenberger Reformation im Zuge der Besinnung auf die reale, leibhaftige Präsenz Jesu Christi im Abendmahl. Die Zwei-Naturen-Lehre wurde sodann von den Sozinianern und später von der Aufklärungstheologie heftig kritisiert. Der evangelische Theologe und Philosoph Friedrich Schleiermacher (1768 – 1834) verlieh dieser Kritik in seiner Gotteslehre *Der christliche Glaube* von 1830/31 bleibendes Gewicht und setzte an die Stelle der Zwei-Naturen-Lehre die Bestimmung des Personseins Jesu Christi durch ein vollkommenes Gottesbewusstsein beziehungsweise die Gegenwart Gottes in ihm: »Der Erlöser ist sonach allen Menschen gleich vermöge der Selbigkeit der menschlichen Natur, von Allen aber unterschieden durch die stetige Kräftigkeit seines Gottesbewusstseins, welche ein eigentliches Sein Gottes in ihm war.«[54]

Während die liberale Theologie die Linie Schleiermachers fortschrieb, strengte der Schweizer reformierte Theologe Karl Barth (1886 – 1968) in seiner *Kirchlichen Dogmatik* [55] eine dialektische Reformulierung der Zwei-Naturen-Lehre unter Verzicht auf die Rede von zwei Naturen an. Auch der deutsch-amerikanische Theologe und Philosoph Paul Tillich (1886 – 1965) und der deutsche evangelische Theologe Wolfhart Pannenberg (geboren 1928) kritisierten die Zwei-Naturen-Lehre und verbanden dies mit dem methodischen Vorschlag einer »Christologie von unten«. Das Anliegen der Zwei-Naturen-Lehre, die wahre Gottheit und wahre Menschheit Jesu Christi in der Einheit der Person auszusagen, wird jedoch in diesen und den meisten anderen evangelischen und katholischen Konzeptionen der Christologie ausdrücklich bewahrt.

20. Wie sind Jesu Wunder zu deuten?

Wie das Alte Testament überliefert uns auch das Neue Testament gleich eine ganze Palette an seltsamen und seltsamsten Wundergeschichten. Hier ist es vor allem Jesus, Gottes Sohn, der Wunder wirkt. Wir erinnern uns: Er treibt den Besessenen die Dämonen aus. Er heilt durch Handauflegen – zuweilen sogar aus der Ferne – Aussätzige, Gichtbrüchige, Blutflüssige, Lahme, Stumme, Taube, Blinde und Schlafwandler. Er speist fünftausend Menschen mit nur fünf Broten und zwei Fischen. Er verwandelt Wasser in Wein, stillt einen Seesturm, wandelt auf dem See und erweckt gar Tote zu neuem Leben … Schließlich wird Jesus selbst von den Toten auferweckt – was für christlich Gläubige das wohl alles entscheidende Wunder, das Wunder schlechthin ist: »Wer glaubt, glaubt an Wunder. Das Wunder ist der Inhalt jeder Theologie«, schreibt in diesem Sinne – nicht ganz zu Unrecht – der 1921 geborene Schweizer Gemeindepfarrer und Schriftsteller Kurt Marti in seinem Gedicht *Von Ur an …*

Wie die Wunder Jesu zumindest zu seiner Zeit aufgenommen wurden, steht für Gustav Mensching (1901 – 1978), den bedeutenden Vertreter der »Religionswissenschaft des Verstehens«, aber auch für viele zeitgenössische Theologen außer Frage: »Die ›Wundertaten‹ Jesu werden griech. Dynameis (Krafttaten) oder Semeia

(Zeichen) genannt, womit ausgesprochen wird, dass man in ihnen der Kraft Gottes begegnete. Die Reaktion der Augenzeugen auf solche Krafttaten Jesu zeigt in aller Klarheit, dass hier nicht ein Widerspruch zum Naturgesetz, das man gar nicht kannte, mit Verwunderung festgestellt wurde, sondern die Kraft Gottes.«[56]

Trotzdem tut man sich – nicht zuletzt in den eigenen Reihen der Theologen, katholischen wie vor allem evangelischen – spätestens seit dem Zeitalter der Aufklärung und des Rationalismus äußerst schwer mit dem Verständnis dieser »übernatürlichen«, die Naturgesetze vermeintlich aufhebenden (paranormalen) PSI-Phänomene. Wissen wir doch inzwischen alle, dass infolge des dominanten naturwissenschaftlich-technischen Denkens einer zusehends entzauberten Welt »dem Modernen fast nichts mehr Wunder sein kann« – im Gegensatz etwa zu den »primitiven«, archaischen, traditionsgebundenen Menschen, für die fast alles Wunder sein konnte, wie der niederländische evangelische Theologe und Religionshistoriker Gerardus van der Leeuw (1890 – 1950) weiß.

Sieht man von der Möglichkeit, die Wundererzählungen einfach als Wiedergabe der historischen Realität zu begreifen, einmal ab, wie lassen sich folglich die Wunderberichte des Neuen Testaments auslegen? Wir überspringen hier die Kirchenväter wie auch die Theologen des Mittelalters und der Renaissance, die – ungeachtet interpretatorischer Nuancen – die Wunderberichte des Neuen Testaments *unisono* als Demonstrationen von und für Jesu Göttlichkeit verstanden: So etwa gehen für Aurelius Augustinus (354 – 430) die Wunder Jesu auf Gottes Allmacht zurück. Genauso für Thomas von Aquin (1224 – 1274), der in den Wundern ein Geschehen gegen die Naturordnung *(contra naturam)* sah.

Der evangelische Theologe und Schriftsteller im Zeitalter der Aufklärung Karl Friedrich Bahrdt (1741 – 1792) versuchte natürliche Ursachen für die in den Wundern berichteten Vorgänge zu finden: Jesus sei beim Seewandel im Nebel am Seeufer oder auf dort im Wasser liegenden Bauhölzern entlanggegangen und daher von den Jüngern für ein Gespenst gehalten worden, das auf dem Wasser gehen könne. Bei der Sturmstillung habe er die verängstigten Jünger angeherrscht: Schweigt still, was diese auf Wind und

Wellen bezogen, die sich zufällig im selben Moment legten. Dies hätten die Jünger dann auf seinen »Befehl« zurückgeführt.

Desgleichen suchte der evangelische Theologe Heinrich Eberhard Gottlob Paulus (1761 – 1851) nach »vernünftigen« Erklärungen der Wunder: Bei der Massenspeisung hätten genügend Zuhörer Nahrungsvorräte bei sich gehabt. Jesus habe seine Nahrung mit seinen Jüngern geteilt und damit die anderen Zeugen ebenfalls dazu angeregt, dies zu tun. Derlei rationalistische Erklärungsversuche sollten späterhin von Albert Schweitzer (1875 – 1965) in seiner *Geschichte der Leben-Jesu-Forschung* von 1906 köstlich karikiert werden, indem er etwa vorschlug, die Totenerweckungen neu zu betiteln: »Man sollte diese Erzählung gar nicht ›Totenauferweckungen‹ überschreiben, sondern etwa ›Jesus bewahrt vor zu frühem Begrabenwerden‹«[57], da es sich ja augenscheinlich um Scheintote gehandelt haben müsse!

Im Gegenzug sah David Friedrich Strauß (1808 – 1874) in Jesu Wundergeschichten lediglich Mythen, die eine bestimmte Idee zum Ausdruck bringen sollten. Diese hatten vor allem die Aufgabe, das im Alten Testament von den Propheten Erzählte noch zu überbieten und dergestalt Jesus als den verheißenen Messias darzustellen. Und dies, obgleich Jesus selbst Wunder eher abgelehnt habe, jedoch die in ihn gesetzten Erwartungen erfüllen musste. Strauß deutete einige Heilwunder mithin gleichsam »psychosomatisch«, während er in anderen Volkssagen sah, die auch ohne historische Grundlage einen religiösen Sinn hätten.

Folgt man Rudolf Bultmann (1884 – 1976), dem protestantischen Theologen und Entmythologisierer par excellence, ist ein Großteil der Wunderberichte erst nach Jesu Tod im Urchristentum entstanden. In seiner *Geschichte der synoptischen Tradition* aus dem Jahre 1921 vertritt er die These, dass hellenistische Motive auf Jesus übertragen wurden, und führt als Beispiel dafür das Weinwunder von Kana an, das aus dem Dionyskult stamme. In ähnlicher Art und Weise bewertete auch der Neutestamentler Martin Dibelius (1883 – 1947) in seiner Formgeschichte der Evangelien von 1919 die meisten Wundertexte, nämlich als spätere Anpassung der kirchlichen Verkündigung an profane Legenden der antiken Umwelt. Für den Altphilologen Ludwig Bieler (1906 – 1981) wurde die Figur Jesus nach dem antiken Typus eines Wundertäters, eines »göttlichen Menschen« – griechisch: *Theios Aner* – konstruiert; vergleiche dazu sein gleichnamiges Buch von 1936.

Diese theologische Blockadehaltung dem »Wunder« gegenüber wurde in den letzten Jahrzehnten jedoch etwas aufgebrochen. Man schlussfolgert heute nicht mehr zwingend, dass die Heilungstätigkeit Jesu historisch nicht wahr sei beziehungsweise dass es sich bei den Wundererzählungen lediglich um reine Symbolerzählungen handeln würde: »Ein heilsgeschichtliches Verständnis sieht die Wunder als Zeichen, als Hinweise und nicht als Beweise. Sie weisen auf die Nähe des Gottessohnes hin und stehen im Dienste der Verkündigung der Botschaft Jesu. Das eigentliche Zeichen Gottes ist dabei das Erscheinen Jesu selbst.«[58]

Eine nicht zu unterschätzende Rolle spielen Wunder noch heutzutage im Christentum im Bereich der Wallfahrten und der Marien- und Heiligenverehrung der katholischen Kirche. So hat das I. Vatikanuum von 1869/70 festgelegt, dass Wunder grundsätzlich möglich und erkennbar sind. In Heilungsbewegungen sowie bei den Pfingstlern und Charismatikern gelten Wunder als Ausweis des Wirkens des Heiligen Geistes. Auch für die Heiligsprechung ist der Nachweis eines Wunders eine Grundvoraussetzung.

21. Warum redete Jesus in Gleichnissen?

Für Vincent van Gogh (1853 – 1890) verkörperte er die »Sehnsüchte nach (dem) Unendlichen«. Nicht zuletzt aus diesem Grund hat uns der Maler an der Nahtstelle zur Moderne gleich mehrere unvergessliche Fassungen davon geschenkt: Die Rede ist vom Sämann. Auf allen Bildern van Goghs ist er bei der Feldarbeit zu sehen, dargestellt vor einer riesigen kreisrunden gelben Sonne, die mit ihrer Leuchtkraft und Form seit jeher Symbol göttlicher Vollkommenheit und Präsenz ist. »Wer nicht an die Sonne glaubt, der ist gottlos«, hat der Maler einmal formuliert. Als zutiefst religiöser Mensch, der es ablehnte, Christus zu malen, weil ihm das Motiv zu groß schien, versuchte van Gogh sich an diesem Motiv des Neuen Testaments, das Lukas folgendermaßen wiedergibt:

»Als die Leute aus allen Städten zusammenströmten und sich viele Menschen um ihn (Jesus) versammelten, erzählte er ihnen dieses Gleichnis: Ein Sämann ging aufs Feld, um seinen Samen auszusäen. Als er säte, fiel ein Teil der Körner auf den Weg; sie wurden zertreten, und die Vögel des Himmels fraßen sie. Ein anderer Teil fiel auf Felsen, und als die Saat aufging, verdorrte sie, weil es ihr an Feuchtigkeit fehlte. Wieder ein anderer Teil fiel mitten in die Dornen, und die Dornen wuchsen zusammen mit der Saat hoch und erstickten sie. Ein anderer Teil schließlich fiel auf guten Boden, ging auf und brachte hundertfach Frucht. Als Jesus das gesagt hatte, rief er: Wer Ohren hat zum Hören, der höre!« (Lk 8,4 – 8)

Dieses Gleichnis vom Sämann – von dem noch zwei weitere Varianten existieren (Mk 4,13 – 20 und Mt 13,18 – 23) – ist nur eines von vielen Gleichnissen Jesu, die uns vor allem die Synoptiker, also die Evangelisten Matthäus, Markus und Lukas, von Jesus überliefert haben. Je nachdem, wie eng oder weit man diese literarische Gattung fasst und welche verschiedenen Typen man dazuzählt, schwankt die Zahl der neutestamentlichen »Gleichnisse«. Manche Bibel-Exegeten gehen von rund dreißig, andere sogar von hundert Gleichnissen aus. Mit dem deutschen Wort »Gleichnis« – die Engländer sprechen von *parable*, die Franzosen von *parabole* – wird im NT der griechische Begriff *parabolé* (wörtlich: das Nebeneinandergestellte, der Vergleich) wiedergegeben. Bei der Übersetzung des Alten Testaments ins Griechische, in der sogenannten Septuaginta, vertritt *parabolé* das hebräische *maschal*, das wiederum Bildworte und Vergleiche verschiedenster Art bezeichnen kann, meist aber nur kürzere Sprüche vorwiegend allegorischer Art meint, denn eigentliche Gleichnisse kommen im Alten Testament eher selten vor.

Doch zurück zu den Gleichnissen Jesu, die zum Herzstück der Jesusüberlieferung gehören und für seine Lehrweise charakteristisch sind. Mit seinen Gleichnissen knüpft Jesus an eine rabbinische Lehrmethode an, die ähnliche Bildreden verwandte, um religiöse Wahrheiten zu offenbaren. Von wenigen Ausnahmen abgesehen, bedient sich Jesus der Gleichnisse, um das verheißene Gottesreich zu verkünden.

Inhaltlich lassen sich die Gleichnisse Jesu – wir folgen hier dem vom evangelischen Theologen Herbert Haag herausgegebenen

Bibel-Lexikon[59] – dabei in folgende Gruppen einteilen: Reich-Gottes- oder Himmelreichs-Gleichnisse (etwa die Gleichnisse vom Sämann, vom Senfkorn und vom Sauerteig), Entscheidungs- und Gerichtsgleichnisse (etwa die Gleichnisse vom unfruchtbaren Feigenbaum, von den anvertrauten Talenten und vom klugen Verwalter), Wachsamkeitsgleichnisse (etwa von den zehn Jungfrauen), Gleichnisse, die von der neuen Wirklichkeit des Reiches Gottes reden: das heißt die Gleichnisse, die vom rechten Verhalten gegenüber Gott reden (etwa die Gleichnisse vom reichen Kornbauern, vom verlorenen Sohn und von den bösen Winzern), sowie Gleichnisse, die vom rechten Verhalten gegen den Mitmenschen handeln (etwa die Gleichnisse vom barmherzigen Samariter, vom reichen Prasser und dem armen Lazarus und vom Pharisäer und Zöllner).

Da das von ihm Gemeinte seinen Zuhörern – nicht nur seinen Jüngern, sondern allen zeitgenössischen Juden – aber nicht unmittelbar verständlich war, allzu theoretisch-abstrakt klingen mochte, versuchte Jesus dieses (noch) Unbekannte, Transzendente durch Bekanntes, Immanentes zu erschließen. Und so verwundert es nicht, dass es in seinen Gleichnissen um ganz Alltägliches aus dem Leben des Volkes geht: um Felder und Weinberge genauso wie um Saat und Ernte oder um Hirten und Herden. Auch die Sprache, in der er dieses tat, ist durch Volkstümlichkeit, Einprägsamkeit, Anschaulichkeit und Lebendigkeit gekennzeichnet. Was aber der Gedankentiefe und brillanten Formulierung keineswegs entgegensteht, im Gegenteil.

Ein Hauptmerkmal des Gleichnisses ist es, dass es zwei Textebenen aufweist: die Ebene des Gesagten und die Ebene des Gemeinten, die sich aufeinander beziehen und im Vergleichsmoment, im *tertium comparationis* – wie der lateinische Ausdruck für das »Dritte des Vergleichs« heißt – berühren. Dabei geht es stets um die Herausstellung eines Grundgedankens und um die Übertragung desselben auf die gemeinte religiöse Wirklichkeit. So könnte man das oben zitierte »Gleichnis vom Sämann« wie folgt interpretieren: Das Reich Gottes verwirklicht sich unter den Menschen. Sie stellen das Feld dar, auf dem die Saat gedeiht und Frucht bringt. Nicht alle taugen für das Reich und so wird die Saat auch oftmals nicht aufgehen. Dies ist jedoch kein Grund für Ungeduld,

Pessimismus oder gar Resignation. Denn diejenigen, die das Wort Gottes aufnehmen und den Heilswillen Gottes leben, dienen dem Reich und bringen reichen Segen.

Trotzdem will es bis heute nicht gelingen, die Gleichnisse Jesu gleichsam »restlos« auszulegen, denn, so der Theologe Martin Pöttner: »Unter ihnen gibt es nämlich *Vergleiche*, die keineswegs schon Bekanntes für noch nicht Wissende erklären. Es handelt sich um kreative Vergleiche, die lebensbestimmend Neues, Fremdes und anderes erschließen möchten. Das Nahegekommensein Gottes bleibt in ihnen zugleich dem Alltag zugewandt und Bemächtigungsversuchen entzogen.«[60]

Wie die Gleichnisse Jesu »richtig« zu verstehen seien, was ihr Sinn und Zweck sei, beschäftigte bereits die Evangelisten. Markus deutete diese als absichtliche Verhüllung des Mysteriums der Gottesherrschaft vor den Ungläubigen, sprich den Verstockten: »Als er (Jesus) mit seinen Begleitern und den Zwölf allein war, fragten sie ihn nach dem Sinn seiner Gleichnisse. Da sagte er zu ihnen: Euch ist das Geheimnis des Reiches Gottes anvertraut; denen aber, die draußen sind, wird alles in Gleichnissen gesagt, denn sehen sollen sie, sehen, aber nicht erkennen; hören sollen sie, hören, aber nicht verstehen, damit sie sich nicht bekehren und ihnen nicht vergeben wird.« (Mk 4,10 – 12)

Der Kirchenvater Irenäus (135 – 202) machte indes die Allgemeinverständlichkeit der Gleichnisse geltend und beharrte auf den buchstäblichen Sinn. Die mittelalterlichen Theologen kannten beides: das Beharren auf den Buchstaben wie die exzessive Allegorese, bei der im Wortlaut ein verborgener Sinn gesucht wird. Folgt man Thomas von Aquin (1224 – 1274) kann der Mensch jedoch den Sinn der göttlichen Schrift nur erahnen. Auch Martin Luther (1483 – 1546) verwirft die Allegorese von Bibel und Parabel beziehungsweise Gleichnis in der Absicht, die Bibel für jedermann zu öffnen.

Im 18. Jahrhundert beschäftigte sich sodann der Schriftsteller und Kritiker Gotthold Ephraim Lessing (1729 – 1781) mit der literarischen Gattung des Gleichnisses. Er unterscheidet Sachteil (eine Abstraktion, ein Gedanke) und Bildteil (ein Lebensbereich, ein konkretes Bild) voneinander, wobei Ersteres in Letzteres umgesetzt wird, und zwar mit dem Zweck der Enthüllung, der Förderung des Verständnisses. Ein Ansatz, dem der Philosoph, Theologe und Dichter Johann Gottfried Herder (1744 – 1803) widersprechen sollte. Denn für ihn dient das Gleichnis eher der Ver- als der Enthüllung: »Parabel ist eine Gleichnisrede, eine Erzählung aus dem gemeinen Leben, mehr zur Einkleidung und Verhüllung einer Lehre als zu ihrer Enthüllung.«[61] Eine These, die auch auf viele neutestamentliche Gleichnisse zuzutreffen scheint, da Jesus offenbar nichts direkt preisgeben will, die Hörer in einem eigentümlichen (Schwebe-)Zustand belässt. Diese sollen vielmehr zum Nachdenken angespornt, ja zu einer Stellungnahme herausgefordert werden, um die religiöse Wahrheit selbst für sich zu entdecken.

Einen Meilenstein in der Gleichnisauslegung setzte der deutsche evangelische Theologe und exponierte Vertreter der historisch-kritischen Methode Adolf Jülicher (1857 – 1938) mit seiner zweibändigen Arbeit über *Die Gleichnisse Jesu* von 1910. Darin definiert er – auf die Rhetorik des Aristoteles (384 – 322) zurückgreifend – das Gleichnis »als diejenige Redefigur, in welcher die Wirkung eines Satzes (Gedankens) gesichert werden soll durch Nebenstellung eines ähnlichen, einem anderen Gebiete angehörigen, seiner Wirkung gewissen Satzes«[62]. Mit dieser Definition wendet sich Jülicher gegen ein lange gepflegtes allegorisches Verständnis des Gleichnisses. Im Gegensatz dazu unterscheidet Jülichers Definition, wie oben bereits angerissen, zwischen Bild- und Sachhälfte, die durch ein einziges *tertium comparationis* – die Pointe des Vergleichs – verbunden sein sollen. Eine Gleichnis-Theorie, die von vielen nachfolgenden Theologen allerdings nicht mehr uneingeschränkt geteilt wird.

Neuere, vor allem von der Sprach- und Kommunikationswissenschaft geprägte Gleichnis-Theorien innerhalb der Theologie stellen – schlagwortartig aufgezählt – folgende Aspekte verstärkt in den Vordergrund: die »Verschränkung« zwischen dem Urteil des Sprechers und des Hörers (Eta Linnemann); die »dialogische Struktur« der Gleichnisse (Vittorio Fusco); die Deutung der Gleichnisse als »autonome ästhetische Objekte« (Dan Otto Via); die Auslegung der Gleichnisse als Metaphern, durch die im

Sprachgeschehen auf unübersetzbare Weise die neue Wirklichkeit des Gottesreiches abgebildet (Hans Weder) und zur Wirkung gebracht wird (Wolfgang Harnisch), sowie die Interpretation der Gleichnisse im Sinne »kommunikative(r) Handlungen« (Edmund Arens).

Auf die eingangs gestellte Frage, warum Jesus in Gleichnissen redete, scheint uns das ambivalente, enthüllend-verhüllende Moment der Gleichnisse besonders bedeutsam. Denn das Reden in Bildworten ermöglichte es Jesus einerseits, schwer zu fassende, weil transzendente Wahrheiten in einer einfachen, anschaulichen Art und Weise zu thematisieren, andererseits seinen Zuhörern, heute den Lesern, genügend Raum für die eigene »Findung« der religiösen Wahrheit zu lassen und sie zu diesem Zweck zugleich zu einer persönlichen Stellungnahme herauszufordern.

22. Warum musste Jesus am Kreuz sterben?

Es gibt nur wenige historisch gesicherte Tatsachen in der Geschichte des Jesus von Nazareth. Doch dessen Kreuzigung ist auch außerhalb des Neuen Testaments und der Apokryphen durch verschiedene Quellen – unter anderem in den *Annalen* (XV. Buch) des römischen Historikers Publius Cornelius Tacitus (um 55 – 115) – belegt.

Von der aus dem Alten Orient (Phönizier, Assyrer und Perser) stammenden Hinrichtungsmethode der Kreuzigung, die sich aus dem Hängen entwickelte, aber anders als dieses die Todesqual verlängern sollte, machten vor allem die Römer Gebrauch. Das Alte Testament kannte die Kreuzigung nicht – denn: »verflucht ist, wer am Holz hängt« (Dtn 21,22f) – und auch die Griechen bedienten sich dieser eher in Ausnahmefällen. Für die Römer gehörte die Kreuzigung zu den grausamsten und zugleich verächtlichsten Todesstrafen, die auf Sklaven und nicht-römische Freie zur Bestrafung von Mord, Raub, Verrat und Aufstand angewandt wurde. Mitunter wurden aber auch römische Bürger gekreuzigt. Dabei nagelte und/oder fesselte man den Delinquenten – so die neueren Forschungsergebnisse – wahrscheinlich auf der Erde liegend an den Querbalken des Kreuzes, der dann zusammen mit dem Körper auf den Längsbalken gehoben wurde.

Weil Jesus nach seiner Verurteilung der römischen Besatzungsmacht in Gestalt von Soldaten übergeben wurde, wurde auch die Kreuzigung nach römischer Art vollzogen. Eine Verurteilung Jesu nach jüdischem Recht hätte die Todesstrafe der Steinigung verlangt. Was der Kreuzigung Jesu vorausging, lässt sich aus dem Zeugnis der Evangelisten folgendermaßen zusammenfassen: Jesus wurde auf Veranlassung des Hohen Rates und mithilfe einer seiner Jünger (Judas) nächtens in der Gegend des Ölbergs verhaftet und über das Kidrontal in das Haus des Hohepriesters gebracht. (Lk 22,47 – 65) Aller Wahrscheinlichkeit nach wurden dort in einer Art »Voruntersuchung« Anklagepunkte für die spätere offizielle Sitzung des Hohen Rates gesammelt. (Lk 22,66 – 71) Jesu Einstellung zum Tempel, vor allem aber sein Bekenntnis, der Messias (und Menschensohn) zu sein, veranlassten den Hohen Rat, Jesus – als vermeintlich falschen Messias – an die Römer zu überstellen. (Lk 23,1f) Wie der Prozess Jesu vor dem römischen Statthalter Pontius Pilatus im Einzelnen vonstatten ging, bleibt bis heute ungeklärt. Als gesichert gilt indes, dass Pilatus Jesus wegen Falschprophetie, das heißt wegen eines Messiasanspruchs (Mk 15,26) zum Tod am Kreuz verurteilte. (Da es laut den Passionserzählungen der Evangelisten Juden waren, die Pilatus zur Kreuzigung drängten – »Kreuzige ihn!« (Mk 15,13) –, gaben christliche Judenhasser seither immer wieder dem jüdischen Volk zu Unrecht eine Kollektivschuld am Tod Jesu!)

Die Kreuzung, der üblicherweise die Geißelung durch mit Nägeln besetzten Peitschen, das Tragen des schweren Kreuzes und die Entkleidung bis auf den Lendenschutz vorausgingen, wurde am Tag vor der Pessach-Feier oder am Festtag selbst – das im jüdischen Monat Nissan an den Exodus der Israeliten aus ägyptischer Gefangenschaft erinnert – vor den Mauern Jerusalems auf einem Hügel vorgenommen, der infolge seines Aussehens Golgatha (= »Schädelhöhe«) genannt wurde. Danach wurde Jesus in einem Felsengrab beigesetzt (Lk 23,50 – 53).

Schenkt man den (synoptischen) Evangelisten Glauben, hat Jesus selbst sein Schicksal und seine Kreuzigung als notwendigen Teil der göttlichen Heilsgeschichte vorausgesehen und es bereitwillig auf sich genommen, sich dem Willen Gottes zugunsten der »vielen« zu unterwerfen und als Gerechter zu leiden, zu sterben, aber auch wieder aufzuerstehen. Mehrmals machte er vor seinen Jüngern detaillierte Leidensweissagungen, im Markusevangelium gleich dreimal: »Dann begann er, sie darüber zu belehren, der Menschensohn müsse vieles erleiden und von den Ältesten, den Hohenpriestern und den Schriftgelehrten verworfen werden; er werde getötet, aber nach drei Tagen werde er auferstehen.« (Mk 8,31) Wie in der (Heils-)Geschichte insgesamt – das heißt von der Schöpfung bis zur Vollendung der Welt –, so geschieht auch im Falle der Passion Jesu Gottes Plan und Wille. Dass Jesu Tod kein Zufall war, versuchten die Evangelisten darüber hinaus mit Hinweisen auf alttestamentliche Propheten verständlich zu machen. »Der Menschensohn muss … seinen Weg gehen, wie die Schrift über ihn sagt.« (Mk 14,21) Und auch Jesu Kreuzeswort »Es ist vollbracht.« (Joh 19,30) spielt nicht nur auf die Bewältigung seiner eigenen Aufgabe an, sondern auch auf eine Stelle aus dem 22. Psalm, womit er sagt, dass die Schriften erfüllt sind.

Nichtsdestoweniger beschäftigte die Frage, warum der Messias ein solch schändliches Ende finden musste, was der tiefere Sinn, die geheime Notwendigkeit des Kreuzes war und warum Gott die Menschheit stellvertretend durch die Hingabe, den Sühnetod seines Sohnes von ihren Sünden zu erlösen vermochte, die Christen von Anfang an. Die klassische Antwort der Theologen lässt sich *cum grano salis* folgendermaßen resümieren: Nachdem Adam und Eva, die ersten Menschen, gesündigt hatten, war die einstmals heile Ordnung der Welt aus den Fugen geraten. Und da die Menschen diese Erbsünde von Generation an Generation weitergaben, das heißt sich aus eigener Kraft gar nicht mehr aus ihrer Schuldverstrickung lösen konnten, musste Gott, der seine Geschöpfe liebt, selbst eingreifen. »Die einen sagen nun, das eigentliche Problem habe darin bestanden, dass die Menschen Gottes Gebot immer wieder übertreten. Es brauche daher ganz einfach jemanden, der Gott wirklich in allem gehorsam wäre. Und genau deshalb habe Gott seinen eigenen Sohn Mensch werden lassen, damit dieser in allem gehorsam sei: bis zum Tod am Kreuz. Dies, der Gehorsam nämlich, sei der Weg gewesen, um die Welt zu heilen. Andere betonen, dass Gott durch den Ungehorsam der Menschen so beleidigt worden wäre, dass er nur durch das denkbar größte Opfer wieder besänftigt werden konnte: dadurch, dass Gott selbst sich für die Schuld der Menschen hingab, dass er sich selbst am Kreuz für die Menschen opferte.«[63], wie der 1960 geborene Theologe Jörg Sieger schreibt. Kurzum: Gott vermochte die gefallenen Menschen nur mithilfe des Kreuzopfers aus ihrer Erbschuld zu erlösen. Trotzdem vermag diese »rationale« Erklärung der Theologen nicht restlos zu überzeugen, bleibt ein »schaler Beigeschmack«. Denn warum sollte Gott gleichsam ein »Buchhalter« unserer Sünden sein und Jesus ein Opfer für seinen Vater bringen müssen?

Dass das Kreuz für Nichtglaubende ein »Ärgernis« und eine »Torheit« sei, den Glaubenden hingegen das durch den Geist geoffenbarte Geheimnis der göttlichen Weisheit, erkannte Paulus als einer der Ersten: »Denn das Wort vom Kreuz ist denen, die verloren gehen, Torheit; uns aber, die gerettet werden, ist es Gottes Kraft. Es heißt nämlich in der Schrift: Ich lasse die Weisheit der Weisen vergehen und die Klugheit der Klugen verschwinden. Wo ist ein Weiser? Wo ein Schriftgelehrter? Wo ein Wortführer in dieser Welt? Hat Gott nicht die Weisheit der Welt als Torheit entlarvt? Denn da die Welt angesichts der Weisheit Gottes auf dem Weg ihrer Weisheit Gott nicht erkannte, beschloss Gott, alle, die glauben, durch die Torheit der Verkündigung zu retten. Die Juden fordern Zeichen, die Griechen suchen Weisheit. Wir dagegen verkündigen Christus als den Gekreuzigten: für die Juden ein empörendes Ärgernis, für Heiden eine Torheit, für die Berufenen aber, Juden wie Griechen, Christus, Gottes Kraft und Gottes Weisheit.« (1 Kor 18 – 25)

Paulus stellt den Skandal des Kreuzes ins Zentrum seiner Predigt, gerade weil er sich der Auferstehung Christi gewiss ist. Gottes Weisheit besteht darin, dass paradoxerweise im schmachvollen Tod Jesu das Kreuz zum Zeichen der Befreiung und Erlösung wurde: »Er hat seinen eigenen Sohn nicht verschont, sondern ihn für uns alle hingegeben – wie sollte er uns mit ihm nicht alles schenken?« (Röm 8,32) Das Kreuz wird zum Zeichen der Liebe Gottes, bleibt jedoch nur für den Glaubenden deutbar.

Vom paulinischen Credo von der Unzulänglichkeit menschlichen Wissens für die Erkenntnis Gottes – und mithin auch für das große Mysterium des Kreuzes –, führt ein direkter Weg zu Tertullians (um 150 – 230) berühmtem Ausspruch *»credo, quia absurdum«* (ich glaube es, gerade weil es widersinnig ist) und später zu Martin Luthers (1483 – 1546) Diktum aus seinen *Tischreden*: »Die Vernunft ist das größte Hindernis für den Glauben, da ihr alles Göttliche als sinnlos, um nicht zu sagen als Lüge erscheint.«[64] Für den großen Reformator sind alle menschlichen Bemühungen um ein vernunftgemäßes Verstehen der Wege Gottes Produkte der Überheblichkeit.

Mit logisch-rationalen, objektiven Vernunftgründen lässt sich – so der durchgängige theologische Tenor bis heute – die Frage, warum Jesus am Kreuz sterben musste, nur bedingt beantworten. Doch gerade »das Ringen um die Frage nach dem *Sinn des Leidens*, nach der heilbringenden Botschaft vom Kreuz«, sei »in besonderem Maße geeignet, den Glaubenden und Suchenden in eine vertiefte Beziehung zu Christus zu führen«[65]. Jesu Passion, Tod und das Ostergeschehen müssen als eine Einheit gesehen werden. Vielleicht starb Jesus am Kreuz, »damit wir erkennen, dass selbst dieses sinnlose und grausame Sterben all das, wofür Jesus gelebt hat, nicht zunichte machen konnte«, und »damit wir erkennen, dass der Tod nur dem Leid, sonst aber gar nichts, ein Ende machen kann, dass er ein Tor ist, ein Hindurchgang in eine neue Dimension des Lebens«[66].

23. Was ist an Ostern geschehen?

Zu Ostern gedenken Christen in aller Welt der Auferstehung Christi. Es ist das älteste und zugleich höchste christliche Fest, weil die Auferstehung Christi von den Toten am dritten Tag nach der Kreuzigung für Glaubende das zentrale Heilsereignis schlechthin, das Herzstück und den Prüfstein der Frohen Botschaft darstellt. Mit diesem hat Gott für die Christen nicht nur seine absolute Allmacht, Liebe und Güte bewiesen und Jesus den Tod ein für alle Mal überwunden, sondern auch den Menschen wurde die Hoffnung auf die eigene Auferweckung von den Toten, die volle Teilhabe am ewigen Leben gestiftet. So konnte der Kirchenvater Tertullian (um 150 – 230) zu Recht sagen: »Die Hoffnung der Christen heißt Auferstehung der Toten; alles, was wir sind, sind wir im Glauben daran.«[67] Und für den Theologen Karl Barth (1886 – 1968) war die Auferstehung nichts anderes als eine Umschreibung des Wortes »Gott«.

Dass mit dem Glauben an die Auferstehung sozusagen das ganze Christentum steht und fällt, sich an Ostern gewissermaßen alles entscheidet – Sein oder Nichtsein, Sinn oder Unsinn –, erkannte der Apostel Paulus als einer der Ersten: »Wenn aber verkündigt wird, dass Christus von den Toten auferweckt worden ist, wie können dann einige von euch sagen: Eine Auferstehung der Toten gibt es nicht? Wenn es keine Auferstehung der Toten gibt, ist auch Christus nicht auferweckt worden. Ist aber Christus nicht auferweckt worden, dann ist unsere Verkündigung leer und euer Glaube sinnlos.« (1 Kor 15,12 – 14) Doch was wissen wir wirklich von der Auferstehung Christi, kann man diese historisch belegen oder handelt es dabei lediglich um Wunschträume, um Halluzinationen?

Zunächst gilt es festzuhalten, dass wir die »einzige Evidenz für die Auferstehung«[68] (Willem Karel Grossouw) ausschließlich in christlichen Quellen, genauer gesagt, im Neuen Testament finden, die sich wiederum in zwei Gruppen einteilen lassen: einerseits in den Briefen und in der Apostelgeschichte – welche die ältestdatierbaren Quellen enthalten –, andererseits in den vier Evangelien. Diese überliefern die Auferstehung Jesu in formelhaften Glaubens- und Bekenntnissätzen – wie »Jesus … ist gestorben und auferstanden« (1 Thess 4,14) oder »Christus …(wurde) von den Toten auferweckt« (Röm 6,4) – beziehungsweise in narrativen Ostertexten und sind somit ausdrücklich keine protokollarischen Tatsachenberichte im modernen Sinne!

Auch in Bezug auf den im Umkreis der Auferstehung beteiligten Personenkreis, die Ortsbestimmung (Galiläa oder Jerusalem), die Geschehensfolge und die visionären Erfahrungen der ersten Augenzeugen existieren Unterschiede, Varianten, Lücken, mitunter sogar Unstimmigkeiten und regelrechte Widersprüche. So legt beispielsweise der Evangelist Lukas Auferstehung und Himmelfahrt auf einen Tag (Lk 24), während der Apostelgeschichte zufolge die Himmelfahrt erst vierzig Tage nach der Auferstehung erfolgte. Was seinen Grund wohl nicht zuletzt in den unterschiedlichen Traditionen und theologischen Aussageabsichten der neutestamentlichen Verfasser haben dürfte. Bemerkenswerterweise beschreiben Letztere auch nicht den eigentlichen Vorgang der Auferstehung, sondern setzen diesen vielmehr als von niemand beobachtete und ohne jedes menschliche Zutun vollbrachte Tat Gottes bereits voraus: »Erschreckt nicht!«, sagt der Engel im leeren Grab den Frauen, »Ihr sucht Jesus von Nazaret, den Gekreuzigten. Er ist auferstanden; er ist nicht hier. Seht, da ist die Stelle, wo man ihn hingelegt hatte.« (Mk 16,6)

Trotzdem stimmen die Erzähltexte der Evangelisten über die Ereignisse nach Jesu Kreuzigung in den Kernaussagen überein. Zusammengefasst lauten diese in etwa wie folgt: Noch an seinem Todestag, einem Freitag vor Sabbat, wurde Jesus Christus von Joseph von Arimathäe, einem Mitglied des Hohen Rates, das dessen Urteil nicht zugestimmt hatte, in einem Felsengrab bestattet. Dieses wurde mit einem Stein verschlossen. Als einige Frauen – unter ihnen Maria Magdalena – am frühen Sonntag die Einbalsamierung des Leichnams vornehmen wollten, fanden sie den Stein vom Grab weggerollt und dieses leer. Dem Evangelisten Johannes zufolge, waren ebenso einige Jünger anwesend, die sich davon überzeugen wollten.

Während der folgenden Tage und Wochen – die Apostelgeschichte spricht von ganzen »vierzig Tagen«, in denen »er ihnen erschienen« sei und »vom Reich Gottes gesprochen (habe)« (Apg 1,3) – hatten die Jünger unter verschiedenen Umständen (körperliche) Erscheinungen Jesu. (Wenngleich sich die Bibel darüber ausschweigt, von welcher Art der »Leib« des Auferstandenen war …) In Verbindung mit dem leeren Grab sahen sich die Jünger Jesu aber fortan veranlasst, seine Auferstehung zu verkünden. Dabei wollten die Jünger die ersten Berichte über die Auferstehung gar nicht glauben – mehrfach ist deshalb von ihrem Unglauben, ihrem Zweifel die Rede. Als Jesus den Jüngern erscheint, fragt er diese: »Warum seid ihr so bestürzt? Warum lasst ihr in eurem Herzen solche Zweifel aufkommen? Seht meine Hände und meine Füße an: Ich bin es selbst. Fasst mich doch an, und begreift: Kein Geist hat Fleisch und Knochen, wie ihr es bei mir seht. Sie staunten, konnten es aber vor Freude immer noch nicht glauben. Da sagte er zu ihnen: Habt ihr etwas zu essen hier? Sie gaben ihm ein Stück gebratenen Fisch; er nahm es und aß es vor ihren Augen.« (Lk 24,38 – 42) Und dies alles, obgleich Jesus selbst ihnen bereits vor der Kreuzigung seine Auferstehung am dritten Tage geweissagt hatte (vgl. Mk 8,21; 9,30 und 10,34).

Neben diesen Erlebnissen der ersten Nachfolger Jesu, hat uns Paulus auch eine sogenannte »Zeugenliste« überliefert: »Denn vor allem habe ich euch überliefert, was auch ich empfangen habe: Christus ist für unsere Sünden gestorben, gemäß der Schrift, und ist begraben worden. Er ist am dritten Tag auferweckt worden, gemäß der Schrift und erschien dem Kephas, dann den Zwölf. Danach erschien er mehr als fünfhundert Brüdern zugleich; die meisten von ihnen sind noch am Leben, einige sind entschlafen. Danach erschien er dem Jakobus, dann allen Aposteln. Als Letztem von allen erschien er auch mir, dem Unerwarteten, der ›Missgeburt‹.« (1 Kor 15,3 – 8) Paulus selbst beruft sich mithin darauf, den auferstandenen Christus selbst geschaut zu haben. Und er sieht in diesem Erlebnis die einzige und unersetzliche Grundlage seiner Bekehrung und apostolischen Arbeit.

Was die historische Grundlage, die Glaubwürdigkeit der Auferstehung Jesu anbetrifft, hat es bereits in der Frühzeit des Christentums kontroverse Diskussionen gegeben. Diese sollten sich zu Beginn der historisch-kritischen Erforschung des Neuen Testaments seit dem Zeitalter der Aufklärung jedoch weiter verschärfen. Werfen wir einen Blick auf die gängigsten Hypothesen.

Da ist zunächst die sogenannte »Betrugshypothese« des deistischen Philosophen und radikalen Bibel- und Kirchenkritikers Hermann Samuel Reimarus (1694 – 1768), der davon ausgeht, dass die Jünger selbst nachts, während die Bewacher des Grabes schliefen, den Leichnam Jesu stahlen, um ihn als auferstandenen Erlöser verkündigen zu können. Ein Vorwurf, den bereits der Evangelist Matthäus als verabredete Lüge der sadduzäischen Gegner Jesu zurückgewiesen hatte (Mt 28,11 – 15).

Die »Scheintodhypothese«, der zufolge Jesus bei seiner Bestattung im Felsengrab gar nicht tot gewesen und wieder ins Leben zurückgekehrt sei, vertrat Heinrich Eberhard Gottlob Paulus (1761 – 1851), das theologische Haupt des Rationalismus. Sie wurde wohlgemerkt aber auch von keinem Geringeren als Friedrich Schleiermacher (1768 – 1834) ernsthaft in Erwägung gezogen. Und auch der Journalist Franz Alt (geboren 1938) vertrat diese in seinem Buch *Jesus – der erste neue Mann* von 1989.

Die »Umbestattungsthese«, die zuerst ein anonymer Aufsatzschreiber 1799 aufgestellt hatte und die später von dem protestantischen Theologen Heinrich Holtzmann (1832 – 1910) und dem jüdischen Religionswissenschaftler Joseph Gedalja Klausner (1874-1958) aufgegriffen wurde, besagt, dass Joseph von Arimathäe den Leichnam Jesu ohne Kenntnis der Jünger in ein anderes Grab verlegt habe. Als Begründung wird dabei Maria von Magdalas Ausspruch »Man hat meinen Herrn weggenommen, und ich weiß nicht, wohin man ihn gelegt hat.« (Joh 20,13) angeführt.

Unter dem Oberbegriff »subjektive Visionshypothesen« werden all jene Erklärungsversuche der Auferstehung subsumiert, die den Zeugen zwar tatsächliche innere Erlebnisse zugestehen, aber ohne jeglichen äußeren Anstoß. Es habe sich dabei vielmehr – so etwa Vertreter der liberalen Theologie im 19. Jahrhundert – um psychologische Phänomene gehandelt, um die Bewältigung des Scheiterns und der Trauer oder um einen »frommen Enthusiasmus«. Im Falle der Vision der 500 ist auch von »Massensuggestion« die Rede gewesen.[69]

Da das einzigartige Auferstehungswunder naturwissenschaftlich unerklärlich bleibt, könne es letzten Endes nur geglaubt werden. Diese Ansicht vertrat der Theologe Rudolf Bultmann (1884 – 1976), für den Christus »ins Kerygma auferstanden« war. Mit *Kerygma* (griechisch = Bekanntmachung, Verkündigung) wird der Inhalt und Vollzug der christlichen Botschaft bezeichnet, die wesentlich der Ruf zur existenziellen Entscheidung ist.

Nach dem Zweiten Weltkrieg gab es jedoch auch Theologen wie Klaus Berger (geboren 1940), die sich für eine »objektive Visionshypothese« stark machten, das heißt sich gegen das Programm der Entmythologisierung wandten und ein größeres Vertrauen in den Text der Bibel forderten – so geschehen in seinem

Buch *Die Auferstehung der Propheten und die Erhöhung des Menschensohnes* von 1976. Auch Wolfhart Pannenberg (geboren 1928) weist in seiner *Systematischen Theologie* von 1991 die »subjektive Visionshypothese« zurück. Die Erscheinungen Jesu seien alles andere als bloße Fantasiegebilde, vielmehr gründeten diese auf realer Erfahrung, wenngleich eine endgültige Verifikation für uns Menschen erst im Jenseits möglich sein werde.

Doch noch heutzutage streiten Historiker, aber auch Theologen über den Wahrheitsanspruch der Auferstehung, das richtige Verständnis. Die Spannbreite reicht dabei von kategorischer Ablehnung aufgrund der vermeintlichen Ermangelung jeden geschichtlichen Kerns, bis hin zur Betonung der Authentizität der Auferstehung unter Verweis auf die mannigfachen und obendrein voneinander unabhängigen Augenzeugenberichte. Die Auferstehung Christi bleibt, wie die meisten zentralen religiösen Aussagen, eine reine Glaubens- und damit eine *Vertrauens*sache.

24. Was besagt Jesu Botschaft vom »Reich Gottes«?

»Nachdem man Johannes ins Gefängnis geworfen hatte, ging Jesus wieder nach Galiläa; er verkündete das Evangelium Gottes und sprach: Die Zeit ist erfüllt, das Reich Gottes ist nahe. Kehrt um, und glaubt an das Evangelium!« (Mk 1,14f) Nach Markus, dem ältesten der vier Evangelisten, beginnt Jesus seine Predigt bei seinem ersten Auftreten in Galiläa unmittelbar mit der zentralen Botschaft seiner gesamten Verkündigung: mit dem Kommen beziehungsweise dem mit ihm selbst und seinem Wirken bereits angebrochenen »(König-)Reich Gottes«, das auch als »Himmelreich« bezeichnet wird. Die Evangelisten Markus und Lukas nennen dieses auf Griechisch ***Basileia tou theou*** (= »Gottes Herrschaft«), während Matthäus von ***Basileia toon uranoon*** (= »Herrschaft« oder »Reich der Himmel«) spricht, um damit zu betonen, dass das Reich Gottes kein irdisches, sondern ein transzendentes, aus dem Himmel kommendes ist. Interessanterweise gebraucht der Evangelist Johannes diesen Schlüsselbegriff nur an wenigen Stellen, so etwa, wenn Jesus zum Pharisäer Nikodemus sagt: »Wenn jemand nicht von neuem geboren wird, kann er das Reich Gottes nicht sehen.« (Joh 3,3)

Mit der Rede vom Reich Gottes konnte Jesus jedenfalls an eine bei seinen jüdischen Zuhörern bereits vertraute, wenngleich nicht eindeutige Vorstellung anknüpfen. Denn schon im Alten Testament begegnen wir der Idee, dass Gott König über die Schöpfung – »Der Herr thront als König in Ewigkeit.« (Ps 29,10) – und vor allem über sein Volk sei und er durch dieses am Ende der Zeit seine Königsherrschaft auf dieser Erde errichten und so allen Menschen sein Heil offenbaren werde. Vor allem die Propheten, einschließlich des Apokalyptikers Daniel, erwarteten die endzeitliche Offenbarung eines universalen, die bösen Mächte ein für alle Mal überwundenen Friedensreiches: »Wie willkommen sind auf den Bergen die Schritte des Freudenboten, der Frieden ankündigt, der eine frohe Botschaft bringt und Rettung verheißt, der zu Zion sagt: Dein Gott ist König. Horch, deine Wächter erheben die Stimme, sie beginnen alle zu jubeln. Denn sie sehen mit eigenen Augen, wie der Herr nach Zion zurückkehrt. Brecht in Jubel aus, jauchzt alle zusammen, ihr Trümmer Jerusalems! Denn der Herr tröstet sein Volk, er erlöst Jerusalem. Der Herr macht seinen heiligen Arm frei vor den Augen der Völker. Alle Enden der Erde sehen das Heil unseres Gottes.« (Jes 52,7 – 10)

Doch was meint Jesus mit seiner Rede vom Reich Gottes genau, was unterscheidet sie vom alttestamentlichen Sprechen darüber? Zunächst ist es Gott selbst, der sein Reich errichten beziehungsweise offenbaren wird, kein anderer. Die Menschen können dieses Reich ewigen Lebens, in dem Gottes Wille geschieht, der alles Böse überwunden und alle Schuld vergeben hat und der allem Leid, Schmerz und Tod ein Ende gesetzt hat, nicht bauen. Sie können »lediglich« darin eingehen. Trotzdem sind die Menschen aufgerufen, um sein Kommen zu beten und Jesu sittliche Forderungen – Befolgung der Gebote, Werke der Barmherzigkeit und so weiter und so fort – zu erfüllen, damit sie Zugang finden. Darüber hinaus fordert Jesus eine radikale Umkehr (griechisch *metanoia*), eine Bekehrung von den Menschen, das heißt eine allgemeine Sinnesänderung. Selbst alle irdischen Interessen und Verpflichtungen müssten zurückstehen, wenn es um den Eintritt in dieses Reich geht, und der Mensch sollte die Frohbotschaft vom nahenden Reich wie ein Kind aufnehmen (Mk 10,15). Dabei ist der Eintritt, Jesus zufolge, für Arme und Verfolgte viel leichter als für die Reichen, denn: »Eher geht ein Kamel durch ein Nadelöhr, als dass ein Reicher in das Reich Gottes gelangt.« (Mk 10,25) Erzwingen lässt sich der Zugang jedoch nicht, denn das Reich Gottes bleibt eine freie (Gnaden-)Gabe Gottes. Grundsätzlich ist das Reich Gottes aber für alle offen. So gibt Jesus beispielsweise den gesellschaftlich Randständigen wie den Zöllnern und Dirnen, die der Predigt Johannes des Täufers Gehör geschenkt haben, sogar vor den scheinheiligen Pharisäern den Vortritt.

Folgt man der Mehrzahl seiner Aussagen, ist das von Jesus verkündete Reich Gottes ein zukünftiges, jenseitiges, das man für das Ende der Zeit erhoffen und erwarten kann. Aber an einigen Stellen spricht Jesus auch davon, das Anbrechen der Herrschaft Gottes selbst noch erleben zu können. Gelegentlich ist sogar von seiner Gegenwart hier auf Erden die Rede, zumindest für die Gläubigen: »Wenn ich aber die Dämonen durch den Finger Gottes austreibe, dann ist doch das Reich Gottes schon zu euch gekommen.« (Lk 11,20) Denn durch Jesu Verkünden und Handeln wird der Satan mit seiner Herrschaft vom Himmel gestürzt. Von den Pharisäern nach dem genauen Zeitpunkt seiner Ankunft gefragt, gibt Jesus eine zweifache Antwort: »Das Reich Gottes kommt nicht so, dass man es an äußeren Zeichen erkennen könnte. Man kann auch nicht sagen: Seht, hier ist es!, oder: Dort ist es! Denn: Das Reich Gottes ist (schon) mitten unter euch.« (Lk 17,20f)

Für die Theologen löst sich dieser Widerspruch dadurch, »dass Jesus selbst das Reich Gottes *ist*. In seinem Tun, in seiner Person ist das Reich anwesend ... Deshalb ist es, sachlich gesehen, kein Unterschied, ob man sich um des Reiches ... oder um Jesu ... willen seiner irdischen Güter begibt; deshalb kann (Matthäus) die machtvolle Manifestation des Reiches ... als Ankunft des Menschensohnes in seinem Reich darstellen und Jesus das eschatologische Glück in seinem Reich verheißen ... Diese Identität ist jedoch jetzt noch verborgen und bildet deshalb das Mysterium des Reiches Gottes, das nur den Gläubigen geoffenbart wird ...«[70] Doch wie auch immer. Für Christen besteht bis heute eine nicht wegzudiskutierende Spannung zwischen einem jetzt spürbaren Anbruch des Gottesreiches und seiner immer noch ausstehenden Vollendung. Diese Ausständigkeit entzieht sich dem menschlichen Zugriff, wie es unter anderem im Gleichnis vom Unkraut unter dem Weizen (Mt 13,24 – 30) anschaulich zum Ausdruck kommt.

Auch der Apostel Paulus macht das Reich Gottes zum Gegenstand seiner Verkündigung, indem er es mit dem eschatologischen Glück am Ende der Heilsgeschichte Gottes gleichsetzt, zu dem die Gläubigen berufen sind. Dieses Glück schließt aber wohlgemerkt alle Verweslichkeit aus: »Fleisch und Blut können das Reich Gottes nicht erben; das Vergängliche erbt nicht das Unvergängliche.« (1 Kor 15,50) Doch wer sich den Untugenden überlässt, wird nicht zugelassen. Es wird bei Christi Parusie, das heißt bei seiner Wiederkunft zum Endgericht, offenbar werden.

In theologiehistorischer Perspektive war die Reich-Gottes-Lehre Jesu immer wieder vor allem zwei großen Missverständnissen beziehungsweise Fehldeutungen ausgesetzt. Zum einen, dass es sich bei diesem Reich Gottes um eine absolut jenseitige, erst im Himmel sich verwirklichende Größe handelt, zum anderen, dass das Reich Gottes mit der Institution Kirche gleichzusetzen sei. Ein Missverständnis, das mit dem Kirchenvater Aurelius Augustinus (354 – 430) einsetzt, der in seinem *Gottesstaat* schrieb: »Also ist auch jetzt die Kirche Reich Christi und Himmelreich.[71] Für viele Theologen macht man die Kirche damit jedoch zu »einer endzeitlichen, unangreifbaren Größe und verkennt ihre Vorläufigkeit wie auch ihre ständige Reformbedürftigkeit«. (Gemäß der aus der Reformationszeit stammenden Formel: *ecclesia semper reformanda*, das heißt, die Kirche bedarf ständiger Erneuerung.) Die Kirche sei zwar »von ihrem Ursprung her nicht von dieser Welt«, lebe und existiere aber in dieser Welt: »Sie ist keineswegs Ziel, sondern bestenfalls der Wegweiser. Kirche hat die Aufgabe, mit allen Menschen guten Willens um die Ankunft des Reich Gottes zu beten und so zu leben, dass ein Stück dieses Reiches schon jetzt auf Erden Wirklichkeit werden kann.«[72]

Dass man das Reich Gottes aber nicht nur in einem zeitlichen, ob nahen oder fernen Sinne verstehen kann, zeigen die (mittelalterlichen) Mystiker, die dieses gleichsam ins Innere des Menschen verlegen. So schreibt Meister Eckhart (um 1260 – 1328) in seiner 36. Predigt: »Gott ist mir näher, als ich mir selber bin … In welcher Seele ›Gottes Reich‹ sichtbar wird und welche ›Gottes Reich‹ als ihr ›nahe‹ erkennt, der braucht man nicht zu predigen noch Belehrung zu geben: sie wird dadurch belehrt und des ewigen Lebens versichert. Wer weiß und erkennt, wie ›nahe‹ ihm ›Gottes Reich‹ ist, der kann mit Jakob sagen: ›Gott ist an dieser Stätte und ich wusste es nicht‹ (1 Mos. 28,16); nun aber weiß ich's.«[73] Und auch Johannes Tauler (um 1300 – 1361) hegt keinen Zweifel daran, dass das Reich Gottes »in dem innersten, allerverborgensten, tiefsten Grund der Seele ruh(t)…«[74]. Nicht zuletzt aus diesem Grund waren Mystikerinnen und Mystiker stets auf der Suche nach gangbaren Pfaden in ihr Innerstes, haben sie uns eine reiche Fülle an Meditations- und Kontemplationsanleitungen für ein spirituelles Leben hinterlassen.

25. Hat Jesus gelacht, hatte er Humor?

Die nicht nur von Theologen viel diskutierte Frage, ob Jesus gelacht, ob er Humor gezeigt habe, lässt sich – das sei vorweggenommen – wohl nicht mehr klären, zumindest haben uns die Evangelisten nichts Genaues darüber überliefert. Lediglich die sogenannte *Apokalypse des Petrus*, eine gnostische Schrift aus dem 2. Jahrhundert, die man zu den Apokryphen, also zu den nicht kanonischen Schriften der Bibel zählt, berichtet von einem heiteren, lachenden Jesus. Vom Gedanken des vollen Menschseins Jesu ausgehend, spricht aber einiges dafür. Denn laut Lukas verheißt Jesus in der Bergpredigt: »Selig, die ihr jetzt weint, denn ihr werdet lachen.« (Lk 6,21). Auch begegnen uns zahlreiche Aussagen über die Glaubensfreude, was aber im Lauf der Kirchengeschichte dazu führte, dass man das Lachen oft ausschließlich als Angelegenheit des künftigen Auferstehungslebens auffasste. Im Neuen Testament gibt es jedoch ebenso viele Warnungen vor unangebrachtem Lachen: »Weh euch, die ihr jetzt lacht; denn ihr werdet klagen und weinen.« (Lk 6,25b) Und, nicht minder bedenklich: »Klagt und trauert und weint! Euer Lachen verwandle sich in Trauer, eure Freude in Betrübnis.« (Jak 4,9)

Zieht man das Alte Testament mit seinen zahlreichen Beispielen eines überaus negativ bewerteten spöttischen Lachens hinzu, kommt man unweigerlich zu der Schlussfolgerung, dass das freudige Lachen in der Bibel eher selten vorkommt. Und so verwundert es auch nicht mehr, dass Theologen in der Regel hartnäckigste Vorurteile und Vorbehalte gegen das Lachen pflegen.

Wieso gibt es im Christentum, aber auch in vielen anderen Weltreligionen, kaum einen Raum für jenen universal-menschlichen, hochexpressiven Ausdruck der Lebenslust und -freude, für jene angeboren-natürliche, eruptive Körperreaktion, die spontan und nur schwer zu kontrollieren ist und die wir als Lächeln beziehungsweise als Lachen bezeichnen? Haben wir es bei den Religionen wirklich mit spaßfreien Zonen zu tun? Sind im Humor und im Lachen nicht die Nachklänge des Paradieses erhalten geblieben? Haftet dem Lachen wirklich etwas Unheiliges, Zerstreuendes, Subversives an, ist es nicht nur Teil der profanen, sondern auch der sakralen Sphäre? Warum bringen Theologen mit dem Heilig-Göttlichen in erster Linie Momente des Ernstes, mit Vorliebe sogar des Schauervollen *(mysterium tremendum)* und des Übermächtigen *(majestas)*, des Ungeheuren und Energischen in Verbindung, die bei den Menschen ehrfürchtiges Staunen, ja Furcht und Zittern hervorrufen (sollen)? Warum hat etwa der bedeutende Religionsphänomenologe Rudolf Otto (1869 – 1937) – so könnte man sich fragen – in seinem epochalen Werk über *Das Heilige* von 1917 nicht auch das Lächeln und Lachen als Erscheinungsform des Absoluten im Irdischen, in der Sphäre des Menschlichen angeführt? Und – last but not least – warum ist ein »lachender Glaube«, ein wahrhaft befreiender Glaube, der das menschliche Sein verwandelt, so selten?

Zu den Wesensmerkmalen, die den Menschen vom Tier unterscheiden, wird seit alters her das Lachen gezählt. Nur der Mensch vermag zu lachen.[75] So gehört unter anderem für Aristoteles (384 – 322), Michel de Montaigne (1533 – 1592), Baldassare Graf von Castiglione (1478 – 1529) und später für François Marie Arouet Voltaire (1694 – 1778) das Lachenkönnen zur Definition des Menschen. Im Mittelalter fand diese Erkenntnis in der Formel *homo risibilis* bündigen Ausdruck. Friedrich Nietzsche (1844 – 1900), der sich selbst als Befürworter, aber keinesfalls als Theoretiker des Lachens verstand, gibt uns sogar eine Antwort auf die Frage: »warum der Mensch allein lacht: er allein leidet so tief, dass er das Lachen erfinden *musste*. Das unglücklichste und melancholische Thier ist, wie billig, das heiterste.«[76]

Keine Frage: Die meisten Religionen schließen Lachen in der einen oder anderen Gestalt als Teil des Kultus zwar ein, pflegen jedoch auch bornierte Vorurteile und Vorbehalte gegen das Lachen, zumindest gegen bestimmte Formen desselben. Für den Dichter Jean Paul (1763 – 1825) galt das Lachen als »Erbfeind des Erhabenen« beziehungsweise als »weltverachtende Idee«. In der zweitausendjährigen Geschichte des Christentums blieb das Lachen jedenfalls alles in allem suspekt: Noch der christliche Existenzialist Søren Kierkegaard (1813 – 1855) behauptete, Lachen habe in einer Religion, die das Leiden so sehr betont wie das Christentum, keinen Raum! Glauben und Humor seien zwei einander ausschließende, obgleich benachbarte Existenzsphären. Denn im Humor wollte Kierkegaard die letzte essenzielle Stufe vor dem Glauben erkannt haben. In sein Tagebuch notierte er: »Humor ist auch die Freude, welche die Welt überwunden hat.«

Selbst der französische, dem Christentum wenig gewogene Dichter Charles Baudelaire (1821 – 1867) kommt nicht umhin, dem Lachen eine satanische Dimension zuzuschreiben. Der mit dem Satanismus kokettierende Autor der *Fleurs du mal* – den Aldous Huxley (1894 – 1963) einmal treffend als das »fotografische Negativ eines Kirchenvaters« titulierte – zitiert dabei in seinem Essay *De l'Essence du rire* (deutsch = »Über das Wesen des Lachens insonderheit über das Komische in der Kunst«) J.-B. Boussuet (1627 – 1704), den Bischof von Medux und Hofprediger Ludwigs XIV.: »*Der Weise lacht nur mit Zittern*. Von welchen Lippen voll Autorität, aus welcher vollkommen orthodoxen Feder stammt diese seltsame, packende Maxime? Kommt sie uns vom Philosophenkönige Judäas? Soll man sie Joseph de Maistre zuschreiben, diesem begeisterten Streiter des Heiligen Geistes? (…) Der Weise – das will sagen der Mensch, der beseelt ist vom Geiste des Herrn, er, der göttlichen Weisungen nachlebt – lacht, überlässt sich dem Lachen, nur mit Zittern. Der Weise zittert, wenn er gelacht hat; der Weise fürchtet das Lachen, wie er die weltlichen Schauspiele, wie er die Begehrlichkeit fürchtet. Er hemmt den Schritt am Gestade des Lachens wie am Gestade der Versuchung. Es besteht also nach der Auffassung des Weisen ein gewisser geheimer Widerspruch zwischen seinem Charakter als Weisen und dem primären Charakter des Lachens. (...) Das Lachen kommt von der Idee der eigenen Überlegenheit. Eine satanische Idee, wie's nur je eine gab! Hochmut und Verwirrung! (...) Das Lachen ist satanisch und demnach tief menschlich. Es ist im Menschen die Konsequenz der Idee seiner eigenen Überlegenheit. (...) Ein Zeichen von Überlegenheit den Tieren gegenüber ... ist das Lachen zugleich ein Zeichen der Inferiorität den Weisen gegenüber, die sich durch die kontemplative Unschuld ihres Geistes der Kindheit nähern.«[77]

Zur Stützung seiner These, dass das Lachen letzten Endes ein Zeichen der – verwerflichen – Überlegenheit des Menschen gegenüber Gott und der Natur sei, führt Baudelaire nicht nur Jesus – den »Weisen par excellence, das Fleisch-gewordene Wort«, der »niemals gelacht hat«, aber den Zorn und sogar die Tränen gekannt hat –, sondern auch den Philosophen Thomas Hobbes (1588 – 1679) und den Priester und Theologen Félicité Robert de Lamennais (1782 – 1854) an: Ersterer formulierte in seiner Schrift über *Die menschliche Natur*: »Das Lachen ist ein Hochmut, welcher entsteht aus der plötzlichen Wahrnehmung der Überlegenheit unseres Wesens im Vergleich mit den Schwächen der andern oder mit unserer früheren Schwäche.«[78] Letzterer notierte wiederum in seinem Essay *Über das Schöne und die Kunst*: »Welches auch die Veranlassung sei: als Grund wird man immer, ob man sich's eingestehe oder nicht, eine heimliche Genugtuung der Eigenliebe finden.«

Und der italienische Schriftsteller Giovanni Papini (1881 – 1956), der sich 1919 dem Katholizismus zuwandte, legt in seinem unvollendeten *Weltgericht* von 1940, eine Art modernes Mysterienspiel, dem Engel folgende anklagende Worte an François Marie Voltaire, den berühmtesten französischen Aufklärungsphilosophen, in den Mund: »Über alles wolltest du lachen und es lächerlich machen, alle hast du verspotten wollen, sogar den Sohn Gottes und das Lachen der Menschen. Es gab nichts Großes, Hohes, Edles, Heiliges, das du nicht versucht hättest in den Staub zu ziehen oder wenigstens zu beschmutzen. Du erschienst wie eine bösartige Harpye, grinsend und geifernd über die Kultur deiner Zeit, und wenn diese auch verderbt war, so hast du doch nicht versucht, sie zu heilen, sondern hast noch Eiter und Verwesung hinzugefügt. (...) Von deinem Wort erwarten wir jetzt, dass es ein Licht wirft auf deine Seele.«[79] Schon früh erkannte man im Lachen mithin etwas Widersprüchliches, ja Verwerfliches und Diabolisches, und zwar nicht nur seitens der Religion!

Um die These, dass Religiosität und Lachen inkompatibel seien, Letzterem sogar eine anarchisch-subversive, ja teuflische Kraft innewohnt, kreist auch der Erstlingsroman und (Film-)Bestseller von Umberto Eco *Der Name der Rose* aus dem Jahre 1980. Darin eifert der blinde Mönch Jorge gegen Aristoteles' verloren gegangenes Buch über das Lachen: »Gewiss ist das Lachen dem Menschen eigentümlich, es ist das Zeichen unserer Beschränktheit als Sünder. Aus diesem Buch aber können verderbte Köpfe wie deiner den Schluss ziehen, dass im Lachen die höchste Vollendung des Menschen liege! Das Lachen vertreibt dem Bauern für ein paar Momente die Angst. Doch das Gesetz verschafft sich Geltung mit Hilfe der Angst, deren wahrer Name Gottesfurcht ist. Und aus diesem Buch könnte leicht der luziferische Gedanke aufspringen, der die ganze Welt in einen neuen Brand stecken würde, und dann würde das Lachen zu einer neuen Kunst, die selbst dem Prometheus noch unbekannt war: zur Kunst der Vernichtung der Angst! Der lachende Bauer fürchtet sich nicht vor dem Tod, solange er lacht, doch sobald die Ausschweifung vorüber ist, auferlegt ihm die Liturgie wieder nach dem göttlichen Plan die Angst vor dem Tod.«[80] Aus diesem Grund nimmt der hochbetagte, gebildete und blinde Klosterbibliothekar Jorge von Burgos lieber die Zerstörung der in seiner Bibliothek aufbewahrten Schätze in Kauf, als dass er die darin enthaltene einzig erhaltene Kopie der Komödientheorie des Aristoteles der kirchlichen Kontrolle entzogen wissen will.

Glücklicherweise gibt es in der Geschichte des Christentums jedoch auch einige Ausnahmen wie den *Risus paschalis*, das Ostergelächter. So wird immerhin das innere Lachen der Seele als dem Glauben gemäß bezeichnet (Johannes Climacus, Meister Eckhart, Philipp Neri), und insbesondere Theologen wie Martin Luther (1483 – 1546), Karl Barth (1886 – 1968), Helmut Thielicke (1908 – 1986) und Karl Rahner (1904 – 1984) ermuntern zu herzlichem Lachen und Humor.

Was bedeutet es, dass der Mensch Ebenbild Gottes ist?
Sind die »Nachfolge Christi« und der »Missionsbefehl« der Apostel immer noch Vorbilder?

IV. ZUM MENSCHEN

Welche Tugenden muss der Mensch besitzen, was tun, um »Erlösung« zu finden?
Warum soll man beten?
Ist das menschliche Gewissen die Stimme des göttlichen Geistes?
Was ist (Erb-)Sünde, was ist Sündenvergebung?
Was heißt es, wenn vom »Glauben« gesprochen wird?
Was versteht man unter Selbst-, Nächsten- und Feindesliebe?
Was verbirgt sich hinter der »Rechtfertigungslehre«?
Was kommt mit unserem persönlichen Tod auf uns zu?
Wer kommt in die Hölle, wer ins Fegefeuer und wer in den Himmel?

26. Was bedeutet es, dass der Mensch Ebenbild Gottes ist?

»Dann sprach Gott: Lasst uns Menschen machen als unser Abbild, uns ähnlich, sie sollen herrschen über die Fische des Meeres, über die Vögel des Himmels, über das Vieh, über die ganze Erde … Gott schuf also den Menschen als sein Abbild; als Abbild Gottes schuf er ihn. Als Mann und Frau schuf er sie.« (Gen 1,26f) Die sowohl für die jüdische als auch für die christliche Anthropologie zentrale Aussage von der Gottebenbildlichkeit begegnet uns bereits im ersten Schöpfungsbericht des Alten Testaments. Doch wie sollen wir uns diese Gottebenbildlichkeit, die dem Menschen eine Sonderstellung in der Schöpfung zukommen lässt, eigentlich vorstellen, wo wir uns doch gerade *kein Bildnis* von Gott machen sollen, es den Juden seit dem 3. Jahrhundert v. Chr. in den Lesungen und Gottesdiensten sogar verboten war, seinen Namen (JHWH) auszusprechen?

In diesem Fall hilft uns die Philologie, die Sprach- und Literaturwissenschaft, weiter: Der hebräische Begriff für »Bild« *(tselem)* meint ursprünglich eine Statue beziehungsweise eine Rundplastik als Repräsentanz der Gottheit. Das heißt – wir folgen hier neueren exegetischen Forschungsergebnissen –, der Mensch ist *zum Bild* oder *als Bild* Gottes geschaffen und damit beauftragt, sozusagen Sachwalter Gottes in der Schöpfung zu sein und für diese – durchaus auch in einem ordnenden, bewahrenden und gestaltenden Sinne – Verantwortung zu übernehmen (und nicht nur schrankenlose Macht und Herrschaft auszuüben!). Mit der Rede von der Gottebenbildlichkeit des Menschen, und zwar ausdrücklich als Mann *und* Frau, wird im Alten Testament vor allem die *Aufgabe* des Menschen an der (Um-)Welt betont, geht gleichsam die Blickrichtung »vom Menschen zu den Wesen unter ihm« – und »nicht vom Menschen zu Gott«.[81] Mit anderen Worten: Der Mensch ist nicht von vornherein Gott ebenbildlich, vielmehr wird ihm die Möglichkeit geschenkt, sich als Ebenbild Gottes zu erweisen. Wir haben es folglich im Alten Testament mit einer ethischen Interpretation der Gottebenbildlichkeit zu tun.

Erst im griechischen Denken, das vom »Bild« als vom *eikon*

spricht, sollte diese Sicht sich verändern, indem man die Gottebenbildlichkeit vom Verhältnismodell »Urbild – Abbild« her versteht und diese als »Ewigkeit« und »Unvergänglichkeit« deutet. So etwa im *Buch der Weisheit*, dessen Verfasser – nach einhelliger Meinung der Exegeten heute – nicht Salomo, sondern höchstwahrscheinlich ein Griechisch sprechender Jude war: »Gott hat den Menschen zur Unvergänglichkeit erschaffen und ihn zum Bild seines eigenen Wesens gemacht.« (Weish 2,23)

An die schöpfungstheologische Begründung der Gottebenbildlichkeit des Menschen, insbesondere aber an den *eikon*-Begriff anknüpfend, führt das Neue Testament diese dann weiter. Hier wird Jesus Christus, der neue Adam, zum eigentlichen Ebenbild, zur exklusiven »Ikone« Gottes erklärt: »Er ist das Ebenbild des unsichtbaren Gottes, der Erstgeborene der ganzen Schöpfung.« (Kol 1,15) Und: »Er ist der Abglanz seiner Herrlichkeit und das Abbild seines Wesens …« (Hebr 1,3) Die Glaubenden sollen – indem sie ihm nacheifern, ihm folgen – dabei seinem Bild »gleichgestaltet« werden und in einer eschatologischen, endzeitlichen Perspektive Anteil an seiner Herrlichkeit erhalten: »Wie wir nach dem Bild des Irdischen gestaltet wurden, so werden wir auch nach dem Bild des Himmlischen gestaltet werden.« (1 Kor 15,49) Fest steht für Paulus desgleichen: »Wir alle spiegeln mit enthülltem Angesicht die Herrlichkeit des Herrn wider und werden so in sein eigenes Bild verwandelt, von Herrlichkeit zu Herrlichkeit, durch den Geist des Herrn.« (2 Kor 3,18) Zusammenfassend könnte man im Neuen Testament mithin von einer christologischen Interpretation der Gottebenbildlichkeit sprechen.

Auf eine metaphysische Interpretation der Gottebenbildlichkeit im Sinne einer Teilhabe des Menschen am göttlichen Wesen stoßen wir – das soll der Vollständigkeit halber nicht unerwähnt bleiben – sodann in den Schriften der Gnosis. Denn erst diese bietet nach gnostischer Auffassung die Grundlage für die Selbst- und Gotteserkenntnis des Menschen. Ein Grundmotiv der Gnosis ist dabei die Vorstellung von einem göttlichen »Lichtfunken« in der menschlichen Seele, der in der (unreinen, bösen) materiellen Welt gefangen, fern seiner »Lichtheimat«, darauf wartet, befreit und zurückgeführt zu werden.

Die frühen Kirchenväter verstehen die Gottebenbildlichkeit des Menschen als Abbild des Logos, das heißt als Abbild des Wortes Gottes und verbinden damit die Aufgabe, sich ihm durch seelische Tugenden anzugleichen: »... Augustinus verlieh, herkommend von seinem philosophischen Hintergrund des späten Platonismus, dieser Vorstellung neue psychologische Tiefen. Damit wurde der Akt der Innenschau zum vorzüglichen Mittel, die Anwesenheit Gottes bewusst wahrzunehmen.«[82]

Weit weniger enthusiastisch deuteten indes die aus der Reformation entstandenen Theologien die Gottebenbildlichkeit, die in ihren Augen durch die Ursünde – das heißt den Sündenfall Adams, der sich frei zum Ungehorsam gegen Gott entschied – bis auf einen »Rest« verloren gegangen sei.

In kirchengeschichtlicher Perspektive gründen in der Gottebenbildlichkeit des Menschen aber auch die besondere Würde der menschlichen Person, die theologische Ethik und die Entwicklung der Menschenrechte: »Der Mensch als Einheit von Leib, Geist und Seele, mit seinem Körper, seinem Fühlen und Denken, als Mann und Frau in gemeinsamer und gleicher Würde und mit der zutiefst innewohnenden Frage nach der Überschreitung seiner selbst, nach dem Transzendenten, ist Bild Gottes in dieser Welt. Darin liegt die Berufung, diese Gottebenbildlichkeit immer mehr zu verwirklichen. Der Mensch steht dabei unter dem Anspruch, die eigene Würde, die Würde des anderen und den Wert der ihm anvertrauten Schöpfung wahrzunehmen und in selbständigen Urteilen sich selbst und sein Handeln verantwortlich zu gestalten.«[83]

27. Sind die »Nachfolge Christi« und der »Missionsbefehl« der Apostel immer noch Vorbilder?

Im Jahre 1441 veröffentlichte der Augustinerchorherr und Mystiker Thomas von Kempen (1379 – 1471) ein Buch unter dem Titel *De Imitatio Christi*, zu Deutsch »Über die Nachfolge Christi«. Es sollte das nach der Bibel am häufigsten gedruckte und gelesene Erbauungsbuch der Christen werden – auch wenn einige Forscher heute davon ausgehen, dass Teile dieser Anleitung zur Christusfolge aus der Feder anderer Autoren stammen: ein in mehr als neunzig Sprachen übersetzter Klassiker der Meditation, der auch nach rund fünfhundert Jahren seine Leserinnen und Leser zu faszinieren versteht. Thomas war der wohl bekannteste Vertreter der *Devotio moderna*, einer religiösen Erneuerungsbewegung, die auf innerliche Christusfrömmigkeit zielte und der es vorrangig um praktische und persönliche religiöse Erfahrung ging. Dabei stellt die *Nachfolge Christi* bereits im Neuen Testament einen Schlüsselbegriff dar. Was genau ist damit gemeint?

Die Nachfolge Christi meinte zunächst Jesu Aufforderung an seine Jünger, ihm zu folgen, ihn zu begleiten, und zwar im ganz konkreten Sinne des Wortes: nämlich auf seiner Wanderschaft, um das Reich Gottes, seine Herrschaft in ganz Israel zu verkünden: »Darauf sagte Jesus zu seinen Jüngern: Wer mein Jünger sein will, der verleugne sich selbst, nehme sein Kreuz auf sich und folge mir nach.« (Mt 16,24) Nach dem Evangelisten Markus richtete sich Jesus mit ähnlichen Worten auch an das Volk (Mk 8,34). Der Evangelist Lukas wiederum spricht vom »täglichen« (!) Auf-sich-Nehmen des Kreuzes und der Nachfolge Jesu (Lk 9, 23). Und Johannes setzt die Nachfolge Jesu sogar mit einem neuen Sein gleich: »Ich bin das Licht der Welt. Wer mir nachfolgt, wird nicht in der Finsternis umhergehen, sondern das Licht des Lebens haben.« (Joh 8,12)

Sich für eine Nachfolge Jesu zu entscheiden, *mit* und *wie* Jesus zu leben, bedeutete für die Jünger aber, mit der Vergangenheit zu brechen, auf Familie, Beruf und Besitz zu verzichten, das heißt in Armut, Wehrlosigkeit und Gefahr zu leben und für den Glauben auch bereit zum Leiden zu sein – bis zum bitteren Ende. Und da Jesus Christus in allem seinem Vater »folgt«, wird die *Imitatio Christi* somit auch zu einer *Imitatio Dei,* einer »Nachahmung Gottes«. In Variation ist die Aufforderung zur Christusfolge dann auch bei den Aposteln zu finden. Paulus spricht dabei nicht von Nachfolge, sondern von »Nachahmung« beziehungsweise von »Vorbild«: »Nehmt mich zum Vorbild, wie ich Christus zum Vorbild nehme.« (1 Kor 11,1) Nach seinem Sterben und Auferstehen führt die Nachfolge Jesu zu einer überirdischen Lebensgemeinschaft mit ihm im Heiligen Geiste.

Für Theologen wie Edward E. Malone[84] entspringen den unterschiedlichen Deutungsmöglichkeiten dieser Imitatio-Christi-Lehre zugleich die diversen christlichen Typen des Märtyrers, des Eremiten und des Mönchs, wobei gerade das Frühchristentum in besonders radikaler Art und Weise dem Aufruf Jesu gefolgt sei. Eine weniger extrem verstandene Nachfolge Christi ist seit dem 2./3. Jahrhundert unter dem Einfluss der Alexandrinischen Theologie – vor allem in Gestalt von Clemens von Alexandrien (um 150 – 215) und Origenes (185 – 253/54) – zu erkennen, die sich eher auf den oben genannten Lukas-Zusatz stützte. Denn mit der Schwerpunktsetzung auf die »tägliche Nachfolge« Jesu tritt zugleich die Passion und der Tod für Christus, wie Märtyrer sie erlitten, in den Hintergrund: Eremiten und Mönche entfliehen nunmehr der Welt und versuchen dergestalt, ein dem Willen Jesu entsprechendes Leben zu führen.

Im Mittelalter kam sodann die Wanderprediger- und Armutsbewegung auf: umherziehende bettelnde Mönche, wie die Franziskaner, die Jesu Lebensstil nachzuahmen versuchten. Aber auch Wallfahrten wurden als besondere Ausprägungen der Nachfolge Jesu angesehen. Einen Niederschlag fand die Imitatio-Christi-Lehre zudem in den einzelnen Ordensregeln für Mönche. Aufgrund einer möglichen Überbewertung der Werkgerechtigkeit wurde die Lehre von der Nachfolge Jesu in dieser Form jedoch seitens der reformatorischen Tradition scharf kritisiert. Statt eine religiöse Sonderexistenz in fragwürdiger Askese zu führen, sollten Christen vielmehr danach trachten, sich – mittels ihrer von Gott geschenkten Gnade – im weltlichen Alltag zu bewähren.

Auch für die moderne Theologie spielt die *Imitatio Christi* – vielleicht mit Ausnahme von Dietrich Bonhoeffer (1906 – 1945) und den Befreiungstheologen – im Großen und Ganzen keine tragende Rolle mehr. Auch wenn das II. Vatikanische Konzil (1962 – 65) die Nachfolge – in der sich die allgemeine Berufung zur Heiligkeit im Hören auf Gottes Wort, in dessen Bezeugung und Weitergabe verwirklichen soll – als Grundauftrag christlichen Lebens herausgestellt hat.[85] Und auch wenn sich heutzutage einige amerikanische christliche Jugendgruppierungen den Slogan »What would Jesus do?« (W.W.J.D.), auf die Fahnen, genauer gesagt, auf Armbändchen geschrieben haben. Letztere sollen die Träger daran erinnern, sich bei allem, was sie tun, zu fragen, wie Jesus Christus in dieser Situation reagieren, handeln oder denken würde. Laut der findigen Geschäftsfrau, die diese Frage in einem mehr als hundert Jahre alten Buch von Charles Sheldon (1857 – 1946) entdeckt haben will, wurden bisher weltweit 52 Millionen solcher Armbänder verkauft … Schließlich sei noch eine extreme Form der Imitatio Christi erwähnt: Um die Leiden Jesu nachzuempfinden, lassen sich auf den Philippinen traditionell junge Männer an Karfreitag ans Kreuz nageln.

Wer sich als Nachfolger, als Anhänger Jesu versteht, ist automatisch auch ein Missionar (von lateinisch *missio* = »Sendung«), ein Gesandter und Beauftragter des Herrn im weitesten Sinne des Wortes. Und wie die Nachfolge Christi, so gründet sich auch der christliche Missionsbefehl auf Aussagen des Neuen Testaments, insbesondere auf den Auftrag des Auferstandenen an seine Jünger, der seine eigene Sendung durch seinen himmlischen Vater in der Sendung der Apostel (griechisch *apostolos* = »Bote«) fortsetzt: »Darum geht zu allen Völkern, und macht alle Menschen zu meinen Jüngern; tauft sie auf den Namen des Vaters und des Sohnes und des Heiligen Geistes, und lehrt sie, alles zu befolgen, was ich euch geboten habe.« (Mt 28,19) Die Verbreitung des christlichen Glaubens mit dem Ziel der Bekehrung der Israeliten, aber auch der Hellenen und anderer Völker oblag zunächst den Aposteln. So sah sich besonders Paulus zur Mission unter den Heiden, Gebildeten wie Ungebildeten, berufen (Gal 1,15f) und gründete in wichtigen Städten Gemeinden, die ihrerseits für Gemeindegründungen in ihrer Region sorgten, sodass bereits gegen Ende des zweiten Jahrhunderts das Christentum alle Länder des Mittelmeerraums erreichte.

Später übernahmen die Kirche und/oder spezielle Missionsgesellschaften den Auftrag der weltweiten Evangelisierung. Diese erlebte mit Beginn der Neuzeit im Zuge der Entdeckung Amerikas und der florierenden Handelsbeziehungen zu afrikanischen und asiatischen Völkern einen ersten Höhepunkt. Entscheidenden Anteil an der Missionierung hatten dabei die Jesuiten. Und nach der Gründung der *Heiligen Kongregation für die Ausbreitung des Glaubens* im Jahre 1622 entstanden auch die ersten missionstheoretischen Abhandlungen.

Der »äußeren Mission«, das heißt der Verkündigung des Wortes Gottes in der Welt der Nichtchristen, stellte der Protestant Johann Hinrich Wichern (1808 – 1881) die sogenannte »innere Mission« entgegen, die sich die Evangelisation unter bereits Getauften im eigenen Land zur Aufgabe machte. Wichern gründete auf dem 1. Deutschen Evangelischen Kirchentag 1848 in Wittenberg den *Centralausschuss für innere Mission der deutschen evangelischen Kirche*. Im Zentrum der inneren Mission steht der diakonische Dienst – die Arbeit in Krankenhäusern, Heimen und Kindergärten –, die Fürsorge und die Bahnhofsmission.

Im Rückblick offenbart die Geschichte der neuzeitlichen christlichen Mission jedoch nicht nur viele Lichtseiten, etwa in Gestalt selbstloser Entwicklungshilfe à la Albert Schweitzer (1875 – 1965) – Bau von Krankenhäusern und Schulen –, sondern auch viele Schattenseiten: Ein arrogantes Überlegenheitsgefühl der Weißen, die Intoleranz gegenüber Andersgläubigen, der Zwang zur Bekehrung in Verbindung mit einem imperialistisch-kolonialistischen Denken führten oftmals zur Ausbeutung und Unterdrückung der Menschen vor Ort, ja zur Zerstörung ihrer Kultur, Religion und damit ihrer Identität. Das Fazit, das beispielsweise der deutsche Dichter und Pastorensohn Gottfried Benn (1886 – 1956) über die christliche Missionstätigkeit zieht, ist ernüchternd: »Das Christentum ... redet ... längst an uns vorbei; es bot sich allen Kontinenten an, aber es hätte lieber gesammelt bleiben sollen im Berg Athos oder in Sankt Gallen – die Heiden mit Maschinengewehren bekehren, dann mit Gartenschläuchen taufen und sie dann als Kulis schuften lassen, das war wohl nicht das Wahre.«[86]

Spätestens in der Mitte des 20. Jahrhunderts geriet die Mission in eine Krise und begann sich dabei auch ihrer welthistorischen Schuld bewusst zu werden. Als Reaktion darauf stimmte das II. Vatikanische Konzil in seinem Missionsdekret *Ad gentes* etwas »leisere Töne« an: Die »pilgernde Kirche« sei »ihrem Wesen nach« zwar missionarisch und die Evangeliumsverkündigung ihre ureigene Pflicht, doch müsse der Respekt vor den anderen Kulturen der Völker ausdrücklich bewahrt und jeder Zwang zum Glauben abgelehnt werden. Missionarische Verkündigung dürfe nur im sensiblen Dialog mit den Andersgläubigen stattfinden, erfordere

Verständnis und Sensibilität für die fremde Kultur. Primäre Aufgabe sei dabei die friedensfördernde Begegnung der Menschen und Religionen. Mittlerweile hat sich aber auch das altmodische Klischee vom »Missionar«, der mit Tropenhelm und kurzen Hosen im Busch aus der Bibel liest, überlebt. Denn Missionare benötigen heutzutage einen »Berufsnachweis« als Ingenieur, Arzt oder Lehrer, um in den meisten Dritt-Welt-Ländern agieren zu können. Trotzdem wachsen deren Kirchen – unter der Leitung einheimischer Pastoren – schneller als in unserer »Ersten Welt«.

28. Welche Tugenden muss der Mensch besitzen, was tun, um »Erlösung« zu finden?

Es sei leichter, über eine Tugend zu schreiben, als sie zu üben[87], hielt die spanische Mystikerin Teresa von Ávila (1515 – 1582) in ihrem Buch *Weg der Vollkommenheit* aus den Jahren 1566/67, einem Klassiker christlicher Spiritualität, fest. Und so ist es auch nicht weiter verwunderlich, dass seit nunmehr drei Jahrtausenden zu kaum einem anderen Thema mehr Literatur verfasst worden ist. Von Büchern über Ritter- und Soldatentugenden bis hin zu Frauen- und Politikertugenden ... Papier ist bekanntlich geduldig und Theoretiker in der Regel Leute, die mehr wissen und einfordern, als sie selbst tun und einhalten können.

Mit den Tugenden hat sich vor allem das griechische Denken von Anfang an intensiv beschäftigt. Im Griechischen spricht man von *arete*, während der deutsche Begriff eine sprachliche Verwandtschaft mit »Taugen« beziehungsweise »Tüchtigkeit« zeigt. So entwickelte bereits der Dichter Pindar (518 – 446 v. Chr.) die Lehre von den vier Grund- oder Kardinaltugenden – Klugheit, Gerechtigkeit, Tapferkeit und Maß – aus den drei Altersstufen des Mannes: für den jungen Mann die Tapferkeit, für den Erwachsenen die Gerechtigkeit, für den Greis die Weisheit und für alle Altersstufen die Maßhaltung. Der Philosoph Platon (427 – 347 v. Chr.) wies den von ihm angenommen drei menschlichen Seelenschichten auch drei Grundfunktionen menschlicher Aktivität zu: der vernünftigen die Weisheit, der mutigen die Tapferkeit und der triebhaften, begehrenden das Maßhalten. Für das Zusammenwirken dieser drei Tugenden hat dabei die Gerechtigkeit zu sorgen.

Aristoteles (384 – 322 v. Chr.), Platons Schüler, sah in den Tugenden durch Übung erworbene und gefestigte seelische Haltungen. Diese definierte er als Mitte zwischen zwei Extremen, die sich auf die jeweilige Person und die Situation bezog. So siedelte er die Tapferkeit zwischen Feigheit und Kühnheit an. Den Gegensatz der Tugenden bildeten dabei die Laster. Ziel und Zweck der Tugenden sei es, die sinnlich-begehrlichen Strebungen der Vernunft unterzuordnen und somit zu kontrollieren. Aristoteles zufolge markieren sie das äußerste Seinkönnen des Menschen. Dabei würden sie nicht Antwort auf die Frage geben, *was* das sittliche Gute sei, sondern vielmehr *wie* ein sittliches Handeln gelingen könne. Sie stärken den Willen, das als gut Erkannte auch in die Tat umzusetzen.

Im Unterschied zur griechischen Philosophie spielt die denkerische Auseinandersetzung mit den Tugenden im Frühjudentum kaum eine Rolle. Zwar werden im Alten Testament einige Tugenden genannt, doch ein spezieller Begriff fehlt hierfür. Lediglich im *Buch der Weisheit* – das im ersten vorchristlichen Jahrhundert entstand und stark von der griechischen Philosophie beeinflusst war – stößt man auf die später als Kardinaltugenden genannten vier Grundtugenden: »Wenn jemand Gerechtigkeit liebt, in ihren Mühen findet er die Tugenden. Denn sie lehrt Maß und Klugheit, Gerechtigkeit und Tapferkeit, die Tugenden, die im Leben der Menschen nützlicher sind als alles andere.« (Weish 8,7)

Wie dem Alten so ist auch dem Neuen Testament eine eigentliche Tugendlehre fremd. Der Begriff der Tugend kommt nur außerhalb der Evangelien vor (vgl. Phil 4,8; 2 Petr 1,5). Selbst die angeführten Tugend- und Lasterkataloge gehen auf ältere hellenische und jüdische Vorbilder zurück. Denn ohne Zweifel kannten die Schriftsteller des Neuen Testaments diese von Volkspredigern aufgestellten Listen. Der erste Brief an Timotheus zählt folgende Tugenden auf: Gerechtigkeit, Frömmigkeit, Treue/Glaube, Liebe, Geduld und Sanftmut (1 Tim 6,11). Im zweiten Brief des Petrus ist die Tugend Teil des geistlichen Wachstums: »Darum setzt allen Eifer daran, mit eurem Glauben die Tugend zu verbinden, mit der Tugend die Erkenntnis, mit der Erkenntnis die Selbstbeherrschung, mit der Selbstbeherrschung die Ausdauer, mit der Ausdauer die Frömmigkeit, mit der Frömmigkeit die Brüderlichkeit und mit der Brüderlichkeit die Liebe. Wenn dies alles bei euch vorhanden ist und wächst, dann nimmt es euch die Trägheit und Unfruchtbarkeit, so dass ihr Jesus Christus, unsern Herrn, immer tiefer erkennt.« (2 Pt 1,5 – 7)

Eine Ausnahme bildet hingegen der Apostel Paulus mit der expliziten Nennung von Glaube, Hoffnung und Liebe in seinem Ersten Brief an die Korinther: »Für jetzt bleiben Glaube, Hoffnung, Liebe, diese drei; doch am größten unter ihnen ist die Liebe.« (1 Kor 13,13) Diese wurden später als »theologische« beziehungsweise auch als »übernatürliche« Tugenden bezeichnet, weil sie direkt auf Gott bezogen sind, und den vier Kardinaltugenden vorgeordnet. Zusammen sollten diese sieben Tugenden jedoch von großer Bedeutung für die weitere theologische Entwicklung sein.

Dass die Lehre der vier (natürlichen) Kardinaltugenden Eingang ins Christentum fand, ist dabei vor allem den Kirchenvätern Ambrosius von Mailand (339 – 397) und Aurelius Augustinus (354 – 430), aber auch Papst Gregor I. (Amtszeit 590 bis 604) zu verdanken. Im Mittelalter ist es sodann Thomas von Aquin (1224 – 1274), der in seiner *Summa theologiae*, seinem Hauptwerk, den Lehrstoff der speziellen Moral nach den vier Kardinaltugenden »Klugheit, Gerechtigkeit, Tapferkeit und Maß« gliedert. Dabei bezeichnet die Klugheit die biblische Weisheit und ist die »Mutter« der übrigen Tugenden. Mit Gerechtigkeit ist das Verhalten anderen Menschen gegenüber gemeint. Die Tapferkeit stellt den Mut zum Kampf gegen das Böse dar. Das Maß steht schließlich für die Selbstbeherrschung des Menschen. Dem Scholastiker zufolge sind diese vier Kardinaltugenden zusammen mit den drei theologischen Tugenden dem Christen bereits im Sakrament der Taufe als grundlegende Befähigungen »eingegossen«. Zwar vermitteln sie noch kein unmittelbares Können, betonen jedoch den Gnaden- und Geschenkcharakter allen menschlich-sittlichen Handelns. In diesem Sinne sah Thomas in ihnen auch eine Auszeichnung des Geistes, recht zu handeln.

Der Glaube *(fides)* wird in der Kunstgeschichte oft durch einen Kelch mit Hostie oder durch das Kreuz als Sinnbild der Einheit von

Extremen, der Mäßigung und Jesu Tod am Kreuz, symbolisiert. Mit der Liebe *(caritas)* wird sowohl die Liebe anderen gegenüber – im Sinne der Nächsten-, aber auch der Feindesliebe – sowie die Liebe zu sich selbst und zu Gott gemeint. Die Hoffnung *(spes)* wird durch einen Acker, einen Vogel oder einen Zweig symbolisiert und gibt die Hoffnung auf die himmlische Seligkeit und das Widerstehen gegen die Verzweiflung wieder.

Dass es sich bei dem Glauben, der Liebe und der Hoffnung um lebensnotwendige, einen Lebenssinn mitstiftende Tugenden handelt, erfahren nicht nur Christen immer wieder aufs Neue. Auch kirchen- und gesellschaftskritische Dichter wissen darum. So lässt der österreichisch-ungarische Schriftsteller Ödön von Horváth (1901 – 1938) Elisabeth, die Protagonistin seines *Glaube, Liebe, Hoffnung* betitelten sozialkritischen Dramas aus dem Jahre 1932, sterben, weil sie von ihrem Glauben, von ihrer Liebe und von ihrer Hoffnung verlassen wurde.

Während den Tugenden im katholischen Bereich bis heute eine gewisse Bedeutung zukommt – auch wenn sie zugegebenermaßen ein wenig verstaubt daherkommen –, wurde ihnen auf evangelischer Seite immer schon mit Skepsis begegnet. Zu den wichtigsten drei Argumenten zählte seit Martin Luther (1483 – 1546), dass die dem Hellenentum entnommenen Tugenden im Neuen Testament nur am Rande vorkommen, dass der Tugendbegriff die Leistung des Menschen zu stark betone und stolz mache (und damit dem reformatorischen Grundprinzip des *sola fide* = »die Gnade allein« widerspricht) und dass mit dem Tugendbegriff eine kämpferische unchristliche Sprache verbunden sei.

Mit dem Aufkommen des Bürgertums im 19. Jahrhundert rückten auch die sogenannten sekundären Tugenden immer stärker in den Vordergrund: Gehorsam, Demut, Ordnungsliebe, Sparsamkeit, Pünktlichkeit, Fleiß, Selbstbeherrschung, Pflichtbewusstsein und Zuverlässigkeit. Diese neue Moral sollte jedoch das tradierte Tugendverständnis zugleich schwer beschädigen.

Spätestens seit dem Zweiten Weltkrieg wissen wir, dass man diese Sekundärtugenden auch leicht missbrauchen kann. Denn mit »Pflichtgefühl, Berechenbarkeit, Machbarkeit und Standhaftigkeit« könne man – so Oskar Lafontaine in einer berühmten, im

STERN 1982 veröffentlichten Replik auf den (Alt-)Bundeskanzler Helmut Schmidt – »auch ein KZ betreiben«[88] … Anstelle dieser sekundären, bürgerlichen Tugenden werden seit den 60er-Jahren und in neuerer Zeit bedingt durch den Wertewandel neue, »moderne«, das heißt auch politische Tugenden diskutiert und gefordert. Solidarität, Toleranz, Gewissensfreiheit, Kompromissbereitschaft, Wahrhaftigkeit, Konsumverzicht, Zivilcourage und Friedensbereitschaft stehen, genauer gesagt, sollten dabei an erster Stelle stehen.

29. Warum soll man beten?

»Beten ist in der Religion, was Denken in der Philosophie ist.«[89] Auch wenn es sich bei dem Aphorismus von Georg Friedrich Philipp Freiherr von Hardenberg alias Novalis (1772 – 1801) um eine starke, durchaus anfechtbare Vereinfachung handelt, streicht der Romantiker zu Recht die zentrale Bedeutung des Betens in den Religionen heraus. Auch für den Religionswissenschaftler Friedrich Heiler (1892 – 1967), der die bis heute umfassendste Untersuchung über *Das Gebet* (1919) geschrieben hat, »besteht nicht der leiseste Zweifel daran, dass das Gebet das Herz und der Mittelpunkt aller Religion ist. Nicht in den Dogmen und Institutionen, nicht in den Riten und ethischen Idealen, sondern im Beten erfassen wir das eigentlich religiöse Leben.«[90] Dem religiösen Menschen sei das Gebet nicht nur »das Alpha und das Omega aller Frömmigkeit«, sondern auch die »selbstverständlichste und notwendigste Lebensäußerung«[91]. Mit anderen Worten: Das Gebet ist ein existenzielles Grundbedürfnis, ja eine Grundbetätigung des Menschen.

Im Gebet wendet sich der gläubige Mensch voller Vertrauen an ein transzendentes Wesen – zumeist an eine Gottheit, aber auch an andere höhere Mächte oder Heilige – und bringt sein Leben und Leiden, seine Verzweiflung und Hoffnung, aber auch seinen Dank zur Sprache. Das Beten, das mit bestimmten Körperhaltungen und Gesten (stehend, sitzend oder kniend, mit gefalteten oder ausgestreckten Händen), mit bestimmten Tageszeiten und Anlässen (Tisch- und Abendgebet) verbunden sein kann und sich auch gewisser Hilfsmittel (Rosenkranz) bedient, ist dabei seinem Wesen nach ein dialogisches Geschehen, ein »innerer Herzensverkehr mit Gott« (Friedrich Heiler). »Wo es sich zeigt«, stellt der niederländische Religionshistoriker Gerardus van der Leeuw (1890 – 1950) fest, »ist es eine Anrede des Menschen an den Willen, den er über sich weiß, und die Antwort dieses Willens«.

Das deutsche Wort »Gebet« leitet sich von »Bitte« ab. Und dies nicht ohne Grund. Ist das Bittgebet doch weltweit die natürlichste und am meisten verbreitete Gebetsform. Auch das Christentum macht da keine Ausnahme, obgleich im Neuen Testament noch andere Gebetsformen erwähnt werden, wie der Dank und das Lob oder die verzweifelte, herausgeschrieene Klage, die bereits im Alten Testament vorkommen und mit denen sich die Israeliten an ihren Gott Jahwe wandten. Das Alte Testament kennt dabei noch einen anderen Ausdruck fürs Beten, nämlich »rufen«. In diesem Sinne wird das Gebet zu einem Rufgeschehen und Gott zu einem Hörenden, der dem Menschen zuhört. »Gott hat sein Ohr an deinem Herzen«[92], schreibt Aurelius Augustinus (354 – 430) in seiner Erläuterung des 148. Psalms. Ein Gott, der *immer, Tag und Nacht* zuhört, sodass »der Mensch«, wie Mutter Teresa (1910 – 1997) einmal sagte, »von Gott nie weiter entfernt (sei) als ein Gebet«. Und viele Christen glauben, dass Gott im Gebet durch den Heiligen Geist dem Menschen antwortet, ihm persönliche Eingebungen, zumindest jedoch ein Gefühl des Getröstetseins vermittelt.

Wie, wo, wann und warum man beten soll, diese Fragen beantwortet uns Jesus, der Beter par excellence, selbst. Denn in seinem eigenen Leben spielt das Beten – genauso wie der Glaube – eine herausragende Rolle. Seinen Jüngern, aber auch Außenstehenden tritt er als Lehrmeister des Gebets auf. Für ihn stellt das Gebet nicht weniger als die Quelle dar, aus der er lebt und wirkt. Als das Herzstück seines Betens kann dabei die Abba-Rede an Gott gelten (*abba* bedeutet auf Aramäisch, der Sprache Jesu, »Vater«), die sein absolutes Vertrauensverhältnis zum und seine ganze Hoffnung auf den himmlischen Vater spiegelt. Wenn Jesus betet, so spricht er mit Gott, wie ein Kind es mit seinem Vater tut: aus einem Gefühl der Geborgenheit heraus, zugleich jedoch voller Ehrerbietung. Jesus zufolge ist das Gebet sowohl ein göttliches Gebot als auch ein menschliches Recht, sich mit Gott zu verbinden, ihn, seine Nähe und Gegenwart zu suchen. Und nicht nur dies.

Der komplexe Vorgang des Betens schließt desgleichen ein In-Kontakt-Treten mit den eigenen Tiefenschichten ein, ist deshalb auch Konzentration auf die eigene Mitte, ist Zur-Ruhe-Kommen, ist Selbstbegegnung und Selbsterkenntnis in einem. Denn das Beten zwingt den Menschen dazu, sich seiner innersten Wünsche, Ängste und Beweggründe klar und deutlich bewusst zu werden.

Auf die Bitte der Jünger hin, »Herr, lehre uns beten!«, schenkt Jesus ihnen das *Vaterunser*, das Urbild des christlichen Bittgebets, das bis heute von Gläubigen aller Konfessionen allein oder gemeinsam im Gottesdienst, still oder laut gesprochen wird. Es ist uns in zwei fast identischen Versionen überliefert, wobei sowohl bei Matthäus als auch bei Lukas die aus dem Alten Testament entlehnte, erst später hinzugekommene Schluss-Doxologie, die Lobpreisung (»Denn dein ist das Reich …«) fehlt: »Unser Vater im Himmel, dein Name werde geheiligt, dein Reich komme, dein Wille geschehe wie im Himmel, so auf der Erde. Gib uns heute das Brot, das wir brauchen. Und erlass uns unsere Schulden, wie auch wir sie unseren Schuldnern erlassen. Und führe uns nicht in Versuchung, sondern rette uns vor dem Bösen.« (Mt 6,9 – 13; vgl. auch Lk 11,1 – 4)

Darüber hinaus gibt Jesus seinen Jüngern erstaunlich präzise Anweisungen für die Gebetspraxis mit und warnt vor einem zur Schau gestellten Gebetsverhalten: »Wenn ihr betet, macht es nicht wie die Heuchler. Sie stellen sich beim Gebet gern in die Synagogen und an die Straßenecken, damit sie von den Leuten gesehen werden … Du aber geh in deine Kammer, wenn du betest, und schließ die Tür zu; dann bete zu deinem Vater, der im Verborgenen ist. Dein Vater, der auch das Verborgene sieht, wird es dir vergelten. Wenn ihr betet, sollt ihr nicht plappern wie die Heiden, die meinen, sie werden nur erhört, wenn sie viele Worte machen. Macht es nicht wie sie; denn euer Vater weiß, was ihr braucht, noch ehe ihr ihn bittet.« (Mt 6,5 – 8) Jesus fordert seine Jünger des Weiteren auf, allezeit zu beten und darin nicht nachzulassen (vgl. Lk 18,1). Und – er betet nicht nur für seine Wohltäter, sondern auch noch für die, die ihm Unrecht tun: »Vater, vergib ihnen, denn sie wissen nicht, was sie tun!« (Lk 23,34)

Dass es sich gerade beim Bittgebet um eine schwierige, heikle Form des Gebets handelt, hat nicht nur Religionsgegner spätestens seit der Zeit der Aufklärung, sondern auch Gläubige zu Kritik veranlasst. Der in moralischen Dingen Fortgeschrittene höre auf zu beten, urteilte beispielsweise Immanuel Kant (1724 – 1804). Auch der bedeutende protestantische Theologe Friedrich Schleiermacher (1768 – 1834) machte aus seinem frommen Widerwillen gegen das Bittgebet keinen Hehl. Sein Argument: Das Bittgebet sei doch lediglich der an Magie grenzende Versuch, Gottes Willen zu beugen, ihn für eigene egoistische Zwecke zu instrumentalisieren. In der Tat soll es ja Leute geben, die Gott nur anrufen, wenn sie Zahnweh haben …! Schleiermacher wollte daher das Bittgebet sogar aus dem Gottesdienst verbannen.

Von psychologischer Seite wurde der Vorwurf laut, Beten sei Regression und Handlungsersatz, sei eine Notlösung, sogar Selbstbetrug und hätte Alibifunktion. Kurzum, es würde den Menschen zu feiger Schicksalsergebenheit, zu lähmender Tatenlosigkeit und Weltflucht verleiten. Es würde nicht nur seinen Einsatz für die persönliche Selbstverwirklichung, sondern auch den für die Mitmenschen schwächen.

Doch auch wenn man diese Einwände zum Teil gelten lassen wollte, verkennen die Gegner des Bittgebets die Tatsache, dass der Mensch ein zeit- und geschichtsverhaftetes, folglich angst-, sorgen- und leiderfülltes Wesen ist, das gerade angesichts der Erfahrung seiner eigenen Hinfälligkeit und Endlichkeit nach transzendenter Hilfe, nach Heilung und Erhörung fleht. Schließlich spricht das Neue Testament selbst sogar vom Erfolg des Bittgebets: »Bittet, dann wird euch gegeben; sucht, dann werdet ihr finden; klopft an, dann wird euch geöffnet.« (Mt 7,7) und macht die Zusage: »Und alles, was ihr im Gebet erbittet, werdet ihr erhalten, wenn ihr glaubt« (Mt 21,22).

Der gläubige Christ sollte dessen ungeachtet aber seine Bittgebete im Bewusstsein vorbringen, dass er die Souveränität Gottes letztlich nicht zu beeinflussen vermag, dass die Art und Weise seiner Erhörung allein in Gottes Hand liegt, er nicht dazu überredet werden muss, geschweige denn kann: »Dein Wille geschehe …«, steht schon im Vaterunser. Auch sollte er nicht um allzu oberflächliche, bequeme Dinge bitten. Darüber hinaus belassen es Christen bekanntlich nicht einfach beim Beten. *Ora et labora* (lateinisch = »bete und arbeite«) heißt nicht von ungefähr die Maxime des Begründers des christlichen Mönchtums im Westen, Benedikt von Nursia (um 480 – 547), welcher der *Vita contemplativa*, dem beschaulichen Leben in Gebet und Meditation, dieselbe Berechtigung einräumt wie der *Vita activa*, dem handlungsorientierten, praktischen Leben.

Neben dem Bittgebet gibt es für Christen im Wesentlichen noch das Lob- und das Dankgebet. Dabei gilt das Lobgebet, in dem Gottes Größe gepriesen wird, wegen der darin zum Ausdruck kommenden Selbstlosigkeit des Menschen als höchste Stufe des Gebets: »Schön ist es, Gott zu loben!« (Ps 147,1) Ein weiteres wichtiges Lobgebet ist das *Magnifikat*, der Lobgesang der Maria, der mit den Worten beginnt: »Meine Seele preist den Herrn …« (Lk 1,46ff). Es ist sowohl Antwort auf die empfangene Güte als auch Bejahung von Gottes schöpferischem und heilendem Handeln. Im Dankgebet gedenkt der Mensch wiederum der »großen Taten Gottes« und seines Erlösungswerkes in Jesus Christus, aber auch der im eigenen Leben und in der Gemeinschaft erfahrenen Wohltaten.

Im Medienzeitalter haben Menschen mit Internetanschluss sogar die Möglichkeit, vorgefertigte, zumeist kostenlose Gebete per E-Mail zu versenden und sich dergestalt mitten im Alltag eine kurze (Besinnungs-)Auszeit zu nehmen. Selbstredend können Gebete mittlerweile auch per SMS verschickt werden: Gott wird mobil!

30. Ist das menschliche Gewissen die Stimme des göttlichen Geistes?

Ein schlechtes Gewissen haben, vom Gewissen geplagt und gequält werden, sein Gewissen betäuben wollen … Diese und ähnliche Redewendungen machen deutlich, dass wir es im Falle des Gewissens – rein phänomenal betrachtet – mit einer inneren Richtig und Falsch, Gut und Böse unterscheidenden Bewusstseins-Instanz des Menschen zu tun haben. Einer Art innerem Gericht, das sich, auch ohne ausdrücklich aufgefordert zu werden, auf eine eindringliche, zuweilen »bohrende«, »nagende«, ja sprichwörtlich »beißende« Art und Weise zu Wort meldet. (Es war im Übrigen der römische Politiker und Philosoph Marcus Tullius Cicero, der im ersten vorchristlichen Jahrhundert das anschauliche Kompositum »Gewissensbiss« prägte.) Einem Kontrollzentrum, das uns einerseits warnt, anklagt und verurteilt und das uns andererseits Scham, Reue oder Schuld erfahren lässt, dem wir uns dabei aller Willens- und Verstandesanstrengungen zum Trotz nicht oder nur schwerlich zu entziehen vermögen, über das wir letztlich keine Beherrschung besitzen. Dieses Hauptmerkmal des Gewissens veranlasste Menschen schon früh dazu, es als »Stimme Gottes«, als *Vox Dei*, zumindest aber als »Echo der Stimme Gottes« (John Henry Newman) beziehungsweise als ein göttliches Instrument der Orientierung zu deuten. Die Dichterin Annette von Droste-Hülshoff (1797 – 1848) sprach vom Gewissen als von einem »Kompass«, der uns »eingedrückt« wurde und den »noch keiner aus der Brust gerissen«[93] habe. Und der christlich-existenzialistische Philosoph Søren Kierkegaard (1813 – 1855) bekannte: »Im Gewissen hat Gott seinen Blick auf mich geworfen, und nun ist es mir unmöglich gemacht, zu vergessen, dass dieses Auge mich sieht.«[94]

Wann genau es zu dieser, vor allem für die Geschichte des Christentums überaus bedeutsamen und wirkungsmächtigen Identifikation kam, lässt sich heute nicht mit Bestimmtheit sagen. Fest steht, dass der Begriff des Gewissens im Alten Testament fehlt. Nicht aber dessen Funktion. Denn das Gewissen wurde dort vor allem mit dem Bildwort des »Herzens« als dem Inneren des Menschen bezeichnet, das den Ausgangspunkt guter wie böser Taten ist, auch wenn beispielsweise die Einheitsübersetzung der Bibel diese entsprechenden Stellen heute mit »Gewissen« übersetzt: »Dann aber schlug David das Gewissen, weil er das Volk gezählt hatte, und er sagte zum Herrn: ich habe schwer gesündigt, weil ich das getan habe. Doch vergib deinem Knecht seine Schuld, Herr ...« (2. Sam 24,10).

Im Neuen Testament ist es Paulus, der den Ausdruck Gewissen in das Christentum einführt und die christliche Auffassung vom Gewissen verdeutlicht, auch wenn bei ihm von einer systematischen Lehre vom Gewissen noch nicht die Rede sein kann. Der Apostel tut dies mit Rückgriff auf den Begriff *syneidesis* (griechisch = »Bewusstsein«, »sittlich urteilendes Selbstbewusstsein«), der ursprünglich aus der hellenistisch-jüdischen Literatur stammt – römische Philosophen wie Cicero fanden dafür das Äquivalent *conscientia* – und den er für das dem Menschen von Natur aus ins Herz geschriebene Gesetz als seine innere Kontrollinstanz verwendet: »Sie (die Heiden) zeigen damit, dass ihnen die Forderung des Gesetzes ins Herz geschrieben ist; ihr Gewissen legt Zeugnis davon ab, ihre Gedanken klagen sich gegenseitig an und verteidigen sich ...« (Röm 2,15) Nach Paulus ist zudem die Identität des Menschen verletzt, wenn er gezwungen wird, gegen sein Gewissen als der inneren Kontrollinstanz seines Verhaltens zu handeln. Gleichzeitig erkennt der Apostel die Möglichkeit eines irrenden Gewissens an, das aber trotzdem verpflichtend bleibt.

Doch die eigentliche Karriere des Gewissens begann erst mit den Kirchenvätern und Theologen der folgenden Jahrhunderte. So setzte Origenes (185 – 254) das Gewissen mit dem *pneuma* (griechisch = »Geist«) gleich, das in jedem Menschen wohnt: »Wer von den Menschen kennt den Menschen, wenn nicht der Geist des Menschen, der in ihm ist?« (1 Kor 2,11) Aurelius Augustinus (354 – 430) bestimmte das Gewissen als das verborgene Innerste der Person, als ihr Eigenstes, wo der Mensch den Willen Gottes, das natürliche Gesetz wahrnimmt. Der Mensch erfährt sich dabei insgesamt vor Gott gestellt und seinem göttlichen Ruf zur Antwort verpflichtet.

Eingehend befasste sich sodann der Scholastiker Thomas von Aquin (1224 – 1274) mit dem Gewissen. Mit seiner Unterscheidung zwischen *conscientia* und *synderesis*, also zwischen dem Gewissens-Akt (als dem konkreten Gewissensurteil in einer konkreten Situation) und der Gewissens-Fähigkeit/Anlage (als der Fähigkeit, Gut und Böse zu erkennen und sich für das Gute zu entscheiden), prägte er eine Unterscheidung, die für die Ethik bis heute bestimmend ist. Thomas zufolge ist das Urteil die letzte Instanz, nach der sich der Mensch zu richten habe, selbst wenn er damit der offiziellen Kirche widersprechen sollte. »Wenn auch der Mensch nicht über sich selber steht, so steht doch der über ihm, von dessen Gebot er ein Wissen hat; und so wird er gebunden durch das Gewissen.«[95] Nichtsdestoweniger bleibt das einzelne Gewissensurteil fehlbar, da es sich um eine Verstandesoperation des Schlussfolgerns handelt. Im Gegensatz etwa zu der an Bonaventura (1221 – 1274) anknüpfenden franziskanischen Tradition, die den Willen zum Guten betont.

Zu zentraler Bedeutung avanciert das Gewissen im Zuge der Reformation, denn für viele Protestanten bekommt die individuelle Gewissensentscheidung Priorität vor der Unterwerfung unter kirchliche Autoritäten. So berief sich bereits Martin Luther am 17./18. April 1521 vor Kaiser Karl V. (1500 – 1558) und dem Reichstag zu Worms auf sein Gewissen. Seine Rede beschloss er mit den berühmten Worten: »Wenn ich nicht durch Schriftzeugnisse oder einen klaren Grund widerlegt werde – denn allein dem Papst oder den Konzilien glaube ich nicht; es steht fest, dass sie häufig geirrt und sich auch selbst widersprochen haben –, so bin ich durch die von mir angeführten Schriftworte überwunden. Und da mein Gewissen in den Worten Gottes gefangen ist, kann und will ich nichts widerrufen, weil es gefährlich und unmöglich ist, etwas gegen das Gewissen zu tun. Gott helfe mir. Amen.«[96] Indem sich Luther auf die Freiheit des Gewissens beruft, bestimmt er den Begriff des Gewissens neu, nämlich als innerpsychisches »Mitwissen« des Menschen mit seinem Tun. Das Gewissen ist nun nicht mehr nur rein göttlichen Ursprungs wie noch in der mittelalterlichen scholastischen Theologie.

Spätestens seit der Aufklärung begann man vor allem seitens der Philosophie das Gewissen nach und nach aus dem ursprünglichen religiösen Zusammenhang zu lösen und es gleichsam zu »dekonstruieren«. So warf der anarchistische Vordenker Max Stirner (1806 – 1856) dem Christentum, besonders aber dem Protestantismus vor, den »Geist Gottes« als »Stimme des Gewissens« verinnerlicht und aus dem Gewissen einen »Spion« und »Lauerer«, ja eine »innere Polizei«[97] gemacht zu haben, und zwar mit fatalen Folgen für die Freiheit des Individuums. Eine Entwicklung, die ihren vorläufigen Höhepunkt in Sigmund Freuds (1856 – 1939) Bestimmung des Gewissens als Teil des Über-Ichs im Sinne einer Verinnerlichung der elterlichen wie der gesellschaftlichen Autorität mit ihren Werten, Normen und Erwartungshaltungen insgesamt fand.

Im Gegensatz dazu hielt die Theologie, namentlich die katholische, noch im 20. Jahrhundert an der Vorstellung eines das Über-Ich transzendierenden Gewissens fest. Das Gewissen wurde nicht nur als Inbegriff der Verantwortungsfähigkeit des Einzelnen betrachtet, sondern auch als Korrektiv zu einem stark institutionsbezogenen Kirchenverständnis. Eine offizielle ausdrückliche Würdigung und Anerkennung des Gewissens und seiner bindenden Kraft erfolgte durch das II. Vatikanische Konzil in *Die pastorale Konstitution über die Kirche in der Welt von heute – »Gaudium et spes«* (= »Freude und Hoffnung«). Dort heißt es über *Die Würde des sittlichen Gewissens*: »Im Innern seines Gewissens entdeckt der Mensch ein Gesetz, das er sich nicht selbst gibt, sondern dem er gehorchen muss und dessen Stimme ihn immer zur Liebe und zum Tun des Guten und zur Unterlassung des Bösen anruft und, wo nötig, in den Ohren des Herzens tönt: Tu dies, meide jenes. Denn der Mensch hat ein Gesetz, das von Gott seinem Herzen eingeschrieben ist, dem zu gehorchen eben seine Würde ist und gemäß dem er gerichtet werden wird. Das Gewissen ist die verborgenste Mitte und das Heiligtum im Menschen, wo er allein ist mit Gott, dessen Stimme in diesem seinem Innersten zu hören ist. (…) Nicht selten jedoch geschieht es, dass das Gewissen aus unüberwindlicher Unkenntnis irrt, ohne dass es dadurch seine Würde verliert …«[98]

Das Gewissen ist somit ein ausgezeichneter Ort der Gottesbegegnung, wenngleich an anderer Stelle auch vom »Gesetz, … dem der Mensch gehorchen muss« die Rede ist, was manche Theologen als einen Widerspruch zwischen autonomer Gewissensentscheidung des Einzelnen und dem Gewissen als Ausrichtung an internalisierten kirchlichen Sittennormen deuten. Und tatsächlich tritt in den nachkonziliaren Enzykliken *Humanae Vitae* oder *Veritatis Splendor* der zweite Aspekt in den Vordergrund, während die freie Gewissensentscheidung im Dialog mit der »inneren Stimme« an Bedeutung einbüßt. Dem Katechismus der Katholischen Kirche von 1993 zufolge soll der Mensch sein Gewissen lebenslang anhand des Wortes Gottes bilden und formen, um dergestalt ein richtiges Urteil abgeben zu können.[99] Richtig urteilen könne das Gewissen erst, wenn es in Übereinstimmung mit der Vernunft und dem göttlichen Gesetz steht. Es könne aber ebenso gut irren, falls es sich an beides nicht hält.[100] Die Frage nach der Göttlichkeit des menschlichen Gewissens muss letzten Endes offen bleiben.

31. Was ist (Erb-)Sünde, was ist Sündenvergebung?

Es gibt im Christentum wohl nur wenige Begriffe, denen ein größeres Gewicht zukommt, die zugleich aber auf größtes Unverständnis, heute mitunter sogar auf strikte Ablehnung stoßen – und dies selbst unter Gläubigen. Die Rede ist vom »Schandfleck der Sünde« beziehungsweise – für viele noch irritierender – von der »Erbsünde«. Dabei finden wir in fast allen Religionen entsprechende Vorstellungen. Gustav Mensching (1901 – 1978) unterscheidet in seinem Buch *Die Idee der Sünde* (1931) grundsätzlich zwischen »aktuellen und konkretisierten Sünden« einerseits sowie der »essentiellen und generellen Sündenidee« andererseits. Dem bedeutenden Religionswissenschaftler zufolge setzen alle Universalreligionen eine »vorfindliche« Sünde voraus, von der es keinen Plural gibt: also *die* Sünde schlechthin! Denn diese bezeichne eine »Gesamtsituation«, »ein vor der Tat und vor aller Gesinnung liegendes Sein, eine allgemeine Situation gegenüber einem Transzendenten«[101]. Daher meine diese Sünde vorzugsweise kein moralisches Versagen eines Einzelnen, sondern ein Symbol für etwas Allgemeines und Grundlegendes, für das »Urmysterium unserer eigenen und aller menschlichen Existenz«[102], wie Rudolf Otto (1869 – 1937), ein anderer wegweisender Religionswissenschaftler es nannte. Mithin handelt es sich hierbei um eine Kollektiv- und keine Individualsünde. Vornehmlich die prophetischen Religionen würden in der »Ichsüchtigkeit« des Menschen, so Mensching, das eigentliche »Hemmnis« der Einheit zwischen der Welt des Heiligen und der des Menschen sehen.

Das Alte Testament kleidet die Idee einer »Ursünde« in den bildmächtigen Mythos vom Fall des Menschen und seiner Vertreibung aus dem Paradies. Er soll Antwort geben auf die Fragen nach dem Ursprung von Leid und Tod des Menschen, für dessen unglückseligen Zustand der Getrenntheit von Gott. Obwohl Gott die Welt samt den Menschen »gut« erschaffen habe, stellte die freie Entscheidung der ersten Menschen zum Ungehorsam gegen Gott – getrieben von ihrer Hybris, Ichsucht und Begierde nach Wissen sowie ihrer Weigerung, weiterhin »nur« Kreaturen Gottes, und eben nicht gottgleich sein zu wollen – die eigentliche Sünde dar. Diese wird seitdem – via Geschlechtsakt (sic!) – an ihre Nachkommen weitergegeben. Nachdem Adam und Eva Gottes Ge- und Verbot – »Von allen Bäumen des Gartens darfst du essen, doch vom Baum der Erkenntnis von Gut und Böse darfst du nicht essen; denn sobald du davon isst, wirst du sterben.« (Gen 2,16f) – missachtet hatten, genauer gesagt, zuerst Eva der Versuchung der Schlange – »Ihr werdet sein wie Gott und erkennt das Gut und Böse« (Gen 3,5) – erlegen war und die verbotene Frucht dann auch Adam zum Essen gegeben hatte, wurden beide aus dem Garten Eden verbannt. Mit den hinlänglich bekannten Folgen, als da sind: das Schamgefühl, das heißt die sexuelle Zwangsmoral der Triebkontrolle und -unterdrückung, die Feindschaft zwischen den Geschlechtern, die Dominanz des Mannes über die Frau, die Schmerzen der Frau beim Gebären, die lebenslange Plackerei für den Lebensunterhalt »im Schweiße deines Angesichts« und – *last but not least* – der Tod und das Bewusstsein von ihm: »Denn Staub bist du, zum Staub musst du zurück.« (Gen 3,19)

Trotzdem kann im Alten Testament von einer ausgeprägten »Erbsündenlehre« noch keine Rede sein. Zwar geht dieses von einer allgemeinen Schuldhaftigkeit des Menschen aus, die Sünde verwirklicht sich jedoch erst in den konkreten individuellen Situationen des Menschen, der gegen Gottes Gebote rebelliert. Auch die Evangelien kennen keine eigentliche »Erbsündenlehre«. Von Sünde wird hier lediglich im Zusammenhang mit Jesu Sündenvergebung gesprochen: Jesus ruft die Sünder, namentlich Zöllner und Dirnen, zur Buße, er hat die Vollmacht, Sünden zu vergeben, und überträgt diese auch an seine Nachfolger.

Ganz anders spricht hingegen Paulus von der Sünde und legt damit den Grundstock für eine eigentliche »Theologie der Erbsünde«. Bei ihm wird die Sünde zu einer personifizierten verhängnisvollen

Macht, der der Mensch – mit Ausnahme von Maria, der Mutter Jesu, die unbefleckt empfangen wurde – seit Adams Fall sklavisch ausgesetzt ist, und zwar bis zur Erlösungstat Jesu Christi: »Durch einen einzigen Menschen kam die Sünde in die Welt und durch die Sünde der Tod, und auf diese Weise gelangte der Tod zu allen Menschen, weil alle sündigten … Ist durch die Übertretung des einen der Tod zur Herrschaft gekommen, durch diesen einen, so werden erst recht alle, denen die Gnade und die Gabe der Gerechtigkeit reichlich zuteil wurde, leben und herrschen durch den einen, Jesus Christus.« (Röm 5,12ff) Oder mit den Worten des Apostels an die Korinther: »Denn wie in Adam alle sterben, so werden auch in Christus alle lebendig gemacht.« (1. Kor 15,22) Dergestalt haben wir es im Falle der »Erbsünde«, genauer betrachtet, mit einer paulinischen Lehre zu tun, einem Dogma, das vor allem von den Kirchenvätern begierig aufgegriffen und breit entfaltet werden sollte.

So prägte der Kirchenvater und Jurist Tertullian (um 150 bis um 230) den Begriff *vitium originis* (lateinisch = »Ursünde«). Aurelius Augustinus (354 – 430) entwickelte in seiner Auseinandersetzung mit dem britischen Mönch Pelagius (370 bis nach 418) die erste umfassende Lehre von der Erbsünde: Im Gegensatz zu Pelagius, der eine »Vererbung« der Sünde Adams an die nachfolgenden Generationen ablehnte und darin nur eine »Gewohnheitsmacht zum Bösen« sah, die der Mensch durch Erziehung und Willenskraft überwinden könne, lehrte Augustinus ein prinzipielles menschliches »Unvermögen, nicht zu sündigen«: *non posse, non peccare!* Dennoch könne sich der Mensch durch Reue und Buße, vor allem aber mithilfe der Gnade Gottes zum Guten entscheiden. Den Weg zur Erlösung finde der Mensch zuallererst im Sakrament der Taufe, die den Täufling von der Erbsünde befreit – wohlgemerkt jedoch nicht von deren Folgen! Der Täufling – genauer gesagt, dessen Eltern und/oder Paten, wenn es ein Kind ist – sagen sich von den *pompa diaboli*, dem teuflischen Pomp dieser Welt los. Im Ritus der Taufe, die nicht von ungefähr auch als »einfacher« beziehungsweise »kleiner Exorzismus« bezeichnet wird, hört sich das so an: »Widersagst du dem Satan – Ja. Und allen seinen Werken? – Ja.«

Die Scholastiker führten sodann ein neues, aus dem Neuplatonismus stammendes Motiv in die Sündentheologie ein: Die Sünde wurde als ein Nichtseiendes, als eine *absentia* (Abwesenheit) beziehungsweise ein *defectus boni* (Fehler des Guten) definiert.

Eine wesentlich radikalere Sicht auf die Sünde hatten indes die Reformatoren: Ihnen galt die Sünde als Ungehorsam, Unglaube und Ichsüchtigkeit des Menschen, der sein Heil bei sich selbst statt bei Gott sucht. Martin Luther (1483 – 1546) sah dabei das Wesen der Erbsünde in der Begierde, die auch durch die Taufe nicht völlig überwunden wird. In seinen *Tischreden* heißt es: »Mit der Erbsünde nach der Taufe verhält es sich ebenso wie mit einer Wunde, die zu heilen beginnt. Es ist zwar in Wirklichkeit eine Wunde, aber eine, die heilt und fortlaufend den Vorgang der Heilung durchmacht, jedoch immer noch eitert und schmerzt.«[103] Im *Decretum de Peccato Originali* stellte das Konzil von Trient wiederum fest, dass die Erbsünde durch die Taufe zwar vollkommen getilgt sei, nicht aber die Begierde, die zur Sünde geneigt macht.

Mit der Aufklärung wandten sich auch zusehends Theologen gegen die Kollektivhaftung für eine fremde Schuld und traten somit mehr für eine pelagianische Auffassung ein. Und wie die Naturwissenschaften demonstrieren konnten, kam der Tod keineswegs durch den Sündenfall in die Geschichte – wie im Weltkatechismus von 1992 noch zu lesen ist (!) –, er liegt vielmehr allem Lebendigen bereits genetisch zugrunde. Dennoch hält die katholische Kirche an der Lehre von der Erbsünde bis heute fest. So versteht Papst Benedikt XVI. (geboren 1927) die Erbsünde zwar nicht im Sinne einer biologischen Vererbung, betont aber die kollektiven menschlichen Verstrickungen der Vergangenheit, in die jeder Mensch durch seine Geburt *nolens volens* eintritt: »… denn der Sitz der Erbsünde ist eben in diesem kollektiven Netz zu suchen, das als geistige Vorgegebenheit der einzelnen Existenz vorausgeht, nicht in irgendeiner biologischen Vererbung zwischen lauter sonst völlig getrennten einzelnen. Von ihr zu reden besagt eben dies, dass kein Mensch mehr am Punkt Null, in einem ›status integritatis‹ (= von der Geschichte völlig unversehrt), anfangen kann. Keiner steht in jenem unversehrten Anfangszustand, in dem er nur frei sich auszuwirken und sein Gutes zu entwerfen brauchte; jeder lebt in einer Verstrickung, die ein Teil seiner Existenz selber ist.«[104]

Auch für evangelische Theologen des 20. Jahrhunderts gehört die Erbsündenlehre in die Christologie (Karl Barth). Paul Tillich (1886 – 1965) hat für die Erbsünde eine neue, modernere und auch moderatere Begrifflichkeit geprägt, wenn er von »Entfremdung« spricht: »Der Mensch ist entfremdet vom Grund des Seins, von den anderen Wesen und von sich selbst.«[105]

Wie die kollektiv verstandene Erbsünde, wurde auch die individuell begangene Sünde – und mit ihr die Sündenvergebung – zum Gegenstand intensiven theologischen Nachdenkens. Im Neuen Testament wird die Sünde als »Gesetzlosigkeit« beziehungsweise als das Brechen des göttlichen Gesetzes und der Zehn Gebote definiert: »Jeder, der die Sünde tut, handelt gesetzwidrig; denn Sünde ist Gesetzwidrigkeit.« (1 Joh 3,4) Der erste Johannesbrief unterscheidet zugleich zwischen einer »Sünde zum Tode« und einer »Sünde nicht zum Tode«, woraus sich die Auffassung von den Todsünden und den lässlichen Sünden entwickelt hat.

Eine Todsünde *(peccatum mortiferum)* begeht – dem Katholischen Katechismus zufolge –, wer »bewusst und frei Gott und sein Gesetz … zurückweist« und »wer ein klares Wissen über die Schwere eines Sachverhaltes oder eines Gebotes besitzt und dennoch die schlechte Tat begeht«[106]. Als Folgen der Todsünde (wie etwa Mord, Ehebruch und Glaubensabfall) gelten der Verlust des Gnadenlebens und aller Verdienste für den Himmel sowie zeitliche Strafen, aber auch ewige Verdammnis. Daneben kennt die katholische Kirche noch eine Steigerung ins Negative: die sogenannte himmelschreiende Sünde. Nicht zu verwechseln sind dabei die Todsünden mit den sieben Hauptsünden – Hochmut *(superbia)*, Neid *(invidia)*, Zorn *(ira)*, Trägheit *(acedia)*, Habgier/Geiz *(avaritia)*, Völlerei *(gula)* und Wollust *(luxuria)* –, die eher schlechte Charaktereigenschaften, sprich Laster repräsentieren, aber sehr wohl zu den Sünden hinführen können.

Lässliche Sünden, das heißt minderwertige, geringfügige Vergehen, »trüben« hingegen lediglich »die Liebe zu Gott und bringen zeitliche Strafen«, ziehen jedoch keine ewige Verdammnis nach sich. Zu ihren drei Voraussetzungen zählen: Es handelt sich um keine gewichtige Sache, man war sich des Bösen nicht bewusst und die Tat wurde nicht völlig freiwillig begangen.

Zu den Bedingungen für eine Sündenvergebung (= Absolution) zählt – neben der Taufe und dem Gnadenhandeln Gottes – die Buße. Ein Begriff, der im Deutschen sinnigerweise mit »Besserung« zusammenhängt. Diese impliziert die reuige Ab- und Umkehr des Sünders (griechisch *metanoia*), aber auch diverse Praktiken wie (individuelles oder liturgisches) Bekenntnis, Beichte, Gebet, Fasten oder auch Almosengeben. Nach protestantischer Auffassung eignet sich hierfür vor allem der Empfang des Abendmahls.

32. Was heißt es, wenn vom »Glauben« gesprochen wird?

Die meisten Missverständnisse auf Erden würden auf sprachlichen Missverständnissen beruhen, »unsre Streitigkeiten ... rein verbal«[107] sein, konstatierte Michel de Montaigne (1533 – 1592) in seinen berühmten *Essais* von 1580. Fürwahr, räumen wir gleich ein hartnäckiges aus ...! »Ich glaube, morgen wird's regnen.« – »Ich glaube, wir kommen ins Endspiel.« – »Ich glaube, sie betrügt ihn.« Im umgangssprachlichen Sinne steht das deutsche Wort »glauben« heute oftmals für »vermuten«, »meinen«, »nicht genau wissen« oder eine mehr oder weniger starke Form des »Für-wahr-Haltens«. Glauben im (christlich) religiösen Sinne meint dagegen etwas gänzlich anderes. Hier hat »glauben« vielmehr mit Wörtern wie »Vertrauen«, »Treue«, »Zuversicht«, ja sogar mit »Gewissheit« und »Unerschütterlichkeit« zu tun. Ein Verständnis des Wortes, das von seiner Etymologie gestützt wird. So steht das deutsche Wort »glauben« seiner Herkunft nach in einem engen sprachlichen Zusammenhang mit »geloben«, »verloben« und »sich anvertrauen«. Vielleicht mag der christliche Philosoph Søren Kierkegaard (1813 – 1855) auch daran gedacht haben, als er den gläubigen Menschen als einen »Verliebten« charakterisierte: »Ein Glaubender ist doch wohl ein Verliebter; ja, der von allen Verliebten am meisten Verliebte ...«[108]

Doch auch in anderen (alten) Sprachen stoßen wir auf eine verblüffend ähnliche Wortbedeutung von »glauben«. Im Alten Testament meint das hebräische Verb *aman* – die Wurzel unserer kürzesten Glaubensformel »Amen« – soviel wie »sein Herz an etwas hängen, fest bleiben«. In der *Septuaginta*, der griechischen Übersetzung des Alten Testaments, verwendete man dafür das Verb *pistéuein* beziehungsweise das Hauptwort *pístis*. Letzteres hatte die Grundbedeutung von »Treue, Vertrauen«. Also wiederum kein achselzuckendes »Ich-weiß-nicht-so-recht«, sondern ein entschiedenes »Ich-verlasse-mich-auf« beziehungsweise »Ich-bin-treu«. Religiöser Glaube bildet im griechischen Verständnis mithin keinen Gegensatz zum Wissen (hierfür kennt das Griechische das Wort *doxa*). Auch das lateinische Wort *credere* für »glauben« verweist auf vergleichbare tiefe, ja tiefste Sinnzusammenhänge: *Cor dare*, zu Deutsch »das Herz geben« beziehungsweise »schenken«, ist direkt mit der altindischen Wurzel *sraddha* verwandt, deren Wortbestandteile »Herz« und »setzen, stellen, legen« bedeuten und zusammen »sein Herz (auf etwas) setzen« meinen. Bei der Aussage »glauben heißt nicht wissen« handelt es sich folglich um einen Irrtum! Glaube im religiösen Sinne ist auch keine bloße Vorstufe zum Wissen, sondern gehört einfach einer anderen Sphäre an. Man könnte auch sagen: Glauben wird bezeugt, Wissen bewiesen!

Was religiös zu glauben ganz konkret bedeuten kann, hat für die Juden, aber auch für die Christen vor allem ein Mann exemplarisch vorgelebt: Abraham, der »Vater aller Gläubigen« (vgl. Röm 4,11), wie er auch genannt wird. Wir erinnern uns: Weil Gott ihn gerufen und ihm gegen alle menschliche Wahrscheinlichkeit Nachkommenschaft verheißen hatte, löste sich Abraham aus familiären und sozialen Bindungen und zog mit seiner unfruchtbaren Frau in ein fremdes Land. Stärker als alle Wirklichkeiten, alle Widrigkeiten war für ihn das Wort Gottes: »Abraham glaubte dem Herrn, und der Herr rechnete es ihm als Gerechtigkeit an.« (Gen 15,6) Abraham ist seitdem gleichsam zum Urbild, zum Prototyp des Menschen geworden, der sein ganzes Dasein in Gott gründet, sich dort voller Vertrauen, ja in unerschütterlicher Gewissheit »festmacht«. In diesem Sinne ist religiöser Glauben kein »Beweiswissen«, das auf Überprüfbarkeit beruht, aber auch kein blinder, naiver Kinderglauben, sondern vielmehr ein dialogisches Beziehungsgeschehen, eine existenzielle Vertrauensbekundung gegenüber der Offenbarung Gottes, die dem Glaubenden eben als glaub-würdig erscheint. Und es ist – nach Karl Rahner (1904 – 1984) – »eine personal *freie* Zustimmung des glaubenden Subjekts« zu Gott und seiner einmaligen Heilstat in Jesus Christus.

Auch im Neuen Testament spielt der Glaube – der fast 500 Mal erwähnt wird – eine zentrale Rolle. So sagt Jesus: »Wenn euer Glaube auch nur so groß ist wie ein Senfkorn, dann werdet ihr zu diesem Berg sagen: Rück von hier nach dort!, und er wird wegrücken. Nichts wird euch unmöglich sein.« (Mt 17,20) Der Glaube an Gott und an die von Jesus Christus erwirkte Erlösung werden sogar zur Bedingung für die Erlangung des ewigen Lebens. Nicht umsonst nannten sich die ersten Christen »Gläubige« oder »Glaubende« (Apg 2,44), wurden Zweifel und »Kleinglauben« der Jünger oftmals getadelt und trachteten diese auch nach der Bekehrung anderer. Dem Evangelisten Johannes zufolge darf der Glaube dabei nicht auf Wunder fixiert sein (vgl. Joh 6,26 – 29), obgleich das Wunder ja – wie wir seit Johann Wolfgang von Goethe (1749 – 1832) wissen – »des Glaubens liebstes Kind« ist …

Beim Apostel Paulus werden Glaube, Liebe und Hoffnung als die »göttlichen« Tugenden zusammengefasst. Eine Trias, in der man auch ein Abbild des dreifaltigen Gottes erkennen kann: der Glaube an den schöpferischen Vater-Gott, die Hoffnung auf den wiederkehrenden Erlöser Jesus Christus und die alles umfassende Liebe des Heiligen Geistes. Paulus setzt den Glauben darüber hinaus in Gegensatz zu den eigenen Werken als Mittel der Erlösung. Ein Ansatz, den Martin Luther (1483 – 1546) aufgreifen wird. Der sündige und schwache Mensch könne nur durch Glauben leben und gerechtfertigt werden (Röm 1,17), da er ganz auf Gott angewiesen ist.

Die Theologen der kommenden Jahrhunderte – allen voran Aurelius Augustinus (354 – 430) – unterschieden sodann zwischen dem Glaubensakt (*fides qua creditur* = der Glaube, mit dem geglaubt wird) einerseits und dem Glaubensinhalt (*fides quae creditur* = der Glaube, der geglaubt wird) andererseits. Letzterer wird in den Glaubensbekenntnissen zusammengefasst, von denen das *Apostolikum* (dessen erste Fassungen Ende des 2. Jahrhunderts entstand) und das *Nicaeno-Constantinopolitanum* (im 4. Jahrhundert) die wohl bedeutendsten sind. Die römisch-katholische Kirche und die östlichen Kirchen verwenden das Nicaenum bei der Eucharistie, die reformatorischen Kirchen bevorzugen indes im Predigt- und Abendmahlsgottesdienst das Apostolikum, dessen deutsche (ökumenische Fassung) nach dem *Missale Romanum* von 1970 folgendermaßen lautet:

»Ich glaube an Gott, den Vater, den Allmächtigen,
den Schöpfer des Himmels und der Erde.
Und an Jesus Christus,
seinen eingeborenen Sohn, unsern Herrn,
empfangen durch den Heiligen Geist,
geboren von der Jungfrau Maria,
gelitten unter Pontius Pilatus,
gekreuzigt, gestorben und begraben,
hinabgestiegen in das Reich des Todes,
am dritten Tage auferstanden von den Toten,
aufgefahren in den Himmel;
er sitzt zur Rechten Gottes, des allmächtigen Vaters;
von dort wird er kommen,
zu richten die Lebenden und die Toten.
Ich glaube an den Heiligen Geist,
die heilige katholische (evangelisch: *christliche*) Kirche,
Gemeinschaft der Heiligen,
Vergebung der Sünden,
Auferstehung der Toten
und das ewige Leben. Amen.«[109]

Mittelalterliche Scholastiker wie Thomas von Aquin (1224 – 1274) versuchen darüber hinaus eine Erhellung des Glaubensinhalts durch Vernunftgründe. Trotzdem übersteigt der Glaubensinhalt, Thomas zufolge, stets das Wissen, hebt es aber nicht auf. Der Glaube bleibt, so der deutsche Fundamentaltheologe Max Seckler (geboren 1927), »quer durch alle Systeme hindurch« gnadenhafte Anteilnahme am Erkennen Gottes; der begegnet im Glauben »eher der Wahrheit eines überzeitlichen Geistes als dem Zeugnis vom geschichtlich handelnden Gott«[110].

Als sogenannte *fiducia*, das heißt als bedingungslos vertrauende Hingabe an den – auch und gerade in seinem Zorn und seiner Gnade – unbegreiflichen Gott, definierte Luther im Reformationszeitalter den Glauben. »Darum ist der Glaube eine solche Erkenntnis: ob es wohl ganz und gar finster und dunkel ist und gar nichts sieht, ist er dennoch des gewiss und sieht, dass er Christentum in solchem Dunkel und Finsternis wahrhaftig ergreift und hat.«[111] Damit gab er der »existenziellen« Seite des Glaubens vor der »objektiven« Seite des Glaubens Priorität.

Das Konzil von Trient sollte im Großen und Ganzen Luther überraschenderweise bestätigen, lehnte gleichwohl Luthers Gleichsetzung von Glaube und Rechtfertigung ab. Den Katholiken kam dies als eine einseitige Verabsolutierung des Glaubens vor, wie sie in Luthers berühmter Sola-fide-Formel (= »allein aus Glauben«) zum Ausdruck kommt. Sie pochten desgleichen auf die Wichtigkeit der guten Werke beziehungsweise Taten des Menschen zu seiner Rechtfertigung vor Gott.

Seit der Aufklärung, der Säkularisation und dem Siegeszug der Naturwissenschaften stellte sich die bereits im Mittelalter aufgeworfene Frage, wie sich denn der Glaube vernünftig rechtfertigen lasse, immer wieder neu. Daran hat sich bis heute nichts geändert. Albert Einstein (1879 – 1955) bemerkte hierzu: »Ein religiöser Mensch ist also in dem Sinne fromm, dass er keinen Zweifel hegt an der Bedeutung und Erhabenheit jener überpersönlichen Gegenstände und Ziele, welche einer rationalen Begründung weder fähig noch bedürftig sind. Sie existieren für ihn mit derselben Notwendigkeit und Selbstverständlichkeit wie er selber.«[112]

In seiner *Einführung ins Christentum* hält Josef Ratzinger – alias Papst Benedikt XVI. (geboren 1927) – fest, dass sich religiöser Glaube und naturwissenschaftliches Denken auf zwei verschiedenen Ebenen befänden, wobei der Glaube zum Bereich jener Grundentscheidungen gehöre, zu denen jeder Mensch Stellung beziehen müsse, und zwar ohne darüber letzte Gewissheit zu haben. Die »Vernunft« des Glaubens komme nicht aus Einzelbereichen menschlichen Selbstverständnisses beziehungsweise von Einzelwissenschaften. Glaube »bedeutet unsere Existenz als Antwort verstehen auf das Wort, den Logos, der alle Dinge trägt und hält. Er bedeutet das Jasagen dazu, dass der Sinn, den wir nicht machen, sondern nur empfangen können, uns schon geschenkt ist, so dass wir ihn nur zu nehmen und uns ihm anzuvertrauen brauchen. Dementsprechend ist christlicher Glaube die Option dafür, dass das Empfangen dem Menschen vorangeht ... Glaube ... bedeutet die Option dafür, dass das Nichtzusehende wirklicher ist als das Sehende. Er ist das Bekenntnis zum Primat des Unsichtbaren als des eigentlich Wirklichen, das uns trägt und daher ermächtigt, mit gelöster Gelassenheit uns dem Sichtbaren zu stellen – in der Verantwortung vor dem Unsichtbaren als dem wahren Grund aller Dinge.«[113]

Trotzdem verspüren spätestens seit Beginn der 1980er-Jahre viele Menschen ein wachsendes Bedürfnis, einen unmittelbaren authentischen Zugang zum Göttlichen zu finden, vor allem: *zu erleben*. Man wünscht sich diesen »Weg« im Sinne einer individuellen, ganzheitlichen religiösen Lebenspraxis. An einmal offenbarte, heute sprachlich fremd und abstrakt wirkende, sogenannte göttliche Wahrheiten – etwa in Form des Katechismus – zu *glauben*, vermag den spirituellen Hunger kaum noch zu stillen. Stattdessen wollen Glaubenswahrheiten auf dem Weg eigener Erfahrung überprüft werden, steht die »Erfahrbarkeit des Geglaubten« (Klaus Bambauer) im Vordergrund. Und so überrascht es nicht, wenn die christliche Mystik eine neue Renaissance erlebt. Denn nicht nur die spirituelle Überlieferung des Ostens ist reich an Wegen der Kontemplation. Auch die christliche Tradition kennt eine reiche Fülle von Anleitungen für ein spirituelles Leben, das Kontemplation und aktive Lebensgestaltung verbindet und so auch das Glaubenleben bereichert.

33. Was versteht man unter Selbst-, Nächsten- und Feindesliebe?

»Die Selbstliebe ist ein natürliches Gefühl, die jedes Tier dazu antreibt, über seine eigene Erhaltung zu wachen, und das, soweit es im Menschen von der Vernunft geleitet und vom Mitleid abgewandelt wird, die Menschlichkeit und die Tugend hervorbringt.«[114] Jean-Jacques Rousseaus (1712 – 1778) positive Bewertung der Selbstliebe, in der er einen durchaus lebensförderlichen Instinkt erkennt, wird von der modernen Psychologie bis heute durchgängig gestützt. Solange die Selbstliebe sich von krankhaftem Narzissmus und arroganter Überheblichkeit abgrenzt, stellt sie sogar die Grundlage dafür dar, dass der Mensch überhaupt andere Menschen lieben kann. Denn wer sich selbst nicht annimmt, wer keine Selbstachtung, kein Selbstvertrauen und damit auch keinen Selbstwert besitzt, wer sich gar selbst hasst, der vermag auch andere Menschen nicht zu lieben. Erst die Bejahung der eigenen Existenz – mit all ihren Fehlern und Unzulänglichkeiten – kann zur Bejahung des Nächsten und damit zur Nächstenliebe führen. Interessanterweise blockiert indes die Selbst*sucht* den Menschen in beide Richtungen: »Es stimmt zwar«, bemerkt der Psychoanalytiker Erich Fromm (1900 – 1980), »dass selbstsüchtige Menschen unfähig sind, andere zu lieben, aber sie sind auch nicht fähig, sich selbst zu lieben.«[115]

Doch so neu diese anthropologisch-psychologischen Erkenntnisse auch zu sein scheinen, das ausdrückliche Gebot zur Selbstliebe finden wir – eng an das Gebot zur Nächstenliebe gekoppelt – bereits in der Bibel, und zwar gleich in beiden Testamenten. Im Buch *Levitikus* des Alten Testaments lesen wir: »Du sollst deinen Nächsten lieben wie dich selbst. Ich bin der Herr.« (Lev 19,18). Ein »Doppelgebot der Liebe« also, das Jesus – den Evangelisten Markus (Mk 12,31) und Lukas (Lk 10,27) zufolge – wortwörtlich aufgreift. Das Gebot der Nächstenliebe ist also nicht – wie irrtümlicherweise oft angenommen – ein urchristlicher, sondern ein urjüdischer Gedanke!

Und da wir gerade von Irrtümern sprechen, wollen wir einen weiteren ausräumen. Denn das Gebot »Liebe deinen Nächsten wie dich selbst« wurde allzu häufig falsch interpretiert, und zwar dahingehend, dass man den Wert des anderen höher als seinen eigenen Wert setzt, um einem vermeintlich unstatthaften Egoismus entgegenzuwirken. Dabei ist es mittlerweile eine Binsenweisheit, dass man anderen nur schlecht helfen kann, wenn man sich selbst zu stark vernachlässigt. Dass dieses Bibelwort jedoch ganz anders gemeint ist, zeigen unter anderem die modernen deutschjüdischen

Theologen Martin Buber (1878 – 1965) und Franz Rosenzweig (1886 – 1929). Ihre Übersetzung dieser zentralen Bibelstelle lautet: »Liebe deinen Nächsten, denn er ist wie du.« Es geht als gerade nicht darum, Nächsten- und Selbstliebe gleichsam gegeneinander auszuspielen, sondern beide in eine gesunde Balance zu bringen, vor allem aber sich selbst – empathisch – in die Situation eines anderen hineinversetzen zu können.

Doch wer ist für einen Christen »der Nächste«? Genau diese Frage wird Jesus von einem Gesetzesgeber (= Schriftgelehrter, Anm. d. V.) gestellt. Worauf Jesus mit einem Gleichnis antwortet: »Ein Mann ging von Jerusalem nach Jericho hinab und wurde von Räubern überfallen. Sie plünderten ihn aus und schlugen ihn nieder; dann gingen sie weg und ließen ihn halbtot liegen. Zufällig kam ein Priester denselben Weg herab; er sah ihn und ging weiter. Auch ein Levit (= Tempeldiener, Anm. d. V.) kam zu der Stelle; er sah ihn und ging weiter. Dann kam ein Mann aus Samarien (= ein Angehöriger eines mit den Juden verfeindeten Volkes, Anm. d. V.), der auf der Reise war. Als er ihn sah, hatte er Mitleid, ging zu ihm, goss Öl und Wein auf seine Wunden und verband sie. Dann hob er ihn auf sein Reittier, brachte ihn zu einer Herberge und sorgte für ihn. Am andern Morgen holte er zwei Denare hervor, gab sie dem Wirt und sagte: Sorge für ihn, und wenn du mehr für ihn brauchst, werde ich es dir bezahlen, wenn ich wiederkomme.« (Lk 10,30 – 35) Auf die Frage Jesu an den Gesetzesgeber, wer von den dreien sich als Nächster erwiesen hätte, antwortete der Gesetzesgeber: »Der, der barmherzig an ihm gehandelt hat.« Da sprach Jesus zu ihm: »Dann geh und handle genauso!« (Lk 10,37)

Dem Gleichnis vom barmherzigen Samariter zufolge bezieht sich die Nächstenliebe mithin auf jene Menschen, die einem jeweils konkret als Nächste begegnen. Sie umfasst alle Menschen ohne jede Einschränkung, sollte es zumindest tun ... Denn wie realistisch ist diese Forderung, jedem Menschen, auch dem fremden, fremdesten in der Not zu helfen? Wie oft sind wir selbst, Hand aufs Herz, gleichgültig und eiligen Schrittes an einem Bettler am Straßenrand vorbeigegangen? Haben wir es im Falle dieses Liebesgebots nicht mit einer veritablen Über-Forderung des Menschen zu tun, wie beispielsweise Sigmund Freud (1856 – 1939) mutmaßte? Der Vater der Psychoanalyse kritisierte das biblische Gebot der Nächstenliebe in seinem Essay *Das Unbehagen in der Kultur* (1929/30) als »undurchführbar« und fügte hinzu: »eine so großartige Inflation der Liebe kann nur deren Wert herabsetzen, nicht die Not beseitigen«[116].

Moderne Theologen begegnen diesem Einwand mit dem Hinweis, dass es sich bei Jesu Botschaft von der Nächstenliebe um eine »Nah-Ethik« gehandelt habe, da sie auf ein sehr enges Umfeld begrenzt gewesen sei. Daher wäre sie auch »leichter« in die Tat umzusetzen, als beispielsweise für uns Menschen im Zeitalter der Globalisierung, die wir tagtäglich durch die Medien mit weltweitem Elend »bombardiert« werden, das wir – selbst wenn wir wollten – weder ertragen noch beseitigen können und das uns obendrein abstumpfen lässt. Wir hätten es heute vielmehr mit einer »Fern-Ethik« zu tun, der wir jedoch kaum wirklich gerecht werden könnten. Trotzdem fordere uns die Geschichte vom barmherzigen Samariter, so die Theologen, dazu auf, mit allen Menschen, auch den Fernsten, Mitleid zu empfinden und ihnen – soweit es unsere Kräfte und Möglichkeiten eben erlauben – in ihrer Not zu helfen.

Der jüdische Philosoph Hans Jonas (1903 – 1993) geht in seinem Hauptwerk *Das Prinzip Verantwortung* aus dem Jahre 1979 noch einen Schritt weiter. Aufgrund des technischen Fortschritts, der ökologischen Krise dürfe das christliche Liebesgebot nicht auf den unmittelbaren Umkreis der Handlung beschränkt bleiben, sondern müsse zu einer »Fernstenliebe« erweitert werden, die auch künftige Generationen einschließt. »Handle so, dass die Wirkungen deiner Handlung verträglich sind mit der Permanenz echten menschlichen Lebens auf Erden.«[117], lautet in diesem Sinne sein ökologischer Imperativ.

Wohlwissend um das problematische Ideal einer grenzenlosen Nächstenliebe, unterscheidet die katholische Moraltheologie zwischen dem Nahen, dem Näheren und dem Nächsten. Sie verwendet das Wort »Nächster« folglich in einem superlativischen Sinne. Mit dem Nächsten sei daher derjenige gemeint, für den ich zuerst einzustehen habe. So verstanden, wären beispielsweise die eigenen Kinder die Nächsten, die Neffen und Nichten die Näheren und die fremden Kinder die Nahen. Erwachsene hätten daher zuallererst für ihre eigenen Kinder zu sorgen. Dann gegebenenfalls für ihnen nah verwandte Kinder und schließlich für fremde Kinder.

In seiner Bergpredigt überhöht und verschärft, ja radikalisiert Jesus noch das jüdische Gebot der Nächstenliebe, indem er dieses auch für den feindlichen Nächsten fordert. Im Kapitel über die *Liebe zu den Feinden* lesen wir die bis heute irritierenden Worte: »Ihr habt gehört, dass gesagt worden ist: *Du sollst deinen Nächsten lieben und deinen Feind hassen.* Ich aber sage euch: Liebt eure Feinde und betet für die, die euch verfolgen, damit ihr Söhne eures Vaters im Himmel werdet; denn er lässt seine Sonne aufgehen über Bösen und Guten, und er lässt regnen über Gerechte und Ungerechte. Wenn ihr nämlich nur die liebt, die euch lieben, welchen Lohn könnt ihr dafür erwarten? Tun das nicht auch die Zöllner? Und wenn ihr nur eure Brüder grüßt, was tut ihr damit Besonderes? Tun das nicht auch die Heiden? Ihr sollt also vollkommen sein, wie es auch euer himmlischer Vater ist.« (Mt 5,43 – 48)

Für Jesus ist Feindesliebe angewandte Nächstenliebe gegenüber vermeintlichen »Feinden«. Er selbst lebte diese konsequent bis in den Tod am Kreuz hinein. Der Apostel Paulus verstand Jesu Gebot als Verzicht auf Rache und Gegengewalt, die rasch in eine tödliche Gewaltspirale führen können. Ihm zufolge entsprach die Feindesliebe dem, was Gott durch Jesus Christus zuerst für seine Feinde – die gottlosen Menschen – getan hat. Seit der Konstantinischen Wende reduzierten und relativierten Theologen indes die Feindesliebe zu einem unerreichbaren Vollkommenheitsideal. Feindesliebe wurde oft auf Sündenvergebung beziehungsweise auf eine kirchliche Gnadengabe beschränkt.

Heutige Theologen sehen in Jesu Gebot der Feindesliebe eine praktische Anleitung zu einem gewaltsamen »Entfeinden« in einer Situation der Unterdrückung, ein aktives, gewaltfreies Widerstehen von Machtlosen mit dem Ziel, Unrecht zum Bewusstsein zu bringen und zu überwinden.[118]

Wie Nächsten- und Feindesliebe zusammenhängen, versteht man jedoch erst vor dem Hintergrund ihrer untrennbaren Einheit mit der Gottesliebe. Jesus selbst verbindet das Gebot der Nächsten- und damit der Feindesliebe mit dem Gebot der Gottesliebe. So antwortet Jesus auf die Frage eines Schriftgelehrten nach dem wichtigsten Gebot: »Das erste ist: *Höre, Israel, der Herr, unser Gott, ist der einzige Herr. Darum sollst du den Herrn, deinen Gott, lieben mit ganzem Herzen und ganzer Seele, mit all deinen Gedanken und all deiner Kraft.* Als zweites kommt hinzu: *Du sollst deinen Nächsten lieben wie dich selbst.* Kein anderes Gebot ist größer als diese beiden.« (Mk 12,28 – 31) Und weil Gottes Liebe allen Menschen, auch den Sündern und damit den »Feinden«, gilt (Röm 5.10), sollen auch wir unsere Nächsten lieben. Die Nächstenliebe wird dergestalt zum Mit- und Nachvollzug der Liebe Gottes. Man liebt Gott im Nächsten beziehungsweise den Nächsten »um Gottes willen«. Dass die Nächstenliebe auch den Feind umschließt, hat nicht zuletzt Jesus mit seiner liebenden Selbsthingabe in seinem Kreuzestod zum Ausdruck gebracht.

34. Was verbirgt sich hinter der »Rechtfertigungslehre«?

»Die Menschen müssen sich so verhalten, dass sie sich nicht zu rechtfertigen brauchen, denn eine Rechtfertigung setzt immer einen Fehler oder die Vermutung eines Fehlers voraus.«[119] Niccolò Machiavellis (1469 – 1527) in einem Brief an den sogenannten *Rat der Zehn* formulierte Lebensmaxime mag zwar macht- und gesellschaftspolitisch durchaus clever und raffiniert sein – der italienische Staatsphilosoph und Schöpfer des *Principe* war ja bekanntlich ein Meister seines Fachs –, aber ist sie auch wirklich realisierbar? Und wenn ja, um welchen moralischen Preis? Denn ein Mensch, der sich niemals vor anderen zu rechtfertigen, der niemals auch nur eine Verfehlung einzugestehen und um Verzeihung, um Vergebung und Lossprechung zu bitten hätte, wäre entweder ein veritabler Heuchler und Lügner oder ein Gott – und damit kein Mensch mehr.

Die unbestreitbare Tatsache, dass der Mensch unvollkommen ist, dass er – selbst wenn er sich noch so sehr um die korrekte Einhaltung von (moralischen) Gesetzen bemüht – Fehler begeht, dass er mit einem anderen, aus der Mode gekommenen Wort ein »Sünder« ist und immerfort Schuld auf sich lädt, gab bereits in der Bibel Anlass zur Frage, wie er denn überhaupt vor Gott bestehen könne, wie dieser ihn wieder »recht« beziehungsweise »gerecht« machen könne. Geschieht diese *justificatio*, diese Rechtfertigung, allein aufgrund geschenkter göttlicher Gnade oder (auch) aufgrund – möglichst vieler – guter Werke und Taten des Menschen? Anders, zeitgemäßer gefragt: Hängen Wert und Würde eines Menschen von seinen erbrachten »Leistungen« ab?

Zu den Ersten, die sich dieses theologischen Problems annahmen, gehört der Apostel Paulus. Er entwickelte seine Rechtfertigungslehre vor allem in der Auseinandersetzung mit der jüdischen Frömmigkeit der Pharisäer, das heißt mit jener streng nach den alttestamentlichen Gesetzen lebenden Religionspartei, die unbedingte Gesetzestreue im Glauben an die Auferstehung und die jenseitige Vergeltung sowie in der Hoffnung auf das Kommen des Messias forderten. Denn ihnen warf Paulus vor, davon auszugehen, dass bereits die strikte Einhaltung der Bestimmungen des Gesetzes aus den *Fünf Büchern Mose* den sündigen Menschen vor Gott rechtfertigen würde. Dagegen vertrat Paulus die Ansicht, dass nur das Geschenk der Gnade Gottes und der Glaube des Menschen an Christus diesen zu rechtfertigen vermögen. Gott verwirft den Sünder nicht, sondern nimmt diesen aus reiner Gnade – ohne jede menschliche Vorleistung – um Christi willen in seine Gemeinschaft auf.

Sehen wir uns Paulus' Argumentation näher an. Wir beschränken uns hier auf seinen Brief an die Römer: Gott hat in Christus zu unserem Heil ein für allemal gehandelt und seine Gerechtigkeit erwiesen: »Ohne es verdient zu haben, werden sie gerecht, dank seiner Gnade, durch die Erlösung in Christus Jesus … So erweist Gott seine Gerechtigkeit durch die Vergebung der Sünden … Er erweist seine Gerechtigkeit in der gegenwärtigen Zeit, um zu zeigen, dass er gerecht ist und der gerecht macht, der an Jesus glaubt.« (Röm 3,24f)

Diese Gerechtigkeit gilt nach Paulus, der sich auf das Beispiel Abrahams beruft, sogar jedem Menschen, selbst dem Sünder und Gottlosen, und obendrein bedingungslos: »*Abraham glaubte Gott, und das wurde ihm als Gerechtigkeit angerechnet.* Dem, der Werke tut, werden diese nicht aus Gnade angerechnet, sondern er bekommt den Lohn, der ihm zusteht. Dem aber, der keine Werke tut, sondern an den glaubt, der den Gottlosen gerecht macht, dem wird sein Glaube als Gerechtigkeit angerechnet.« (Röm 4,2f)

Paulus betont des Weiteren, dass allein der Glaube, das rückhaltlose Vertrauen seitens des Menschen zählt – und nicht die Gesetzeswerke: »Denn wir sind der Überzeugung, dass der Mensch gerecht wird durch den Glauben, unabhängig von Werken des Gesetzes.« (Röm 3,28) Es ist somit keinesfalls übertrieben zu sagen, dass Paulus in der Rechtfertigung die Summe des Evangeliums, der Frohbotschaft Jesu Christi erkennt.

Theologen haben bemerkt, dass die Rechtfertigungslehre in der Geschichte des Glaubens immer dann eine besondere Rolle gespielt hat, wenn sich die Kirche in einer Krise befand. So etwa in der folgenschweren Auseinandersetzung um den Primat der Gnade zwischen dem Kirchenvater Aurelius Augustinus (354 – 430) und dem von ihm selbst zum Häretiker erklärten britischen Mönch Pelagius (370 bis nach 418). Letzterer bestritt nämlich die Erbsündenlehre und betonte – wohl auch aus Sorge, die paulinische Rechtfertigungslehre würde der Trägheit und Gleichgültigkeit gegenüber den Herausforderungen der Ethik Jesu Vorschub leisten, den von Gott gegebenen freien und damit heilsnotwendigen Willen des Menschen zum Guten. Demgegenüber attestierte Augustinus dem Menschen eine grundlegende Unfähigkeit zum Tun des Guten, die er in der berühmten Formel *non posse non peccare* zum Ausdruck brachte: Der Mensch könne »nicht nichtsündigen«! Jegliche menschliche Mitwirkung am Heilserwerb sei daher kategorisch abzulehnen.

Eine vermittelnde Position zwischen Augustinus und Pelagius vertraten die sogenannten *Semipelagianer*, indem sie ein Mitwirken des menschlichen Willens neben der göttlichen Gnade beim Heilsprozess annahmen. Doch auch ihre Lehre sollte letzten Endes auf dem Konzil von Orange 529 verworfen werden.

In den folgenden Jahrhunderten betonte die katholische Kirche jedoch immer stärker die Notwendigkeit von guten Werken des Menschen: durch die Erfüllung von Beichtauflagen, durch Frömmigkeitsübungen, durch Taten der Liebe, aber auch durch Reliquienverehrung oder Messen. Und das Beste, jedenfalls das Bequemste: Gegen verbriefte Geldspenden an die Kirche konnte man sich von seinen Sünden sogar regelrecht »freikaufen« und entging dergestalt der »gerechten« Strafe Gottes. Es waren nicht zuletzt diese grotesken Auswüchse des Ablasshandels, die Martin Luther (1483 – 1546) dazu bewogen haben, die Rechtfertigungslehre wieder ins Zentrum der (seiner) Theologie zu stellen, und zwar unter ausdrücklicher Berufung auf Paulus. Denn bei der Lektüre des Römerbriefes erkannte Luther, dass die Rechtfertigung »allein aus Glaube, allein aus Gnade« *(sola fide, sola gratia)* erfolge und sie ganz und gar auf Seiten Gottes – und gerade nicht auf der des Menschen – zu verorten sei. In den guten Werken sah Luther hingegen nur die Früchte des Glaubens. Die Rechtfertigungslehre avancierte jedoch nicht nur zum zentralen Bekenntnis der Reformation, zum »Artikel, mit dem die Kirche steht und fällt«, sie trug auch entscheidend zur Spaltung der Kirche bei.

Eine extreme Gegenposition zur lutherischen Auffassung vertrat der französisch-schweizerische Reformator Johannes Calvin (1509 – 1564). Dieser wollte gemäß seiner – in der *Institutio Christianae Religiones,* einer kurzen Zusammenfassung der evangelischen Lehre – entwickelten Prädestinationslehre im sichtbaren, materiellen (Arbeits-)Erfolg des Menschen bereits eine vermeintliche Auserwähltheit und damit zugleich eine Rechtfertigung erkennen. Calvin wurde dadurch zu einem wirkungsmächtigen theoretischen Vorreiter für die Wirtschafts- und Gesellschaftsordnung des westlichen, vor allem nordamerikanischen (Turbo-)Kapitalismus und Puritanismus: Wer rastlos schuftet (und Erfolg hat), ist dem Himmel ganz nah! Das Heil ist machbar! Ein geistesgeschichtlicher Zusammenhang, den Max Weber (1864 – 1920), der Begründer der Soziologie, in seiner berühmten Schrift *Die protestantische Ethik und der Geist des Kapitalismus* (1904/05) analysiert hat.

In Abgrenzung zu Luther vertrat sodann das Konzil von Trient in der Mitte des 16. Jahrhunderts die Ansicht, dass neben dem begnadenden Handeln Gottes am sündigen Menschen zumindest auch die Mitwirkung des Menschen bei seiner Rechtfertigung Berücksichtigung finden müsse. Insofern wirke der Mensch an der »Vorbereitung« seiner Rechtfertigung mit. Das Tridentinum warf Luther vor, seine Rechtfertigung sei lediglich eine Gerecht*sprechung* ohne Konsequenzen, jedoch keine Gerecht*machung.*

Obgleich auch die Katholiken die Rechtfertigungslehre kennen, räumen sie ihr insgesamt keinen so einzigartigen Stellenwert ein. Denn sie verstehen die Rechtfertigung eher als eine *gratia habitualis*, eine »einwohnende Gnade« (Gottes), die Gott dem Menschen durch das Sakrament der Taufe eingibt, damit er mit ihrer Hilfe gute Werke vollbringen und sich die Mehrung der Gnade und der ewigen Seligkeit verdienen kann. Ein Gegensatz, der in der nachreformatorischen Zeit noch verschärft und zu einem »konfessionspolitischen Kampfbegriff« (Friedrich Wilhelm Graf) werden sollte.

Erst im Zuge des ökumenischen Dialogs kam es in der zweiten Hälfte des 20. Jahrhunderts zu einer Annäherung der römisch-katholischen und der evangelisch-lutherischen Positionen, die ihren bisherigen Höhepunkt in einer *Gemeinsamen Erklärung zur Rechtfertigungslehre* am 31. Oktober 1999 (dem Reformationstag) in Augsburg fanden. Darin heißt es unter anderem: »Wir bekennen gemeinsam, dass der Mensch im Blick auf sein Heil völlig auf die rettende Gnade Gottes angewiesen ist. Die Freiheit, die er gegenüber den Menschen und den Dingen der Welt besitzt, ist keine Freiheit auf sein Heil hin. Das heißt, als Sünder steht er unter dem Gericht Gottes und ist unfähig, sich von sich aus Gott um Rettung zuzuwenden. Rechtfertigung geschieht allein aus Gnade.«[120] Trotzdem üben bis heute sowohl evangelisch-lutherische wie römisch-katholische Theologen zum Teil heftige Kritik an dieser Erklärung, ist diese Debatte noch lange nicht beendet.

35. Was kommt mit unserem persönlichen Tod auf uns zu?

So tiefgründig das zweite Gebot des Dekalogs – »Du sollst dir kein Gottesbildnis machen ...!« – auch sein mag, Juden wie Christen scherten sich jahrtausendelang herzlich wenig darum. Zuvorderst die bildenden Künstler, denen selbstredend gar nichts anderes übrig blieb. Entgegen allen ikonoklastischen Tendenzen, einzig ihrem instinktiven Ausdruckszwang folgend, durchbrachen Maler und Bildhauer zur Befriedigung (fast) aller unzählige Male das Dogma: Gottvater mit wallendem weißen Bart auf dem Wolkenthron ...

Aber auch im Hinblick auf ein nicht minder großes Mysterium, nämlich den Tod, konnte der unbändige Bilderhunger der Menschen zu keiner Zeit richtig gestillt werden: der aufs Skelett reduzierte, zum letzten Reigen aufspielende Sensenmann, Freund Hain, der jungen Frau unter den Rock greifend, Madame La Mort in lasziver Pose und so weiter und so fort. Am überzeugendsten erscheinen allerdings jene künstlerischen Annäherungen an das Numinose, die es nicht einseitig zu fixieren suchen, es vielmehr in der Schwebe belassen, das heißt das alttestamentliche Bilderverbot zugleich zu unterlaufen und zu wahren verstehen. Unter ihnen findet sich eine steinerne Figur vom *Cimitero della Misericordia* in Livorno – sinnigerweise das Werk eines Anonymus: eine unheimliche, wenngleich überaus vielschichtige Todesdarstellung. Die Grabskulptur zeigt einen bis zur Unkenntlichkeit vermummten, gespensterhaft wirkenden Todesengel mit kopfüber gefalteten Flügeln, zu dessen Aufgaben offenbar unbedingte Geheimhaltung gehört. Selbst das Gesicht wird mit Ausnahme zweier Sehschlitze von einer Kapuze verdeckt, die rüsselartig auf die Brust herunterfällt. Virtuos wird hier das *mysterium tremendum*, das schauervolle Geheimnis des Todes, seine ganze Mehrdeutigkeit, mithilfe einer ständig changierenden Gestalt in Szene gesetzt und auf die Spitze getrieben: der Tod als garstiges Rieseninsekt – der Tod als süße Erlösung bringender Seraphim: paradoxer Zusammenfall der Gegensätze beim allerletzten Stundenschlag …?

Doch welches Gesicht wir Menschen, die als einzige Lebewesen um ihre eigene Sterblichkeit wissen, dem Tod letzten Endes auch geben – vom Grauenvollsten, Skandalösesten bis hin zum denkbar Friedvollsten, Glückseligsten –, eines steht fraglos fest: Für die meisten Religionen der Welt hat der Tod nicht das letzte Wort, sondern stellt vielmehr das Tor zu einem neuen Seinszustand, einer transzendenten Welt dar. Dies gilt sowohl für das Juden- als auch für das Christentum, obgleich die Aussagen der Bibel zum Tod sehr unterschiedlich, zum Teil widersprüchlich ausfallen.

Werfen wir zunächst einen Blick auf das Alte Testament. Dem Israeliten stellte sich der Tod zunächst als etwas Normales, Natürliches, zum Leben selbstverständlich Dazugehörendes dar, nämlich als Ausdruck dafür, dass der Mensch ein Geschöpf Gottes und damit endlich ist. Macht über seine Lebensspanne hat nicht der Einzelne, sondern Jahwe allein. Laut des biblischen Schöpfungsberichtes erweckt Gott den von ihm erschaffenen Menschen durch seinen, den Schöpfergeist symbolisierenden, »Atem« zum Leben. Beim letzten Seufzer löst sich diese Lebenskraft des Menschen auf und übrig bleibt von ihm dann nur noch eine Art Schatten. Dieser muss – ungeachtet der erworbenen Verdienste des Menschen zu Lebzeiten – im Totenreich (hebräisch *Scheol*) ein mehr oder weniger trostloses, aller Aktivitäten, aller Kraft und Vitalität entbundenes Dasein führen. Auch wenn es an diesem finsteren Ort, diesem »Land ohne Rückkehr«, diesem »Land des Vergessens« weder Leid noch Klage gibt, so gibt es aber auch kein Glück und keine Hoffnung! Es heißt, das Beste, was man dort finden könne, sei Ruhe.

Wenn die Israeliten den Tod fürchteten, dann vor allem aber aus einem Grund: Sie gingen davon aus, dass durch den Tod zugleich die Verbindung zu und der Dialog mit ihrem Gott abreißen würde, die Toten Jahwe nicht einmal mehr preisen und loben könnten. Ein hohes Alter zu erreichen, galt den Israeliten daher als greifbarer Beweis für die Gunst Gottes, für seine Milde. Ein Auferstehungsglaube war den Israeliten jedoch lange Zeit fremd.

Unter dem Einfluss der griechischen (dualistisch geprägten) Philosophie kam es dann mit der Entstehung des *Weisheitsbuches*, dessen Worte ein unbekannter Verfasser dem Salomo in den Mund gelegt hat, im Laufe des 1. Jahrhunderts v. Chr. zu einer neuen Sichtweise des Todes. Wie vormals bei Platon (427 – 347), gilt der Mensch von nun an als ein Zusammengesetztes, bestehend aus einem stofflich-materiellen (Körper) und einem unstofflich-geistigen (Seele) Prinzip. Im Tod trennt sich die unsterbliche Seele, die das »Eigentliche« am Menschen ausmacht, von ihrem sterblichen Leib, befreit sich gleichsam aus ihrem Kerker, und gelangt wieder in ihre selige Heimat, wo sie den bereits verstorbenen Gerechten begegnet: »Die Seelen der Gerechten sind in Gottes Hand, und keine Qual kann sie berühren. In den Augen der Toren sind sie gestorben, ihr Heimgang gilt als Unglück, ihr Scheiden von uns als Vernichtung; sie aber sind in Frieden. In den Augen der Menschen wurden sie gestraft; doch ihre Hoffnung ist voll Unsterblichkeit.« (Weish 3,1 – 4)

Diese unterschiedlichen Auffassungen des Alten Testaments werden auch vom Neuen Testament übernommen und weitergeführt. Denn zum einen ist das Prinzip des Lebens immer noch ein von Gott geschenkter Geist, der im Sterben wieder zurückgegeben wird – »er, der allen das Leben, den Atem und alles gibt« (Apg 17,25) –, zum anderen wirkt das griechisch-dualistische Menschenbild, das dem vergänglichen Körper eine unsterbliche Seele gegenüberstellt, weiter fort: »Fürchtet Euch nicht vor denen, die den Leib töten, die Seele aber nicht töten können ...« (Mt 10,28)

Mit Paulus kommt allerdings eine neue Deutung des Todes ins Spiel. Der Apostel greift dabei auf die alttestamentliche Geschichte von der Vertreibung aus dem Paradies zurück, nach der der Tod infolge des ersten Sünderfalls, der menschlichen Neigung zum Bösen, über die Menschheit hereinbrach und seither von Generation zu Generation, via »Erbsünde«, weitergegeben wird. Denn ursprünglich lebte der Mensch in harmonischer Gemeinschaft mit Gott. Von diesem Fluch wurden die Menschen – so Paulus – erst mit dem Erscheinen Jesu Christi erlöst, der am Kreuz die Strafe für alle Sünder auf sich genommen und mit seiner Auferstehung den Tod endgültig überwunden hat. »Denn wie in Adam alle sterben, so werden in Christus alle lebendig gemacht werden.« (1 Kor 15,22)

In Übereinstimmung mit einem Teil der Pharisäer lehrt Paulus auch die kommende »leibliche« Auferstehung aller Toten zum Endgericht. Eine Auferstehung, die mit Jesus Christus bereits begonnen habe und die durch ihn verbürgt sei: »Denn der Herr selbst wird vom Himmel herabkommen, wenn der Befehl ergeht, der Erzengel ruft und die Posaune Gottes erschallt ... Dann werden wir immer beim Herrn sein. Tröstet also einander mit diesen Worten!« (1 Thess 4,16f)

Wie wir uns die Auferstehung, bei der sich die Seele des Menschen wieder mit ihrem Leib vereinigen, das heißt der Mensch als Ganzer auferstehen wird, konkret vorstellen können, darüber macht Paulus – wie das Neue Testament insgesamt – nur dunkle, sehr zurückhaltende Andeutungen, die, wenn auch absichtslos, selbstredend Raum für Spekulationen verschiedenster Art bieten. Offenbar handelt es sich bei diesem »Leib« jedoch um einen überirdischen, denn: »Gesät wird ein irdischer Leib, auferweckt ein überirdischer Leib.« (1 Kor 15,44)

Offen bleibt auch, wie sich dieses die Menschheitsgeschichte beendende Universalgericht mit der ebenfalls im Neuen Testament zu findenden Vorstellung eines individuellen Partikulargerichts unmittelbar beim Tode des Einzelnen vereinbaren lässt. Nach römisch-katholischer Lehre wartet auf viele Seelen nach ihrem irdischen Tod zunächst das sogenannte Purgatorium (lateinisch = »Reinigungsort«) oder Fegefeuer (von »fegen« = reinigen), eine Art »Zwischenzustand«, der den Menschen die Chance zur Läuterung bietet, bevor sie endgültig in das Himmelreich eingehen dürfen und Gott von Angesicht zu Angesicht begegnen, ihn schauen werden.

36. Wer kommt in die Hölle, wer ins Fegefeuer und wer in den Himmel?

Um besser verstehen zu können, was Christen im Laufe der Jahrhunderte mit »Hölle«, »Fegefeuer« und »Himmel« meinten und warum Verstorbene für einen dieser jenseitigen Bereiche bestimmt sein sollen, ist ein Blick auf das Alte Testament erhellend. Die Israeliten kannten zunächst noch keine höllengleiche Stätte der Vergeltung für begangene Untaten, sondern nur eine Unterwelt: ein einziges Totenreich mit dem hebräischen Namen *Scheol*, dessen Wortwurzel soviel wie »öde liegen, verwüstet sein« bedeutet. In dieser gleichsam »klassenlosen Gesellschaft« fanden die Schatten sämtlicher Verstorbenen – Könige wie Sklaven, Alte wie Junge – eine mehr oder weniger trostlose Bleibe fern von Gott, und zwar völlig unabhängig von ihrem moralischen Wandel auf Erden. Denn dort gibt es »weder Tun noch Rechnen noch Können noch Wissen« (Koh 9,10).

Vor allem unter dem Einfluss persischer Vorstellungen von der Auferstehung der Toten kam es im Spätjudentum jedoch zu einer Unterscheidung zwischen »guten« und »bösen Toten« – und infolgedessen zu einer Teilung des Totenreiches in zwei unüberbrückbare Sphären: eine für die Gerechten, eine andere für die

Ungerechten. Hinzu kam die Idee eines (Höllen-)Ortes zur ewigen Bestrafung der Sünder nach dem Letzten Gericht am Ende der Zeiten, dem man die Bezeichnung *Gehenna* gab. Diese »Talschlucht (der Söhne) von Hinnom«, so die wörtliche Übersetzung, nannte man nach einer südlich von Jerusalem gelegenen Stätte, wo bis in die Zeit des babylonischen Exils dem Ammoniter-Gott Moloch bei Kulthandlungen Kinderopfer dargebracht wurden.

Den beiden geschilderten alttestamentlichen Traditionen Scheol/Gehenna begegnen wir auch im Neuen Testament wieder, wobei jedoch die Gehenna-Vorstellung dominiert. Letztere wird fortan zum eschatologischen Strafort für die Sünder par excellence, aber auch für die Unbekehrten, das heißt für all jene, die sich gegen Gottes Heilsangebot in Gestalt Jesu Christi entschieden oder Todsünden begangen haben, sowie für den Teufel und seine Gehilfen. Dort brennt ein unauslöschliches Feuer, macht sich paradoxerweise aber zugleich undurchdringliche »Finsternis« breit, wie wir sie aus der Scheol her kennen. Und dort werden die dem Untergang Geweihten nach dem Jüngsten Gericht in ewiger Qual und Pein »heulen und mit den Zähnen knirschen« (Mt 8,12), denn ihr »Ende ist die Verdammnis« (Phil 3,18 – 20). Auch Jesus selbst nennt den eschatologischen Strafort für die Sünder Gehenna, spricht vielerorts von der »Hölle« (Mt 5,22) oder vom »nie erlöschende(n) Feuer« (Mk 9,43).

Trotzdem stoßen wir im Neuen Testament parallel dazu auf die Vorstellung, dass diese Gehenna bereits ein zwischenzeitlicher Strafort sei, wohin der Sünder unmittelbar nach dem Tode kommt. So beispielsweise in der Geschichte vom reichen Mann und vom armen Lazarus: »Als nun der Arme starb, wurde er von den Engeln in Abrahams Schoß getragen. Auch der Reiche starb und wurde begraben. In der Unterwelt, wo er qualvolle Schmerzen litt, blickte er auf und sah von weitem Abraham, und Lazarus in seinem Schoß. Da rief er: Vater Abraham, hab Erbarmen mit mir, und schick Lazarus zu mir; er soll wenigstens die Spitze seines Fingers ins Wasser tauchen und mir die Zunge kühlen, denn ich leide große Qual in diesem Feuer.« (Lk 16,22 – 24)

Bemerkenswerterweise werden aber Art und Ort der endgültigen Bestrafung der Sünder vom Neuen Testament nicht näher geschildert. Auch die *Offenbarung des Johannes* belässt es bei eher kargen Andeutungen wie dem »Feuer- und Schwefelsee«, in dem alles Böse untergeht, oder dem »zweiten Tod«, den der Sünder stirbt.

Dass sich vor allem die Menschen des Mittelalters die Hölle detailliert auszumalen begannen – man denke nur an die bizarren Höllenvisionen von Hieronymus Bosch (um 1450 – 1516) oder Dante Alighieris (1265 – 1321) poetische Inferno-Darstellung in seiner *Göttlichen Komödie* –, liegt nicht zuletzt an apokryphen, nicht kanonisierten Schriften. An erster Stelle ist hierbei die wirkungsmächtige *Offenbarung des Petrus* zu nennen, welche die Höllenstrafen – an der zum Teil sogar die menschlichen Opfer mitwirken können (sic!) – mit geradezu sadistischer Lust und Freude beschreibt.

Nichtsdestoweniger war die Einstellung der Theologie und Kirche zur christlichen Lehre von der Hölle als dem Ort ewiger Verdammnis eine höchst ambivalente. Denn bereits unter den vielen Kirchen-, aber auch Wüstenvätern der ersten Jahrhunderte – wie Irenäus von Lyon (135 – 202), Tertullian (um 150 bis um 230) und Aurelius Augustinus (354 – 430) –, die diese Lehre aufgriffen und ausbauten, gab es einige wie Origenes (185 – 254), die eine sogenannte *Apokatastasis*, das heißt eine Allaussöhnung, eine Rückkehr ausnahmslos aller Geschöpfe zu Gott lehrten. Origenes' Lehre wurde beispielsweise von Gregor von Nyssa (um 335 bis nach 394) aufgenommen, im Jahre 553 auf dem Fünften Ökumenischen Konzil in Konstantinopel jedoch unter dem Einfluss von Kaiser Justinian I. und seinem *Liber adversus Origenem* verurteilt: »Wenn einer sagt oder meint, die Bestrafung der Dämonen und der gottlosen Menschen sei zeitlich und werde zu irgendeiner Zeit ein Ende haben oder es werde eine Wiederbringung von Dämonen oder gottlosen Menschen geben, der sei ausgeschlossen.«[121], heißt es im verabschiedeten Konzilskanon.

Und selbst die Evangelisch-Lutherische Kirche schließt sich dieser Sicht im Prinzip an. So lesen wir im XVII. Artikel des *Augsburgischen Bekenntnisses*: »Auch wird gelehrt, dass unser Herr Jesus Christus am jüngsten Tage kommen wird, zu richten, und alle Toten auferwecken, den Gläubigen und Auserwählten ewiges Leben und ewige Freude geben, die gottlosen Menschen aber und die Teufel in die Hölle und ewige Strafe verdammen. Derhalben werden die Wiedertäufer verworfen, so lehren, dass die Teufel und verdammten Menschen nicht ewige Pein und Qual haben werden.«[122]

Aber noch heute lässt sich die Schar der Theologen hinsichtlich der Lehre von der Ewigkeit der Höllenstrafen in zwei große Lager aufteilen: Auf der einen Seite die Theologen, die – oftmals gegen die offizielle Lehre ihrer Kirche – die Hölle als Ganzes ablehnen, weil diese mit einem Gottesbild, das die Barmherzigkeit und Güte Gottes betont, einfach nicht zu vereinbaren sei und obendrein Jahrhunderte lang für weltliche Zwecke (in Predigt *und* Pädagogik) instrumentalisiert und missbraucht wurde. Auf der anderen Seite Theologen wie Papst Johannes Paul II. (1920 – 2005) oder Papst Benedikt XVI. (geboren 1927), die an der traditionellen Lehre von der Hölle festhalten, auch wenn sie diese nicht mehr als einen Ort körperlicher, sinnenhafter Qualen, sondern eher als ein Abstraktum im Sinne einer absoluten, unabänderlichen »Ferne von Gott«, eines Abgeschnittenseins von seiner Liebe und Gnade betrachten – wie es bei Theologen ja spätestens seit der Zeit der Aufklärung üblich geworden ist. Vom II. Vatikanum zurückgenommen wurde auch die Erklärung des Konzils von Florenz 1442, dass niemand außerhalb der römisch-katholischen Kirche des ewigen Lebens teilhaftig werde, weder »Heiden« noch Juden noch Ungläubige noch von der Einheit mit dem Papst Getrennte, die alle dem ewigen Feuer verfallen.

Wie im Falle der Hölle hat auch die christliche Vorstellung vom Himmel ihre Wurzeln im Alten Testament. Dieses unterscheidet zwischen der kosmologischen und der theologischen Vorstellung vom Himmel (hebräisch *schamajim*, griechisch *uranos*), also zwischen dem sichtbaren Raum über der Erde als dem Ort der Sterne und Planeten sowie der unsichtbaren, transzendenten Sphäre. Eine Unterscheidung, wie sie heute noch im Englischen zum Ausdruck kommt, wenn von »sky« beziehungsweise von »heaven« die Rede ist. Mit Himmel im theologischen Sinne meinten die Israeliten die Wohnung Gottes und seiner Engel, wobei das Wohnen seine Übernatürlichkeit, Unnahbarkeit und Ferne bedeutete und das Wort Himmel auch als Synonym für Gott selbst gebraucht wurde.

In den späten Schriften des Alten Testaments trat dann die Vorstellung hinzu, dass die Gerechten ewig bei Gott »im Himmel« sein werden.

An diese Auffassung knüpft auch das Neue Testament an, wenn es davon spricht, dass die Gerechten nach dem Jüngsten Gericht am Ende der Zeiten mit Christus im Himmel sein werden, vor Gottes Thron wie die Engel stehen und dort eine ewige Wohnung haben werden: »Wir wissen: Wenn unser irdisches Zelt abgebrochen wird, dann haben wir eine Wohnung von Gott, ein nicht von Menschenhand errichtetes ewiges Haus im Himmel.« (2 Kor 5,1) Da der Himmel die Stätte der Heilsgüter ist, sollen die Christen suchen, »was droben ist« (Kol 3,1). Zudem gilt der Himmel als der glückselige, paradiesische Ort der sogenannten *visio beatifica*, der unmittelbaren immerwährenden Anschauung Gottes von Angesicht zu Angesicht, und der damit verbundenen vollkommenen Gottesliebe.

Dem Neuen Testament zufolge ist der Himmel auch die göttliche Stätte, aus der Jesus Christus herabgekommen und zu der er nach seinem Tod durch seine Auferstehung wieder zurückgekehrt ist, um zur Rechten Gottes Platz zu nehmen. Desgleichen ist der Himmel der Ort, aus dem Jesus Christus am Ende der Zeiten wiederkommen wird. Nach der *Offenbarung des Johannes* wird auch das »himmlische Jerusalem« aus dem Himmel kommen (Offb 21,10). Für Christen stellt der Himmel mithin ein theologisches Bildwort für den endgültigen Heilszustand der Menschen in ewig fortdauernder Lebensgemeinschaft mit Gott dar. Viele Christen hoffen dabei auch auf ein Wiedersehen mit geliebten Menschen, die im Tod vorausgegangen sind.

Nach katholischer Auffassung müssen die Seelen, bevor sie in den Himmel kommen, eine Phase der Reinigung durchlaufen, da sozusagen »nichts Unreines in den Himmel kommen kann«. Dies trifft auf all jene zu, die nicht ganz schuldlos aus diesem Leben geschieden sind, deren Haltung aber auch nicht so schlecht war, dass sie deswegen für immer vom ewigen Heil ausgeschlossen werden müssten. Und wiederum handelt es sich dabei um eine Vorstellung, die bereits im Alten Testament angelegt ist: »… nur der dritte Teil wird übrig bleiben. Dieses Drittel will ich ins Feuer werfen, um es zu läutern, wie man Silber läutert, um es zu prüfen, wie man Gold prüft. Sie werden meinen Namen anrufen, und ich werde sie erhören.« (Sach 13,8f) Künstler stellten die »armen Seelen« seit dem Mittelalter zwar von lodernden Flammen umfangen dar, aber stets mit zum Gebet gefalteten Händen und mit zum Himmel flehentlich emporblickenden Gesichtern. Denn im Gegensatz zu den ewig in der Hölle Schmorenden, war ihre Qual eine zeitlich begrenzte und die Erlösung gewiss.

Die Lehre vom Purgatorium wurde kirchenrechtlich seit den Konzilien von Lyon (1245, 1274) in Kraft gesetzt, bevor sie auf dem Konzil von Florenz (1439) dogmatisiert wurde. Um allzu bizarren Fantasien Einhalt zu gebieten, erklärte das Konzil von Trient 1562, dass sich die Leiden der »Armen Seelen« auf Feuerpein beschränken würden. An der Existenz des Fegefeuers hält die römisch-katholische Kirche aber bis heute fest, auch wenn das II. Vatikanische Konzil (1962 – 1965) und die Glaubenskongregation (1979) über Art und Ort der »Reinigung« keine genauen Angaben macht ...

Ein Fegefeuer wird von den protestantischen Kirchen allerdings abgelehnt, und zwar nicht zuletzt aufgrund des engen Zusammenhangs mit der Lehre vom Ablass, mithilfe dessen sich »arme Seelen« gleichsam prophylaktisch vom Purgatorium freikaufen konnten. Die Reformatoren Martin Luther (1483 – 1546), Johannes Calvin (1509 – 1564) und Ulrich Zwingli (1484 – 1531) folgen hier weitgehend den altkirchlichen Vorstellungen vom Jüngsten Tag, von Christi Wiederkehr zum Gericht (seiner *Parusie*), der allgemeinen Auferweckung der Toten und der Rettung der Seligen beziehungsweise der ewigen Verdammung der Gottlosen in der Hölle, wobei die Rechtfertigung des Einzelnen – vor allem – von seinem Glauben und der Gnade Gottes abhängt. Auch die orthodoxe Kirche kennt keinen Zwischenzustand zwischen dem irdischen und dem ewigen Leben.

Wie kam es zur Entstehung der Kirche?
Was passiert in einem Gottesdienst?
Was sind Sakramente?
Was ist ein theologisches Dogma?
Wie begründet sich das Papsttum?

V. ZUR KIRCHE

Wie begründet sich das Asketen- und Mönchtum?
Was ist christliche Mystik?
Wie wird man ein/e Märtyrer/in, ein/e Heilige/r?
Wann ist man ein/e Ketzer/in?
Warum müssen katholische Priester im Zölibat leben, gibt es keine Priesterinnen?
Was unterscheidet die katholische, orthodoxe, anglikanische und evangelische Kirche?
Wie kam es zu den kirchlichen Feiertagen?
Welche Sicht hat das Christentum auf die anderen Weltreligionen?
Wie steht die Kirche zu Staat und Politik?

37. Wie kam es zur Entstehung der Kirche?

»Jesus verkündete das Reich Gottes, gekommen aber ist die Kirche.«[123], schrieb der Reformtheologe Alfred Loisy (1857 – 1940) in seinem 1902 publizierten Buch *L'Évangile et Église*. Mit seinem ironischen, bitterbösen Bonmot spricht der französische Kirchenkritiker eine grundsätzliche Spannung an, in der die Christen und damit selbstredend auch die Kirche(n) bis heute leben: die Spannung zwischen dem erwarteten, mit Jesus Christus bereits angebrochenen Gottesreich und seiner immer noch ausstehenden Vollendung. Dabei ging es Loisy gar nicht – wie ihm oftmals unterstellt wurde – um eine generelle Verteufelung der Kirche, deren öffentliche Funktionen er prinzipiell würdigte. Vielmehr kritisierte er den mangelnden Anpassungswillen der römisch-katholischen Kirche an das religiöse Bewusstsein der jeweiligen Epoche, ihren starren Dogmatismus. Eine provokante Position Loisys, die zusammen mit seiner Weigerung, sich dem Papst zu unterwerfen, 1908 zu seiner Exkommunikation führen sollte …

Doch wollte Jesus überhaupt eine streng hierarchisch organisierte und von Amtsträgern verwaltete Institution namens »Kirche«, ein »dem Herrn gehöriges Haus«, wie die Übersetzung des griechischen Wortes *kyriake* lautet, von dem sich auch unser deutsches Wort »Kirche« herleitet? Zumindest die römisch-katholische Kirche – die mit über einer Milliarde Mitgliedern größte religiöse Gruppierung der Welt – bejaht diese Frage. Sie beruft sich dabei traditionell auf die Gründung durch Jesus Christus selbst, vor allem auf dessen sogenanntes »Felsenwort« an den Apostel Petrus: »Ich aber sage dir: Du bist Petrus, und auf diesem Felsen werde ich meine Kirche bauen …« (Mt 16,18)

Neben diesem – historisch durchaus umstrittenen – »Kirchengründungsakt« geht die heutige Ekklesiologie, das heißt die theologische Lehre von der christlichen Kirche, aber auch von anderen, nicht minder wirkmächtigen Impulsen aus: nämlich von Jesu endzeitlicher Sammlung des Gottesvolkes, von der Gemeinschaft derer, die dem Auferstandenen nachfolgen, sowie vor allem vom Pfingstereignis, dem Fest der Ausgießung des Heiligen Geistes.

Letzteres wird von vielen Theologen sogar als eigentlicher Geburtstag der Ekklesia/Ecclesia (griechisch/lateinisch = »die Herausgerufene«), der Gemeinschaft derer, die von Jesus Christus aus der Welt herausgerufen wurden, angesehen: »Als der Pfingsttag gekommen war, befanden sich alle am gleichen Ort. Da kam plötzlich vom Himmel her ein Brausen, wie wenn ein heftiger Sturm daherfährt, und erfüllte das ganze Haus, in dem sie waren. Und es erschienen ihnen Zungen wie von Feuer, die sich verteilten; auf jeden von ihnen ließ sich eine nieder. Alle wurden mit dem Heiligen Geist erfüllt und begannen, in fremden Sprachen zu reden, wie es der Geist ihnen eingab.« (Apg 2,1 – 4) Vor diesem pfingstlichen Hintergrund versteht sich die Kirche auch als Umkehr der babylonischen Sprachverwirrung, in der alle Völker einander wieder verstehen.

Mit ihren Predigten in fremden Sprachen gewannen die Jünger, die sich als »Auserwählte« und »Heilige« im Sinne der alttestamentlichen »Gemeinde Gottes« (hebräisch *kehal Jahwe*, griechisch *ekklesia tou theou*) verstanden, rasch neue Gläubige und gründeten um die Jahre 30 bis 33 die ersten Gemeinden. (Wann sich die ersten Anhänger Jesu zur Urgemeinde in Jerusalem zusammengefunden haben und den Gottesdienst mit den beiden zentralen Riten des Christentums – nämlich Herrenmahl und Taufe – feierten, lässt sich aber nicht mehr genau bestimmen.) In Anlehnung an ein Werk Friedrich Nietzsches (1844 – 1900) könnte man daher von der »Geburt der Kirche aus dem Geiste des heiligen Enthusiasmus« sprechen – zu dem nicht nur »eine außeralltägliche Moralität der radikalen Sorglosigkeit«, sondern auch eine »unbedingte Freigebigkeit«, eine »selbstgewählte Besitzlosigkeit« und (eine) »heroische Unbekümmertheit um das eigene Leben – bis hin zum Märtyrertod«[124] gehörten, so der Theologe Johann Hinrich Claussen mit Blick auf eine Stelle aus der Apostelgeschichte: »Und alle, die gläubig geworden waren, bildeten eine Gemeinschaft und hatten alles gemeinsam. Sie verkauften Hab und Gut und gaben davon allen, jedem so viel, wie er nötig hatte.« (Apg 2,44f)

Doch der Weg von der »heiligen Begeisterung« zur (weltlichen) Institution war nur ein kurzer: Aus diesen besonderen charismatischen Gaben der Apostel entstanden nämlich alsbald dauernde Ämter: Neben den zwölf von Jesus erwählten Aposteln erwähnt schon das Neue Testament die sogenannten Ältesten (griechisch *presbyteroi*) oder Aufseher (griechisch *episkopoi*) als Leiter und Vorsteher der einzelnen Gemeinden (Apg 20,17 – 36). Diesen standen Diakone (griechisch *diakonoi*) helfend zur Seite. In der Folgezeit entwickelten sich aus diesen Traditionen das Amt des Bischofs, des Priesters und des Diakons, die – als von Christus Berufene – bis heute durch Handauflegung und Gebet für ihren Dienst in der Kirche bestellt werden. Die Bischöfe verstehen sich dabei als »Hirten« ihrer Kirche, der sie vorstehen. Und bereits seit ihrer frühen Ausbreitung im Römischen Reich gliederte sich die Kirche in Ortskirchen (Diözese/Bistum/Landeskirche), die von Bischöfen geleitet werden. Ein Bistum beziehungsweise eine Landeskirche wiederum besteht aus vielen Einzelgemeinden, für die ein Pfarrer als Seelsorger verantwortlich zeichnet. Zu dessen Aufgaben gehört es – in Zusammenarbeit mit anderen Mitarbeitern –, das Evangelium zu verkünden, die Sakramente zu spenden sowie eine Reihe sozialer Dienste und Pflichten zu erfüllen.

Dass wir es im Falle der römisch-katholischen Kirche mit einer streng hierarchisch strukturierten Institution zu tun haben, erkennt man nicht zuletzt am Amt des Papstes, der an der Spitze der Gesamtkirche steht und ihr sichtbares und obendrein vermeintlich unfehlbares Oberhaupt ist. Denn die römisch-katholische Kirche beansprucht für sich nicht nur, in ununterbrochener Kontinuität mit der Urkirche und deren direktem Gründer Jesus Christus zu stehen, sie sieht zudem im Papst als Bischof von Rom den direkten Nachfolger Petri, der die erste christliche Gemeinde von Rom begründet hat.

Von ihrem theologischen Selbstverständnis her war die Kirche aber schon immer mehr als eine bloß äußerliche, organisatorische Großinstitution, eine öffentliche Verwalterin von religiöser Tradition. Dies betont bereits das Neue Testament ausdrücklich. Um das tiefere Wesen der Kirche zu erfassen, bedient es sich dabei gleich einer Fülle von Metaphern. Aus dem jüdischen Sprachgebrauch entnommen sind die Selbstbezeichnungen als »Volk Gottes« beziehungsweise als »wanderndes« oder »pilgerndes Gottesvolk« – das sich als Gemeinschaft von Schwestern und Brüdern auf dem Weg zum verheißenen Reich Gottes befindet – sowie die Bildrede von der »königlichen Priesterschaft«.

Spezifisch christlich sind indes folgende Bilder für die Kirche: Paulus spricht in seinen Hauptbriefen mehrmals vom »Leib (Jesu) Christi«, wobei Christus das Haupt und die Gläubigen die – untereinander gleichberechtigten – Glieder darstellen: »Denn wie wir an dem einen Leib viele Glieder haben, aber nicht alle Glieder denselben Dienst leisten, so sind wir, die vielen, ein Leib in Christus, als Einzelne aber sind wir Glieder, die zueinander gehören.« (Röm 12,4f) Ein weiteres von Paulus wiederholt gebrauchtes Bild für die Kirche ist ihre Bezeichnung als »Braut Christi«. Auf das alttestamentliche Bild von der Liebe zwischen Mann und Frau zurückgreifend, stellt der Apostel die Gemeinde der Glaubenden als »Braut Christi« dar. Denn wie Mann und Frau in der ehelichen Liebe »ein Fleisch« werden, so sind Christus und der Glaubende zusammen eins: »Wer sich dagegen an den Herrn bindet, ist ein Geist mit ihm.« (1 Kor 6,17) Daneben finden sich Bildreden wie die vom »Bau und Tempel Gottes«, von der »Stadt Gottes«, von der »Herde Christi« oder vom »Weinstock mit den Reben«. Für den Theologen Herbert Vorgrimmler (geboren 1929) zeigen all diese Metaphern, »dass die Kirche sich nicht als menschlicher Zusammenschluss von Glaubenden, sondern als Gründung Gottes im Heiligen Geist verstand, mit den Aufgaben, einander im Glauben zu stärken, die Vielfalt der Gaben (Charismen) in den Dienst des Ganzen zu stellen, in der Lebensführung der Berufung als ›Heilige‹ zu entsprechen und nach ›außen‹ hin glaubwürdig (durch die ›Früchte des Geistes‹ ausgewiesen) das Evangelium Jesu Christi zu bezeugen. Als wesentliche sakramentale Selbstvollzüge der jungen Kirche erscheinen Taufe und Eucharistie.«[125] In der katholischen Tradition gilt auch Maria als Mutter der Kirche.

Vier Eigenschaften kennzeichnen, nach römisch-katholischem Verständnis seit dem Konzil von Konstantinopel 381, die Kirche: Sie ist einig, heilig, katholisch und apostolisch. *Einig*, weil Christus sie durch die berufenen Nachfolger der Apostel leitet und im Glauben zusammenhält; *heilig*, weil Christus ihr durch seinen Geist nahe ist und durch die Sakramente mit ihr verbunden ist;

katholisch, das heißt allumfassend, universal, weil sie nicht auf bestimmte Regionen und Völker beschränkt ist, sondern weltweit offen für alle ist, die sich dem christlichen Glauben anschließen wollen; *apostolisch,* weil sie treu zu ihrem Ursprung am Bekenntnis der Apostel festhält.

Streifen wir zum Schluss noch das evangelische Kirchenverständnis. Als die römisch-katholische Kirche in der Renaissance im Zuge politischer und wirtschaftlicher Verflechtungen ihre geistliche Aufgabe immer mehr zu vernachlässigen begann, wurde nicht nur der Ruf nach einer strengeren Kirchlichkeit, sondern auch nach einem von Rom unabhängigen Christentum laut. Die evangelische Theologie begreift die Kirche dabei in erster Linie als eine sogenannte »creatura verbi«, als ein »Geschöpf des Wortes«. Denn diese lebt vom Wort Christi, von seiner eigenen Botschaft als auch von der Botschaft, die die Kirche von ihm verkündet. In der *Confessio Augustana,* dem grundlegenden lutherischen Bekenntnis, wird das evangelische Kirchenverständnis folgendermaßen formuliert: »Eine christliche Kirche ist die Versammlung (congregatio) aller Gläubigen, bei welchen das Evangelium rein gepredigt und die Sakramente laut dem Evangelium gereicht werden.«[126] Charakteristisch für das evangelische Kirchenverständnis ist des Weiteren die Unterscheidung zwischen »sichtbarer« und »unsichtbarer Kirche«, das heißt zwischen einer äußeren, irdischen Kirche mit all ihren menschlichen Unzulänglichkeiten, Schwächen und Fehlern sowie einer wesentlichen, verborgenen, himmlischen Kirche der Erwählten. Von daher befindet sich die Kirche auf Erden noch auf dem Weg zu ihrer zukünftigen Vollkommenheit im Reich Gottes.

38. Was passiert in einem Gottesdienst?

»Das Wort *Gottesdienst* sollte verlegt, und nicht mehr vom Kirchengehen, sondern bloß von guten Handlungen gebraucht werden.«[127], notierte Georg Christoph Lichtenberg (1742 – 1799) in seinen *Sudelbüchern.* Zweifellos hat der geistvolle Aufklärer mit seiner Forderung Recht, wenn er damit jene Menschen im Blick hat, die eine äußerlich an den Tag gelegte Frömmigkeit – beispielsweise anlässlich des Messbesuchs – mit echter, tätiger Nächstenliebe für Notleidende verwechseln. Aber bekanntlich nimmt ja auch die Zahl dieser Sonntagschristentumsmenschen stetig ab …

Trotzdem gehört der Gottesdienst beziehungsweise die *Liturgia* (die Feier des Glaubens) zusammen mit der *Martyria* (der Verkündigung des Glaubens) und der *Diakonia* (dem Tun des Glaubens) zu den Grundaufgaben und -pflichten der Christen. Und dies von Anfang an. Denn bereits in der Apostelgeschichte und in einigen Paulusbriefen finden gottesdienstliche Zusammenkünfte christlicher Gemeinden ausdrücklich Erwähnung, auch wenn hierfür noch der Begriff »Gottesdienst« (griechisch *leiturgia*) im heute üblichen Sinne fehlt: »Wenn ihr zusammenkommt, trägt jeder etwas bei: einer einen Psalm, ein anderer eine Lehre, der dritte eine Offenbarung; einer redet in Zungen, und ein anderer deutet es. Alles geschehe so, dass es aufbaut.« (1 Kor 14,26)

Nach dem Vorbild Jesu und der Apostel nahmen die ersten Christen noch am Tempel- und Synagogen-Gottesdienst teil, vollzogen die Feier des Brotbrechens, also den Mittelpunkt des neuen Kultes – wohl auch aufgrund äußerer Verfolgung – aber bereits in Privathäusern. Desgleichen ist davon auszugehen, dass sich das Urchristentum bei der Gestaltung seiner zunächst eher frei improvisierten, mehr oder weniger regellosen »Gottesdienste« von der jüdischen Liturgie inspirieren ließ und Elemente wie die Psalmen, den hohepriesterlichen Segen – »Der Herr segne dich und behüte dich. Der Herr lasse sein Angesicht über dich leuchten und sei dir gnädig …« (Num 6,22 – 27) –, aber auch Ausdrücke wie »Amen« und »Halleluja« übernahm. Umrahmt wurde der »Gottesdienst«, wiederum nach jüdischer Sitte, von Hymnen und Gebeten, von Belehrung und Schriftauslegung. In der Verlegung der Feier vom Sabbat auf den Herren-, sprich Sonntag kann man indes eine deutliche Abgrenzung vom jüdischen Gottesdienst erkennen.

Auf erste ausführlichere Angaben zu Gottesdienstordnungen, den sogenannten *Agenden*, stoßen wir in den frühen Schriften der Kirchenväter, etwa bei Justinus dem Märtyrer (gestorben um 165), der einen christlichen Gottesdienst mit Leseordnung, Predigt, Fürbittgebet und Abendmahlsfeier beschrieb. Bemerkenswert ist dabei die Tatsache, dass gewisse Riten wie die Feier der Sakramente (vor allem Taufe und Abendmahl) im Kern bis heute unverändert geblieben sind.

In der Zeit nach der Konstantinischen Wende sollte es dann verstärkt zu Aus- und Weiterbildungen liturgischer Ordnungen kommen, wobei die Entwicklung besonderer priesterlicher Ämter schließlich zu einer Trennung der Gemeinde in »Geistliche« und »Laien« führte – was sich nicht zuletzt in der architektonischen Gestaltung widerspiegelt: Durch einen Lettner (von lateinisch *lectorium* = »Lesepult«) – eine steinerne oder hölzerne Schranke – vom Rest des Kirchenraumes getrennt, blieb der Altarraum dem Klerus vorbehalten, während die anderen Gemeindemitglieder mehr und mehr auf die Rolle von bloßen Zuschauern beziehungsweise Zuhörern des liturgischen Schauspiels reduziert wurden. Unterschieden wurde verstärkt auch zwischen Wort- und Mahlgottesdiensten. Zu Letzteren wurden nur die Getauften zugelassen.

Die Reformation versuchte diese Entwicklung wieder rückgängig zu machen, indem sie die gottesdienstliche Trennung zwischen Geistlichen und Laien lockerte und den Laien wieder einen aktiveren Platz im Gottesdienstgeschehen zuwies. Außerdem verlieh sie dem evangelischen Gottesdienst einen ausgeprägt pädagogischen und aufbauenden Sinn, weshalb Martin Luther (1483 – 1546) auch die lateinische Sprache aus der Kirche verbannte und die Landessprache als Gottesdienstsprache einführte. Schließlich sollte niemand aufgrund seiner (Un-)Bildung ausgegrenzt werden. Und neben dem Kopf sollte auch das Herz nicht zu kurz kommen: Zur Erhöhung der emotionalen Bindung trug das Singen zeitgemäßer Kirchenlieder (gemeinsamer Choralgesang) bei.

Im Mittelpunkt stand fortan jedoch das verkündende Wort, die Predigt, während alles Rituell-Sakramentale in den Hintergrund trat. Luther fasste 1544 den Gottesdienst als ein Wort-Antwort-Geschehen auf. Ihm zufolge war dieser nichts anderes, »denn dass unser lieber Herr selbst mit uns rede durch sein heiliges Wort und wir wiederum mit ihm reden durch Gebet und Lobgesang«[128].

In besonders radikaler Art und Weise reformierte Johannes Calvin (1509 – 1564) den Gottesdienst, indem er die Kirchen leer räumen, das heißt alle Heiligen- und Marienbilder, aber auch Orgel und Altar entfernen ließ. Kirchen sollten fortan nicht mehr als heilige Räume, sondern als bloße Versammlungsorte der Gemeinde betrachtet werden. Auch die alte Messe wurde von ihm abgeschafft. Die neue Gottesdienstordnung sah lediglich Predigt, Gebet und Psalmgesang vor, wobei die Abendmahlsfeier nur noch viermal im Jahr stattfand. Und all dies um der ursprünglichen, authentischen biblischen Vorgaben willen.

Die sogenannte Liturgische Bewegung des 19. und 20. Jahrhunderts versuchte im evangelischen wie katholischen Raum dieser – seit der Aufklärung noch stärker zunehmenden – rationalen Verflachung des Gottesdienstes durch die Wiederaufnahme alter Traditionen, etwa in Gestalt des Gregorianischen Gesangs, entgegenzuwirken.

Eine relativ feste Gestalt nahm indes die ostkirchliche Liturgie bereits im 4. bis 6. Jahrhundert an. Seit dem 9. Jahrhundert sollte jedoch die Predigt, die beispielsweise für den griechischen Kirchenlehrer Johannes Chrysostomos (354 – 407) noch von großer Bedeutung war, ganz zurücktreten. Denn nach orthodoxer Auffassung ist der Gottesdienst vor allem eines: die symbolische Darstellung der Heilsgeschichte, das unmittelbare Gegenwärtigwerden des Gottesreiches. Die Teilnehmer werden sozusagen zu Beobachtern eines himmlischen Geschehens. Von einer nennenswerten liturgiegeschichtlichen Entwicklung kann in der orthodoxen Kirche mithin keine Rede sein.

Charakteristisch für die Westkirche war hingegen zunächst eine bunte Vielfalt liturgischer Formen, bis es im Zuge der wachsenden Bedeutung des Papsttums zur Vorrangstellung des römischen Ritus kam. Dabei erfuhr die in lateinischer Sprache gefasste und vom Kirchenjahr stark geprägte Ordnung der römischen Messe erst auf dem Konzil von Trient (1545 – 1563) eine allgemein verbindliche und bis zum II. Vatikanum (1962 – 65) kaum revidierte Festlegung. Erst das II. Vatikanum löste sich von der ausschließlich auf Latein gelesenen Messe, wobei heute wieder konservativ-reaktionäre Stimmen laut werden, die diese vermeintliche »Entzauberung« des katholischen Gottesdienstes bedauern.

Mit ihrer Konstitution über die Heilige Liturgie *Sacramentum Concilium* haben die Konzilsväter des II. Vatikanums – und damit kommen wir zu unserer Eingangsfrage nach dem eigentlichen Gottesdienstgeschehen, seinem innersten Wesen und verborgenen Geheimnis – Grundsätzliches und Wegweisendes in Worte gefasst, aber auch mit Missverständnissen ausgeräumt. Darin wird die Liturgie als »Gipfel und Quelle« bezeichnet: als Gipfel, dem das Tun der Kirche zustrebt, als Quelle, aus der all ihre Kraft strömt.[129] Jede liturgische Feier versteht sich demnach als eine »in vorzüglichem Sinn heilige Handlung, deren Wirksamkeit kein anderes Tun der Kirche an Rang und Maß erreicht«[130]. Die geschichtliche Heilstat Jesu Christi, das Mysterium seines Todes, vor allem aber seiner Auferstehung, gilt dabei als Quellgrund christlicher Liturgie.

Besonders durch die liturgischen Handlungen wird Jesus Christus heilbringend gegenwärtig: »Gegenwärtig ist er im Opfer der Messe sowohl in der Person dessen, der den priesterlichen Dienst vollzieht … wie vor allem unter den eucharistischen Gestalten. Gegenwärtig ist er mit seiner Kraft in den Sakramenten …, in seinem Wort … schließlich, wenn die Kirche betet und singt …«[131] Anders formuliert: Die Liturgie ist in ihrem tiefsten Wesen nichts anderes als eine Vergegenwärtigung und Zuwendung des Heilswerkes Christi. Jeder Gottesdienst hat damit zugleich eine dialogische Struktur, denn einerseits ist Gott in Christus tätig in Richtung auf die Menschen, andererseits preisen und verehren diese in und mit Christus den Vater. Im Zusammenhang mit dieser Doppelrichtung der Liturgie spricht man auch vom »heilshaft-absteigenden Aspekt«, der sich vor allem in Sakrament und Schriftlesung verwirklicht, sowie vom »aufsteigenden Aspekt« in Gestalt von Gebet und Eucharistie.

Ungeachtet der Tatsache, dass alle drei christlichen Hauptrichtungen – die orthodoxe, die katholische und die evangelische Kirche – den Gottesdienst als grundlegend für den Glauben erachten, nehmen die Teilnehmerzahlen an den Gottesdienstfeiern weiterhin konstant ab, geht vor allem die Generation der über 60-Jährigen – und hiervon mehr Frauen als Männer – in die Kirche, während sich die Jugend mit dem gottesdienstlichen Geschehen eher schwer tut, Inhalt und Symbolik der Messe zum Teil gar nicht mehr versteht.

39. Was sind Sakramente?

»Die Sakramente sind das Höchste der Religion, das sinnliche Symbol einer außerordentlichen göttlichen Gunst und Gnade.«[132] Trotz seines ambivalenten Verhältnisses zu den Religionen im Allgemeinen und zum Christentum und dessen Kirchen im Besonderen, formuliert Johann Wolfgang von Goethe (1749 – 1832) in seiner großen in den Jahren 1808 bis 1831 entstandenen Autobiografie *Dichtung und Wahrheit* eine auch unter theologischen Gesichtspunkten bis heute gültige Erkenntnis. Denn den Sakramenten – die katholische Kirche anerkennt sieben heilige Symbol- beziehungsweise Weihehandlungen, die evangelische Kirche akzeptiert indes nur Taufe und Abendmahl – kommt im Christentum nicht nur zentrale Bedeutung zu, sie verstehen sich in der Tat auch als sichtbare Zeichen einer unsichtbaren Wirklichkeit.

So deutete bereits Aurelius Augustinus (354 – 430), dessen Überlegungen für das abendländische Sakramentsverständnis und die Sakramententheologie insgesamt von grundlegender Bedeutung sind, die Sakramente – zu seiner Zeit beschränkt auf die Taufe und die Eucharistie – als den sichtbaren Zeichen der unsichtbaren Wirklichkeit *(res)* und Gnade Gottes. Dennoch blieb das Wort für ihn das vornehmste Zeichen *(signum)*, weshalb er das Sakrament auch als »sichtbares Wort« bezeichnete. Augustinus zufolge sind die Sakramente nicht weniger als Geschenke Gottes, die Göttliches anzeigen und zugleich enthalten.

Um zu verstehen, wie es zur Herausbildung und kirchlich-liturgischen Praxis der Sakramente kam, müssen wir jedoch noch weit vor die Zeit Augustins zurückgehen. Denn schon das Alte Testament kannte den Sakramenten durchaus vergleichbare Heilszeichen als Gedächtnis für die Heilstaten Gottes und die Verheißung künftiger Erlösung. Zu denken ist hierbei etwa an die Beschneidung der Juden als Bundeszeichen und an das Pessach-Fest für die Rettung aus der Knechtschaft (Ex 12,1 – 20).

Mit dem lateinischen Begriff *Sacramentum*, der sich von *sacrare* = »weihen, heiligen« ableitet, meinte man in vorchristlicher, römischer Zeit einerseits eine Geldsumme, die prozessierende

Parteien beim Priester im Tempel niederlegten, andererseits einen militärischen Fahneneid: Beides stellte mithin einen feierlichen, verpflichtenden Weiheakt dar. Auch im Neuen Testament stoßen wir auf diesen Begriff. Denn als man dieses aus dem Griechischen ins Lateinische übersetzte, gab man *mysterion* mit *sacramentum* wieder. Das griechische Wort bedeutet »Geheimnis« und bezeichnet im Neuen Testament all das, was Gott zum Heil der Menschen beschlossen und in Christus getan hat: »Dies ist ein tiefes Geheimnis; ich beziehe es auf Christus und die Kirche.« (Eph 5,32) In den Kirchen des Ostens heißen deshalb die Sakramente bis heute Mysterien. Dennoch kommt das Wort in der heutigen kirchlichen Bedeutung in der Bibel so gar nicht vor.

Erst bei dem Kirchenvater Tertullian (um 160 bis nach 220), der wegen seiner Neuprägung theologischer Begriffe und der Übernahme militärischer und juristischer Formulierungen zu Recht als Schöpfer der lateinischen Kirchensprache gilt, ist *sacramentum* dann auch Bezeichnung von Taufe und Abendmahl, und zwar mit dem Doppelsinn von »Fahneneid« und »religiösem Geheimnis«.

Seit dem 12. Jahrhundert setzte sich in den meisten orthodoxen Kirchen und in der katholischen Kirche schließlich die mystisch aufgeladene Siebenzahl der Sakramente durch. Diese verdankt sich unter anderem dem Einfluss von Petrus Lombardus (um 1095/1100 – 1160), des scholastischen Theologen und zeitweiligen Bischofs von Paris, der nach dem Titel seines Hauptwerkes, den vier Bücher umfassenden *Sentenzen*, auch *Magister sententiarum* genannt wird. Mit den Sakramenten beschäftigt sich der Leiter der Kathedralschule von Notre Dame ausführlich in seinem IV. Buch.

Es war das Konzil von Lyon im Jahre 1274, das sich bekräftigend für die Siebenzahl der Sakramente aussprach. Auch der Kirchenphilosoph Thomas von Aquin (1224 – 1274) übernahm die Siebenzahl und trug darüber hinaus Entscheidendes zur Systematisierung der Sakramententheologie bei. In den Konzilien zu Konstanz (1438/39) und Trient (1545 – 63) wurden die sieben Sakramente sodann dogmatisiert. Das Tridentinum führte alle auf die Einsetzung durch Jesus Christus zurück. Es sind im Einzelnen: die Taufe, die Eucharistie, das Sakrament der Buße unter Einschluss der Beichte, die Firmung der Jugendlichen oder Neugetauften, die Krankensalbung (früher als Letzte Ölung bezeichnet), die Weihe der Diakone, Priester und Bischöfe sowie das Ehesakrament.

Nach katholischer Lesart lassen sich alle sieben Sakramente auf Ereignisse im Neuen Testament zurückführen: die Taufe auf die Taufe Jesu durch Johannes den Täufer im Jordan; die Firmung auf den Auftrag Jesu an die Apostel, zu den Getauften zu gehen, für sie zu beten und ihnen die Hände aufzulegen, damit sie den Heiligen Geist empfingen; die Eucharistie auf das Letzte Abendmahl, das Jesus mit seinen Jüngern gehalten hat; die Beichte auf Jesu Aufforderung an die Apostel und ihren Nachfolgern: »Empfangt den Heiligen Geist! Wem ihr die Sünden vergebt, dem sind sie vergeben; wem ihr die Vergebung verweigert, dem ist sie verweigert.« (Joh 20,22f); die Krankensalbung auf eine Stelle aus dem Brief des Jakobus: »Ist einer von euch krank? Dann rufe er die Ältesten der Gemeinde zu sich; sie sollen ihm im Namen des Herrn mit Öl salben. Das gläubige Gebet wird den Kranken retten, und der Herr wird ihn aufrichten; wenn er Sünden begangen hat, werden sie ihm vergeben.« (Jak 5,14 – 15); die Priesterweihe unter anderem auf eine Stelle des Matthäusevangeliums »Wer das erfassen kann, der erfasse es« (Mt 19,12) und die Ehe auf die Vereinigung von Jesus Christus mit der Kirche (seiner Braut), wobei die Spender des Ehesakraments die Brautleute selbst sind.

Spender der Sakramente sind Bischöfe, Priester und Diakone, Empfänger können nur lebende beziehungsweise im Sterben liegende Personen sein. Bei Lebensgefahr kann die Taufe von jedem gespendet werden, der tun will, was die Kirche bei der Taufe tut.

Wie bereits die bloße Aufzählung der Sakramente verdeutlicht, sind diese mit wichtigen, existenziellen Stationen im Leben des Menschen verbunden, weshalb Religionswissenschaftler sie auch mit Übergangs- und Initiationsriten anderer (Natur-)Religionen in Beziehung setzen: mit der Geburt, mit dem Eintritt in die bewusste Auseinandersetzung mit der Umwelt und der Gesellschaft, mit der Eheschließung, mit Schuld, mit schwerer Krankheit und mit dem Tod. Einige Sakramente (Taufe, Firmung, Ordo) prägen ein unverlierbares Kennzeichen (lateinisch *character indelebilis*) ein und können nicht wiederholt werden.

Nach katholischer Auffassung bewirken die Sakramente die Heilsgnade *ex opere operato* (lateinisch = »kraft der vollzogenen Handlung«), das heißt allein schon durch den Vollzug des Ritus, unabhängig davon, wie (un-)fromm der Bevollmächtigte ist und was der Empfänger selbst glaubt, solange er keine Todsünde begangen hat.

Anknüpfend an Augustinus beschränken die evangelischen Kirchen die Sakramente seit der Reformation auf Taufe und Abendmahl, da nur diese auf einen ausdrücklichen Befehl Jesu zurückzuführen seien und aus dinglichen Zeichen – nämlich Wasser beziehungsweise Brot und Wein – sowie geistlichen Worten wie der trinitarischen Taufformel (»Ich taufe dich im Namen Gottes des Vaters, des Sohnes und des Heiligen Geistes«) und den Einsetzungsworten (»Unser Herr Jesus Christus, in der Nacht da er verraten ward, nahm das Brot ...«) bestünden. Zwar kennen auch die evangelischen Kirchen – den anderen katholischen Sakramenten entsprechende – liturgische Handlungen wie die Ordination der Geistlichen, die Konfirmation der Jugendlichen, die Eheschließung, die Beichte und die Krankensalbung, sehen diese jedoch nicht als verbindliche Sakramente an. Im Unterschied zur katholischen Kirche ist nach evangelischem Verständnis die Wirkung der Sakramente allerdings an den Glauben des Empfängers *ex opere operantis* (lateinisch »durch das Werk des Handelnden«) geknüpft. Das heißt die Wirksamkeit der Sakramente hängt von den persönlichen Voraussetzungen wie etwa Glaube, Reue usw. ab.

Aber auch zwischen Lutheranern und Reformierten existier(t)en unterschiedliche Auffassungen der Sakramente: So lehnte Ulrich Zwingli (1484 – 1531), der in Taufe und Abendmahl nur gemeinschaftsstiftende christliche Heilszeichen sah, den Sakramentsbegriff ganz ab. Für Johannes Calvin (1509 – 1564) waren die Sakramente den Glauben stärkende Bundeszeichen. Martin Luther (1483 – 1546) wiederum lehnte zwar die Transsubstantiation entschieden ab, hielt aber unter Berufung auf die Einsetzungsworte Jesu (Mt 26,26 – 28) an der realen Gegenwärtigkeit Jesu in Brot und Wein fest. Luther und die *Confessio Augustana* nannten auch die Buße als drittes Sakrament. In der anglikanischen Kirche zählt man Konfirmation, Buße, Ehe, Ordination und Krankensalbung zu den *minor sacraments*, den »kleineren Sakramenten«.

Nachdem das Kirchenrecht von 1917 die Sakramente nicht mehr zum Gottesdienst rechnen wollte, sah das II. Vatikanische Konzil in ihnen »wieder gottesdienstliche Feiern der Gemeinde, die den Glauben nicht nur voraussetzen, sondern ihn auch in Wort und Zeichen stärken und nähren«[133].

Neben den heiligen Sakramenten anerkennt die katholische Kirche auch die sogenannten Sakramentalien, die immer von Fürbitte und Gebet begleitet werden und über deren Bedeutung uns der *Codex Iuris Canonici* von 1983, das Gesetzbuch der katholischen Kirche im lateinischen Bereich, aufklärt: »Sakramentalien sind heilige Zeichen, durch die in einer gewissen Nachahmung der Sakramente Wirkungen, besonders geistlicher Art, bezeichnet und kraft der Fürbitte der Kirche erlangt werden.«[134] In Hinsicht auf die Wirkung der Sakramentalien lesen wir, ebenfalls im *Codex Iuris Canonoci*: »Wenn die Gläubigen recht bereitet sind, wird ihnen nahezu jedes Ereignis ihres Lebens geheiligt durch die göttliche Gnade, die ausströmt vom Pascha-Mysterium des Leidens, des Todes und der Auferstehung Christi, aus dem alle Sakramente und Sakramentalien ihre Kraft ableiten. Auch bewirken sie, dass es kaum einen rechten Gebrauch der materiellen Dinge gibt, der nicht auf das Ziel ausgerichtet werden kann, den Menschen zu heiligen und Gott zu loben.«[135]

Die Sakramentalien – den Begriff prägte der bereits erwähnte Petrus Lombardus – umfassen Weihen und Segnungen, die man auch Konsekrationen beziehungsweise Benediktionen nennt. Die fürbittenden Weihegebete beziehen sich dabei auf Lebensentscheidungen oder Funktionsbestellungen, beispielsweise auf Lebensentscheidungen (Mönchs- und Abtsweihe) oder auf Dinge, die ausschließlich in einem liturgischen Rahmen zum Tragen kommen: Kirchen, Altäre, Glocken, Weihwasser, Kerzen, liturgische Gewänder, Asche usw. Gesegnet werden können neben Personen aber auch Dinge – Häuser, Autos, Trauringe –, für die man das fürbittende Gebet der Kirche als hilfreich erachtet, wobei hierbei die Gefahr abergläubischer, magischer Vorstellungen nicht von der Hand zu weisen ist. Segnen können dabei dem II. Vatikanischen Konzil zufolge und dem oben genannten CIC ausdrücklich auch »Laien«: So kommt dem Segen der Eltern für ihre Kinder kein minderer Rang zu als einem priesterlichen, bischöflichen oder gar päpstlichen Segen ... Sakramentalien werden auch von der orthodoxen Kirche in weitgehender Entsprechung zu den katholischen Sakramentalien (Weihen und Segnungen) eingesetzt.

40. Was ist ein theologisches Dogma?

»Dogmatiker – mit solchen Leuten kann man nicht diskutieren, man kann ihnen Nachsicht angedeihen lassen, sie bedauern, zu heilen versuchen, aber man muss sie als Geisteskranke betrachten und darf mit ihnen nicht streiten.«[136], notierte der russische Schriftsteller und bekennende Christ Leo N. Tolstoi (1828 – 1910) in seinen Tagebüchern aus dem Jahr 1895. In diesem ausgesprochen abwertenden, negativen Sinne wird der Begriff des Dogmatikers, aber auch der des Dogmas bis heute immer dann gebraucht, wenn man in ihm einen wenig bis gar nicht fundierten Grundsatz erkennt, der daher auch keinen Anspruch erheben darf, als allein wahr, allgemein verbindlich und womöglich noch für alle Zeit gültig zu sein. Nicht selten werden Gläubige und Theologen als Dogmatiker etikettiert, da man ihnen vorwirft, das Dogma als eine Art »Kampfbegriff des Wahrheitsanspruches« zu benutzen, und in autoritärer, unbelehrbarer Art und Weise weder zum Dialog noch zu einer Argumentation gewillt zu sein.

Ein Blick in die Geschichte des Begriffs »Dogma« (von griechisch *dokeîn* = »meinen, gut und richtig scheinen, beschließen«) offenbart jedoch, dass dieser zunächst eine wertneutrale, durchweg positive Verwendung fand: In der griechischen wie römischen Antike bedeutete er alles »Geglaubte«, »Gemeinte« und »Beschlossene« und stand für Klarheit und Eindeutigkeit. Im Neuen Testament erscheint der Begriff nur selten, etwa im Zusammenhang mit einem kaiserlichen Edikt und mit dem alttestamentlichen Gesetz. In der Apostelgeschichte indes werden die Beschlüsse des Jerusalemer Apostelkonzils als *dogmata* bezeichnet, das heißt, hier wird »Dogma« zum ersten Mal im Sinne einer verbindlichen Weisung in Bezug auf Glaubensfragen gebraucht: »Als sie nun durch die Städte zogen, überbrachten sie ihnen die von den Aposteln und den Ältesten in Jerusalem gefassten Beschlüsse und trugen ihnen auf, sich daran zu halten.« (Apg 16,4)

Mit der Übernahme des Begriffs durch die christliche Theologie veränderte sich aber auch dessen ursprüngliche Bedeutung. In der Alten Kirche beschrieb Dogma von nun an einen von Gott offenbarten, von der Kirche verkündeten und von den Christen vorbehaltlos anzunehmenden Glaubenssatz, der – sollte er geleugnet werden – auch die Trennung von der kirchlichen Gemeinschaft bedeuten konnte. »Wer sagt ..., der sei ausgeschlossen«, lautete die Abgrenzungsformel gegen Häretiker bereits in den frühen Konzilien. Nicht wenige mussten Kritik und Zweifel an einem Dogma mit ihrem Tod bezahlen. Bis zum vierten Jahrhundert geschah die Formulierung eines solchen Dogmas in der Form des Konsensus (des *Consensus Patrum*, d.h. der »Übereinstimmung der Kirchenväter«, bzw. des *Consensus Theologorum*, der »Übereinstimmung der Theologen«), seit dem vierten Jahrhundert dann in der Form der Konzilien: Beispiele für Dogmen aus dieser Zeit sind etwa das Dogma der *Dreieinigkeit* auf dem Ökumenischen Konzil von Nicäa 325 oder das Dogma von *Maria als Gottesgebärerin* auf dem Ökumenischen Konzil von Ephesus 431. Der Mönch und Kirchenvater Vinzenz von Lérins (gestorben zwischen 434 und 450) definierte den Begriff des Dogmas im 5. Jahrhundert als das, »was überall, was immer, was von allen geglaubt worden ist«[137]. Eine Begriffsbestimmung mit nachhaltigen Folgen.

In den kommenden Jahrhunderten gewann die Kirche, vor allem aber der Papst immer größere Autorität bei der Aufstellung und Formulierung von Dogmen. Eine Entwicklung, die Martin Luthers (1483 – 1546) Glaubensüberzeugung ganz und gar zuwiderlief. Denn für ihn galt nur die Bibel selbst als von Gott geoffenbart. Er sprach der (Amts-)Kirche das Recht ab, über die Offenbarung zu verfügen. Dogmen hatten für Luther nur Gültigkeit, insofern sie durch die Bibel belegt sind. Alle anderen theologischen Aussagen seien vom menschlichen Irrtum durchzogen, könnten es zumindest sein. Der Reformator stellte daher die kirchlichen Dogmen als *norma normata* (lateinisch = »normierte Norm«) unter die *norma normans* (lateinisch = »normierende Norm«) der Heiligen Schrift. Mit anderen Worten: Nicht die Kirche bestimmt das Dogma als Bezugsrahmen der Bibelinterpretation, sondern umgekehrt bestimmt die Bibel den Glaubensgehalt, der im Dogma durch die Kirche aufgegriffen und zu ihrem Bekenntnis wird. Aus diesem Grund sprechen Protestanten auch lieber von »Bekenntnis« statt von »Dogma«. Doch die katholische Kirche zeigte sich in der nachreformatorischen Zeit von dieser Kritik wenig beeindruckt. Das Trienter Konzil (1545 – 1562) maß dem kirchlichen Lehramt sogar noch stärkere Bedeutung bei der Formulierung von Dogmen zu.

Im Zuge des I. Vatikanums 1869/70 sollte es schließlich sogar zum Unfehlbarkeitsdogma kommen: Was der Papst *ex cathedra* spreche, sei aus sich selbst unabänderlich! (Das erste und zugleich bislang letzte Mal seit 1870, dass ein Papst vom Unfehlbarkeitsdogma Gebrauch machte, war im Übrigen das Dogma von der Leiblichen Aufnahme Mariens in den Himmel. Es geht auf Papst Pius XII. im Jahre 1950 zurück.) Im I. Vatikanum wurde auch definiert, dass ein Dogma ein Satz göttlichen und katholischen Glaubens ist, das durch das allgemeine und ordentliche Lehramt (affirmativ) oder durch konziliare oder päpstliche Definition definitiv als von Gott offenbarte und zu glaubende Wahrheit verkündet wird. Der Begriff des Dogmas umfasste nun alles, »was im geschriebenen und überlieferten Wort Gottes enthalten ist und von der Kirche in feierlichem Entscheid oder durch gewöhnliche und allgemeine Lehrverkündigung als von Gott geoffenbart zu glauben vorgelegt wird«[138].

Kritik an der römisch-katholischen Auffassung von Dogmen gab es sodann verstärkt seit dem Zeitalter der Aufklärung, in dem sich interessanterweise auch jene theologische Disziplin entwickelte, welche die Entstehung und Geschichte der Glaubenssätze untersucht: die *Dogmengeschichte* als Teil der Historischen Theologie. Die *Dogmatik* wiederum versucht, die Glaubensinhalte systematisch zusammenzufassen und wissenschaftlich darzustellen. Zusammen mit der Ethik bildet sie den Hauptteil der systematischen Theologie.

Die evangelische Theologie der Neuzeit hat die (alt-)kirchlichen Dogmen jedoch nicht nur wie im Falle Adolf von Harnacks (1851 – 1930) zu zerstören gesucht, sondern zum Teil auch restauriert: Karl Barth (1886 – 1968) sprach vom Dogma als dem Ganzen der christlichen Lehre, der »kirchlichen Verkündigung, sofern sie mit der Bibel als dem Wort Gottes wirklich übereinstimmt«[139]. Der Katechismus der katholischen Kirche sieht in den Dogmen gleichsam Lichter auf dem Glaubensweg, die diesen erleuchten und sichern.

Das II. Vatikanum (1962 – 65) betonte darüber hinaus, dass der Gläubige – ungeachtet der Entfaltung seiner individuellen Spiritualität – die »Hierarchie der (Glaubens-)Wahrheiten«[140] zu beachten habe. Gemeint ist damit die Rangordnung der Dogmen durch die jeweilige Nähe zum Zentrum der christlichen Offenbarung. Zwar habe nicht jedes Dogma gleiches Gewicht und fundamentale Bedeutung für den Glauben, doch ungestraft könnten zweit- und drittrangige Glaubensaussagen nicht zur Grundlage subjektiver Spiritualität werden und dabei erstrangige Glaubenswahrheiten in den Hintergrund treten lassen. Dies wäre beispielsweise der Fall, wenn eine eindimensionale Marienverehrung zu Lasten einer lebendigen Christus- und Gottesbeziehung ginge. Das Dogma gewährleistet in den Augen der katholischen Kirche mithin die Identität des christlichen Glaubens und bringt zugleich die Vor- und Überordnung der Kirche gegenüber dem Einzelnen zum Ausdruck.

Seit dem II. Vatikanum versucht die römisch-katholische Kirche aber auch verstärkt die Geschichtlichkeit des Dogmas in den Blick zu nehmen, und zwar im Bewusstsein, dass Dogmen – obgleich sie im Allgemeinen als unwiderruflich gelten – offen für Präzisierungen und Neuinterpretationen sind, es sein müssen. Was insgesamt als eine Entschärfung des Dogmenproblems gelten kann. In der 1973 publizierten *Erklärung »Mysterium ecclesiae« zur katholischen Lehre über die Kirche und ihre Verteidigung gegen einige Irrtümer* lesen wir: »Was die Geschichtlichkeit angeht, muss zunächst bedacht werden, dass der Sinn, den die Glaubensaussagen haben, teilweise von der Aussagekraft der zu einer bestimmten Zeit und unter bestimmten Umständen angewandten Sprache abhängt. Außerdem kommt es bisweilen vor, dass eine dogmatische Wahrheit zunächst in unvollständiger, aber deshalb nicht falscher Weise ausgedrückt wird und später in größeren Zusammenhängen des Glaubens und der menschlichen Erkenntnisse betrachtet und dadurch vollständiger und vollkommener dargestellt wird.«[141]

Die orthodoxen Kirchen lassen als Dogma nur die Lehren der Schrift und der ersten sieben Ökumenischen Konzilien gelten – das heißt jene, die in Ost und West Geltung haben – und kennen keine Fortentwicklung des Dogmas. Die Dogmenbildung ist für sie demnach mit dem II. Konzil von Nicäa 787 beendet. Das Dogma wird auch als *Symbolon* (griechisch = »Übereinkunft«, aber auch »Kenn- oder Wahrzeichen«) des orthodoxen Glaubens gekennzeichnet.

In der ökumenischen Diskussion gehören Bedeutung und Geltung von Dogmen bis heute jedoch zu den unerledigten Dingen: So bleibt die klassische Frage nach der Zuordnung von Schrift und Kirche, in der die offizielle katholische Theologie das Anliegen der Reformation noch immer nicht hinreichend akzeptiert hat.

41. Wie begründet sich das Papsttum?

Bischof von Rom, Statthalter Jesu Christi, Nachfolger des Apostelfürsten (Petrus), *Summus pontifex* der gesamten Kirche, Patriarch des Abendlandes, Primas von Italien, Erzbischof und Metropolit der römischen Kirchenprovinz, Souverän des Staates der Vatikanstadt – die Liste der offiziellen Titel des Papstes (von griechisch *pappas* = »Vater«) will schier kein Ende nehmen: Eine geistliche, aber auch weltliche Ämter- und Machtfülle, die ihresgleichen in der Historie sucht und die ein Produkt des antiken Roms auf dem Boden der katholischen Kirche ist – keinesfalls jedoch ein Erbstück des Urchristentums, geschweige denn des Evangeliums. Daran ändert weder die devote Selbstbezeichnung des Papstes als *Servus servorum Dei* (lateinisch = »Diener der Diener Gottes«) seit Gregor I. (Amtszeit 590 – 604) noch die Ausformulierung des päpstlichen Selbstverständnisses im katholischen Kirchenrecht etwas: »Der Bischof der Kirche von Rom, in dem das vom Herrn einzig dem Petrus, dem Ersten der Apostel, übertragene und seinen Nachfolgern zu vermittelnde Amt fortdauert, ist Haupt des Bischofskollegiums, Stellvertreter Christi und Hirte der Gesamtkirche hier auf Erden; deshalb verfügt er kraft seines Amtes in der Kirche über höchste, volle, unmittelbare und universale ordentliche Gewalt, die er immer frei ausüben kann.«[142] Der Papst ist oberster Richter, der selbst nicht vor Gericht gezogen werden kann[143], ohne ihn kann kein Konzil entscheiden oder stattfinden[144], er ist unfehlbar in seinen Lehrentscheidungen[145]. »Gegen ein Urteil oder ein Dekret des Papstes gibt es weder Berufung noch Beschwerde«[146]. »Der Papst ist der oberste Richter für den gesamten katholischen Erdkreis. Er spricht Recht entweder persönlich oder durch die ordentlichen Gerichte …«[147]

Und nicht nur dies: »Der Papst stirbt, das Papsttum aber ist unsterblich.«[148] François Marie Arouet Voltaires (1694 – 1778) Bonmot gilt ungebrochen, denn die Kette der Amtsträger dieser bemerkenswerten Institution der Geschichte und »ältesten Wahlmonarchie« der Welt ist beeindruckend lang – ob man diese nun bereits mit dem Apostel Simon Petrus (Amtszeit 64 – 67) beginnen lässt, wie es das *Annuario pontificio*, das Päpstliche Jahrbuch, nahelegt, oder erst sehr viel später ansetzt. Letzterem zufolge ist Papst Benedikt XVI. (geboren 1927) der 264. Papst. Dass es bis heute keine historisch allgemein anerkannte Papstliste gibt, hat geschichtliche Gründe: Probleme hinsichtlich der frühen Päpste, Doppelwahlen, die Teilung der Papstreihen nach dem abendländischen Schisma sowie die zahlreichen Gegenpäpste.

Folgt man der römisch-katholischen Lehre, wurde das Papsttum von Jesus Christus selbst eingesetzt, wobei seit dem 3. Jahrhundert besonders eine Stelle aus dem Matthäusevangelium zur Begründung angeführt wird: »Ich aber sage dir: Du bist Petrus, und auf diesen Felsen werde ich meine Kirche bauen, und die Mächte der Unterwelt werden sie nicht überwältigen. Ich werde dir die Schlüssel des Himmelreichs geben; was du auf Erden binden wirst, das wird auch im Himmel gebunden sein, und was du auf Erden lösen wirst, das wird auch im Himmel gelöst sein.« (Mt 16,18f) Hinzu kommen weitere neutestamentliche Stellen, die von einer vermeintlichen Sonderstellung des Petrus zeugen. Trotzdem können diese Textstellen – so die einhellige Meinung fast aller Theologen von heute – nicht als wirklich *historische* Zeugnisse einer »Stiftung« des Papsttums durch Jesus verstanden werden.

Durch Petrus – und auch durch Paulus – wird seit dem 3. Jahrhundert in der westlichen Reichshälfte jedoch ein deutlicher Vorrang der Gemeinde von Rom vor den anderen Patriarchaten (Konstantinopel, Alexandrien, Antiochien und Jerusalem) legitimiert. Dem Papst von Rom wurde der erste Rang als *primus inter pares* zuerkannt und die Stellung des römischen Bischofs nach der Konstantinischen Wende, die eine politische Machtverlagerung nach Konstantinopel zur Folge hatte, dann weiter verstärkt. Dadurch, dass der Kaiser seine Residenz nach Byzanz verlegte, wurde der Papst automatisch zur bedeutendsten religiösen und politischen Figur im Abendland – und dies erst recht nach dem Untergang des weströmischen Reiches.

Zum ersten Verkünder päpstlicher Vollgewalt wurde Leo I., der von 440 bis 461 regierte. Die von Papst Gelasius I. (Regierungszeit 492 – 496) formulierte sogenannte »Zweigewaltenlehre«, die dem Papst die geistliche und dem Kaiser die weltliche Gewalt zusprach, sollte das Verhältnis zwischen Kirche und Staat nachhaltig prägen, wobei die Grenzen mitunter fließend waren, sich diese gegenseitig ins Amt setzten.

Einen weiteren Meilenstein in der Geschichte des Papsttums setzte der Frankenkönig Pippin III. (714 – 768), der sich 754 dem Papst unterstellte und sich und seine Nachfolger zum Schutz des Papsttums verpflichtete. Großzügige Schenkungen legten dabei den Grundstein zum Kirchenstaat. Papsttum und Kaisertum standen fortan in komplexen Beziehungen, wobei die Oberherrschaft durchaus die Seiten wechseln konnte: So sah sich Karl der Große (747 – 814) trotz seiner Krönung durch den Papst (800) als Herr über die Kirche. Hingegen war das Papsttum im 10. Jahrhundert, das als »dunkles Jahrhundert« in die (Kirchen-)Geschichte einging, ganz dem römischen Adel unterworfen, dessen rivalisierende Gruppen Päpste genauso schnell ernennen wie einkerkern oder gar ermorden lassen konnten.

Als unbeschränkte Vollgewalt und Überordnung der geistlichen Gewalt definierte Gregor VII. (Regierungszeit 1073 – 1085) die Stellung des Papsttums in der Kirche und sein Verhältnis zur weltlichen Macht. Mit seiner Forderung strikten Gehorsams gegen den Papst begründete er das zentralistische Kirchensystem. Letztes fand seinen Ausdruck nicht nur im alleinigen Recht des Kardinalskollegiums zur Papstwahl (seit 1059), sondern auch in der Führungsrolle bei den Kreuzzügen.

1054 führte die Exkommunikation des Patriarchen Michael Kerullarius (um 1000 – 1059) durch Kardinal Humbert von Silva Candida (um 1006 oder 1010 bis 1061) zum großen, auch »morgenländisch« genannten Schisma (= »Spaltung«) zwischen der römisch-katholischen West- und der griechisch-orthodoxen Ostkirche. Denn im Gegenzug bannte der Patriarch die Verfasser der Exkommunikationsbulle … Eine gegenseitige Bannung also, die zwar 1965 formell aufgehoben wurde, aber am Schisma der Kirchen bis heute nichts ändern sollte!

Mit zunehmender Verweltlichung, sprich Politisierung kam es jedoch auch zu einem Niedergang des Papsttums: So machte das »Exil« des Papsttums in Avignon (1305 – 1377) dieses von der französischen Krone abhängig. 1378 führte die Wahl von zwei beziehungsweise drei Päpsten, die gleichzeitig Anspruch auf die oberste Gewalt in der Kirche erhoben, zum »Großen abendländischen Schisma«, zur Spaltung in die römische und avignonische »Obedienz« (= Anhängerschaft), die erst durch das Konstanzer Konzil beendet wurde.

Auch wenn die Renaissance-Päpste insgesamt, wie viele ihrer Vorgänger, keinen unerheblichen Anteil an der *Kriminalgeschichte des Christentums* haben, gab es Wohltäter und große Kunstförderer wie etwa Julius II. (1503 – 1513) unter ihnen.

Zu einer Erneuerung des Papsttums kam es nach dem reformatorischen Erdbeben im Anschluss an das Konzil von Trient. Sittenstrenge Päpste wie Pius V. (1504 – 1572), Gregor XIII. (1502 – 1585) und Sixtus V. (1521 – 1590) stärkten das Selbstvertrauen der Kirche, wobei die Zentralisierung weiter voranschritt. Gelang es den Päpsten noch mithilfe der Jesuiten und der katholischen Landesfürsten die Reformation einzudämmen, offenbarte der Dreißigjährige Krieg wiederum die Schwäche des Papsttums, dessen Machtzerfall auch im 18. Jahrhundert anhielt. Religiöse Gegenbewegungen wie Jansenismus, Gallikanismus, Josephinismus und Episkopalismus trugen das Ihre dazu bei. Die politische Ohnmacht des Papsttums zeigte sich vollends unter Napoleon I. (1769 – 1821).

Das Ende der Reichskirche führte indes zur Stärkung der innerkirchlichen Position des Papsttums. Angesichts aufklärerisch-liberaler »Bedrohung« erblickten viele Konservative in ihm ein sicheres Bollwerk. Viele tun es noch heute. Eine Aufgipfelung der Zentralisierung bildete schließlich das Dogma vom Universalprimat und von der Unfehlbarkeit, das bezeichnenderweise mit dem Verlust der weltlichen Macht des Papsttums 1870 zusammenfiel. Das Unfehlbarkeitsdogma befähigt den Papst, *ex cathedra* (lateinisch = »von seinem Lehrstuhl aus«), absolut wahre Glaubens- und Sittenlehren zu verkünden. Was jedoch seitdem nur ein einziges Mal passierte: 1950 stellte Papst Pius XII. das Dogma von der leiblichen Auffahrt Marias in den Himmel auf. Durch die Lateranverträge, welche die Kirche 1929 mit dem faschistischen Italien unter Mussolini abgeschlossen hatte, erhielt der Kirchenstaat auch seine heutige Ausdehnung (44 Hektar) und Rechtsform: der kleinste Staat der Welt, mit eigenen Streitkräften in Gestalt der Schweizergarde, eigenem Rundfunk sowie eigenen Briefmarken und Münzen. An der geistlichen Stellung des Papstes sollte auch das II. Vatikanum (1962 – 65) nichts Wesentliches ändern, wenngleich seitdem die Kollegialität der Bischöfe insgesamt gestärkt wurde.

42. Wie begründet sich das Asketen- und Mönchtum?

»Bettelorden und Mönche hat der Teufel erdacht und erfunden.«[149], ließ der tschechische, auf dem Scheiterhaufen verbrannte Reformator Jan Hus (um 1370 – 1415) – in seinem von Siegmund Meisterlin (um 1435 – 1491) überlieferten Glaubensartikel aus der *Chronik Nürnbergs* – verlauten. Und der ehemalige Mönch Martin Luther (1483 – 1546) haute rund hundert Jahre später mit seinen berühmten *Tischreden* in die gleiche Kerbe, als er schrieb: »Ade Mönche und Einsiedler! Das sind Erfindungen Satans, weil sie außer allen frommen Ordnungen und Verordnungen Gottes sind.« Es war vor allem der Vorwurf des Versuchs der vermeintlichen »Selbsterlösung« und der »Werkgerechtigkeit« – die das Seelenheil und die Gnade Gottes gewissermaßen auf eigene Faust zu erwirken suchen –, aufgrund dessen die Reformation das mittlerweile mehr als tausend Jahre zählende, aus der östlichen Orthodoxie stammende christliche Mönchtum (wie auch die Mystik) grundsätzlich ablehnte und dem Ordensleben jede biblisch-theologische Legitimation abzusprechen begann. Und dies ungeachtet der unbestreitbaren Tatsache, dass die Mönchsorden und Klöster spätestens im Mittelalter im Westen – aber auch in den östlichen Hochreligionen wie dem Hinduismus, dem Buddhismus und Taoismus – zu den wichtigsten Zentren von Bildung, Kunst und Kultur avanciert waren.

Dabei berief sich das christliche Mönchtum seit seinen Anfängen, und zwar nicht zu Unrecht, auf das Neue Testament: auf die darin verkündete vollkommene *Imitatio Christi*, die Nachfolge Christi – Jesus führte, wie uns überliefert ist, zeitweilig selbst ein asketisches Leben, indem er sich beispielsweise vierzig Tage in die Wüste zurückzog und fastete –, auf die Botschaft vom bevorstehenden Ende der Welt und nicht zuletzt auf die sogenannten Evangelischen Räte. Letztere umschreiben die Lebensformen der Armut, des Gehorsams und der Ehelosigkeit, die in den Orden zu Leitideen eigenständiger Gemeinschaften wurden. Hinzu kamen starke asketische Vorbilder wie Johannes der Täufer, der, wie später die ersten christlichen Mönche, in der Wüste lebte und – die Köstlichkeiten späterer Klosterküchen sicherlich noch nicht einmal erahnend – sich nur von Heuschrecken und wildem Honig ernährte. Oder, um ein anderes Beispiel anzuführen, Paulus von Tarsus, der bekanntlich die Jungfräulichkeit bevorzugte und bewusst auf die Ausübung der Sexualität verzichtete. Kurzum, in Abkehr von der Welt sich rein spirituellen Zielen zu widmen, zu beten, zu meditieren und sich mitunter streng zu kasteien, dies wurde schon früh als besonderer Weg authentischer, intensiver religiöser Erfahrung und Vervollkommnung erachtet.

Doch die Wurzeln des christlichen Mönchtums reichen noch viel weiter zurück, nämlich bis zu der um die Zeitenwende wirkenden späthellenistisch-jüdischen Sekte der Essener, die, getrennt vom Tempeljudentum, in gleichsam klösterlicher Einsamkeit lebten und wie die Therapeuten (griechisch = »Diener, Pfleger«), Angehörige einer anderen jüdischen Gemeinschaft von »Gottesdienern«, in Ägypten unweit Alexandria, ein abgesondertes, asketisches Leben führten und alle Güter miteinander teilten.

Erste systematische Anweisungen für ein asketisches, eheloses Leben von Christen finden sich bei dem aus Karthago stammenden Kirchenvater Tertullian (um 160 – 220/30), der der christlichen sittenstrengen, apokalyptisch orientierten Sekte der Montanisten aus Kleinasien nahegestanden haben soll. Auch der in Alexandria geborene große christliche Theologe Origenes (um 185 – 253/54), der sich gemäß einer missverstandenen Stelle aus dem Matthäusevangelium (Mt 19,12) selbst entmannt haben soll, behauptete, dass nur der wahre Asket sich Gott nähern könnte.

Als einer der ersten christlichen Mönche – das Wort leitet sich aus dem Griechischen *monachos* für »allein, Alleinlebender« ab (anstelle der weiblichen Form *monacha* setzte sich aber der Begriff »Nonne« durch) – gilt der Heilige Antonius der Große (um 250 – 356), der als Anachoret, das heißt als Zurückgezogener in der ägyptischen Wüste, dem angeblich bevorzugten Aufenthaltsort von verführerischen Dämonen, ein einsames Leben in strengster Enthaltsamkeit fristete. Dessen von intensivster Gebetspraxis, Meditation und Kontemplation bestimmtes Leben schildert uns Athanasius (um 300 – 373), der Bischof von Alexandria, in seiner *Vita Antonii*. Diese Lebensbeschreibung, besonders aber die *Apophthegmata Patrum*, eine Sammlung von Sprüchen der Wüstenväter, aber auch Wüstenmütter aus den Mönchssiedlungen der ägyptischen Wüste, lassen die Lebensweise der Eremiten und Anachoreten als erste Formen des christlichen Mönchtums erkennen.

Antonius sollte denn auch schon bald Nachahmer finden, die um 300 erste Mönchgemeinschaften bildeten, die ihrerseits Vorstufen für die um 320/25 von Pachomios (um 292/94 – 346) in Oberägypten gegründeten ersten christlichen Klöster darstellen, in denen die Zönobiten (von griechisch *koinos* = »gemeinsam« / *bios* = »leben«) unter einem Abbas, das heißt einem Abt, nach festen Regeln ein gemeinsames Leben führten, gleichsam eine »Einsamkeit zu mehreren«. Der genannte Pachomios war es auch, der die erste Klosterregel des christlichen Mönchtums, nämlich *Die Engelsregel*, schuf – ihr koptisches Original wurde von Hieronymus ins Lateinische übersetzt –, und dessen Schwester zur ersten Leiterin einer weiblichen Klostergemeinschaft wurde.

Ein weiterer bedeutender Verfasser einer Klosteregel für das orthodoxe Mönchtum ist Basilius von Caesarea (um 330 – 379), der mit seiner Kombination aus Askese und Studium das Klosterleben der Ostkirche bis heute prägt und auch Ordensstifter wie Benedikt von Nursia (480 – 547) im Westen beeinflusst hat. Die Regel des Basilius wurde von Rufinus von Aquileia (gestorben 410/411) ins Lateinische übersetzt. Nach seinen Worten sind die Mönche »aufrichtige Nachfolger des Erlösers und seines Lebens im Fleische ... Sie eifern dem Leben der Engel nach und bewahren, wie diese, sorgfältig die Gemeinschaft«.[150]

Wie uns der Mönch und Theologe Johannes Cassianus (um 360 – 435) überliefert hat, gab es aber auch andersgeartete Mönchsgemeinschaften, wie etwa die Sarabaiten (koptisch *sar* = »zerstreut«, *abet* = »Kloster«), die in kleinen hierarchielosen Gruppen in oder am Rand von Städten lebten und umherzogen. Sie schoren ihr Haar, trugen lange Bärte und ließen sich beschneiden. Ihre Existenz ist bis ins 9. Jahrhundert bezeugt. Eine zweite große Gruppe bildeten die Wandermönche, die – statt sich an eine Einsiedelei oder ein Kloster zu binden – die Heimatlosigkeit wählten, um ihr Seelenheil zu finden. Heißt es doch schon im ersten Brief des Petrus: »Liebe Brüder, da ihr Fremde und Gäste seid in dieser Welt, ermahne ich euch: Gebt den irdischen Begierden nicht nach, die gegen die Seele kämpfen.« (1 Petr 2,11) Schon bald verbreitete sich das in Ägypten populär gewordene Mönchtum bis nach Kleinasien, Palästina, Syrien, wobei der aus Dalmatien stammende Kirchenvater und Verfasser der *Vulgata,* Hieronymus (um 347 – 420), der seit 385 in Bethlehem lebte, wo er ein Männer- und drei Frauenklöster leitete, großen Anteil hatte.

Eine besonders extreme Form der Selbstkasteiung stellt das Eremitenleben auf einem Baum oder einer hohen Säule dar. Motive dafür waren unter anderem Ortsbindung und zugleich Unbehaustheit sowie Schutzlosigkeit, Getrenntsein vom Menschengedränge und zugleich Nähe zum Himmel. Als Begründer und berühmtester Vertreter des sogenannten Stylitentums, also des Säulenstehens – *stylos* bedeutet im Griechischen »Säule« –, gilt der heilige Simeon (Symeon) Stylites der Ältere. Geboren um 390 in Kilikien in Kleinasien, stieg Simeon zunächst auf eine einen Meter hohe Säule, dann, im Jahre 422, wechselte er auf eine rund zwanzig Meter hohe Säule. Auf der oben angebrachten Plattform stand und betete er 37 Jahre bis zu seinem Tod 459. Er stand immer aufrecht, an wichtigen Festtagen hielt er die Arme den ganzen Tag über ekstatisch zum Himmel erhoben. Zweimal am Tag predigte das »lebende Denkmal« zur Menschenmenge, die sich regelmäßig unter der Säule versammelte. In der übrigen Zeit nahm Simeon sich der Sorgen und Nöte der Menschen an, die zu ihm kamen und ihn um Rat und Hilfe baten.

Zu regelrechten Zentren des orthodoxen Mönchtums wurde ab dem 4. Jahrhundert Konstantinopel und seit Ende des 10. Jahrhunderts in Nordgriechenland, auf einem hohen Berg gelegen, die Klosterrepublik Athos. Und zu den wichtigsten orientalischen Klöstern sind das Katharinnenkloster auf dem Berg Sinai und das Antoniuskloster in Ägypten zu zählen. Im Zuge der Christianisierung der Slawen verbreitete sich das Mönchtum sodann auf dem Balkan und in Russland, dort seit der 2. Hälfte des 18. Jahrhunderts besonders in Gestalt des Starzentums.

Justinian der Große (482 – 565), der letzte römische Kaiser in Byzanz, Verteidiger der Orthodoxie und Förderer des Koinobitentums auf Kosten anderer Formen des Mönchtums, fasste zusammen, was sich die Welt damals vom monastischen Leben versprach: »Seine Einzigartigkeit und seine Kontemplation sind eine hl. Sache und führen die Seelen zu Gott empor. Nicht nur den Menschen selbst, sondern auch allen anderen bringt sie durch ihre Reinheit und Fürbitte zu Gott ungeheuren Nutzen.«[151] Im Unterschied zum Westen spielt das Mönchtum in der Orthodoxie bis heute eine besondere Rolle und kann, so der 1948 geborene orthodoxe Theologe Nikolaus Thon, »als wesentliches Element der Aufrechterhaltung des Lebens der Kirche charakterisiert werden, zumal die Bischöfe in der Regel immer aus dem monastischen Stand gewählt werden«[152].

Kommen wir zu den Anfängen des Mönchtums im Abendland und zu dessen überragendem Vertreter Benedikt von Nursia (480 – 547), der 529 mit der Gründung des Klosters Montecassino, dem Mutterkloster des Benediktinerordens, und seiner *Regel* die Entwicklung des westlichen Mönchtums maßgeblich und nachhaltig prägte. Zu den Hauptmerkmalen der benediktinischen Gelübde zählen die sogenannte *stabiltas loci* (die Ortsbeständigkeit), die *conversio morum* (die Bekehrung der Sitten, die tägliche Umkehr) und der Gehorsam, die sinngemäß an die Evangelischen Räte anschließen. Hinzu kommen Anweisungen für ein geordnetes religiöses Leben in der Gemeinschaft und einen rhythmisierten Tagesablauf, bei dem Gebet und Arbeit – *ora et labora!* – in einem ausgewogenen Verhältnis stehen.

Parallel dazu gab es im Westen von Anfang Mönche, die als Einsiedler lebten, wie uns das Beispiel der irischen und gallischen Mönche des 5. und 6. Jahrhunderts vor Augen führt, die der Welt den Rücken kehrten, indem sie sich auf ganz entlegene Inseln flüchteten, oder die *Peregrinatio religiosa*, die Pilgerschaft, wählten und sich die Mission zur Aufgabe machten (erstmals bei Columban dem Jüngeren, um 543 – 615).

Da es in nachfolgenden Jahrhunderten zu einer Verschmelzung von klerikalem und mönchischem Lebensstil kam, trat der weltabgewandte, kontemplative Lebensstil immer mehr in den Hintergrund. Dies führte im 10. und 11. Jahrhundert nicht nur zu ersten Klosterreformen, sondern auch zur Gründung ganz neuer (miteinander konkurrierender) Gemeinschaften, wie den Kartäusern oder Zisterziensern, die an die frühen Ideale des Eremitentums anknüpften. Im 13. Jahrhundert entstanden sodann die Mendikanten, besser bekannt unter der Bezeichnung Bettelorden, als deren Gründer Franz von Assisi (1181/82 – 1226) gilt, und die eine *Vita contemplativa* mit einer *Vita activa*, also ein beschauliches und aktives Leben, miteinander zu verbinden suchten. Zu den bedeutendsten Bettelorden zählen – neben den Fransziskanern – der von dem Spanier Dominikus 1216 gegründete Predigerorden der Dominikaner, die Augustiner, die nach der *Augustinusregel* leben (deren Wortlaut jedoch nicht von Augustinus stammt), und die nach dem Berge Karmel im Norden Israels benannten Karmeliten, die allesamt die feste Bindung an ein Kloster aufhoben und allein vom Arbeitslohn oder vom Betteln lebten.

Nachdem die Reformation das Mönchtum im Allgemeinen ablehnte, wurden neu gegründete katholische Orden – allen voran der 1540 gegründete Orden der Jesuiten – zu den Trägern der katholischen Gegenreformation. Während das Mönchtum zur Zeit der Aufklärung und Säkularisation einen deutlichen Niedergang erleben musste, kam es im restaurativen 19. Jahrhundert zur Bildung neuer Kongregationen.

Im 20. Jahrhundert entstanden, angeregt durch das Beispiel des Franzosen Charles de Foucauld (1858 – 1916), Säkularinstitute, die sich für ein »Ordensleben in der Welt« stark machen. Diese sind zwar an die Evangelischen Räte gebunden, leben aber – ohne Klausur und Ordenskleider – in ihrer weltlichen, beruflichen und familiären Umgebung oder in kleinen Gemeinschaften.

Zu klosterähnlichen Gemeinschaften kam es im 20. Jahrhundert auch im evangelischen Bereich. Zu den international bekanntesten ökumenischen Männerorden ist Taizé zu zählen, der von Frère Roger Schutz (1915 – 2005) gegründet wurde und vor allem Jugendliche aus aller Welt zu Tagen der Einkehr und Besinnung anzieht.

43. Was ist christliche Mystik?

Was Mystik im Allgemeinen und christliche Mystik im Besonderen ist, lässt sich nicht in wenigen Worten sagen. Fest steht jedoch, dass sich die Mystik, einem einigenden Band gleich, »quer durch die Welt des religiösen Lebens zieht und damit die Enge der jeweiligen Bekenntnisformeln ausweitet, ohne sie eigentlich in Frage zu stellen«[153] (Gerhard Wehr). Das Wort selbst, »Mystik«, leitet sich vom griechischen Adjektiv *mystikos* ab, das den Verben *myo* (Augen und Mund verschließen, um eines Geheimnisses inne zu werden und es nicht auszuplaudern) und *myein* (in die Mysterien einweihen) sowie den Substantiven *mysterion* (meist als Plural: *mysteria* = die Mysterienkulte; im profanen Sinn: das Geheimnis) und *mystes* (der in die Mysterien Eingeweihte) zugehört und darum so viel wie »das die Mysterien Betreffende« bedeutet. In diesem Sinn begegnet es schon im 5. Jahrhundert v. Chr. bei den griechischen Schriftstellern Aischylos (525 – 456), Sophokles (497/96 – 406/405) und Herodot (490/80 – 424). »In der Neuplatonischen Philosophie und im Gnostizismus erfährt es dann, entsprechend dem neuen Verständnis der Mysterien als dunkler, die Seele zur Einung mit dem Göttlichen empor führender (Erlösungs-)Lehren einen entscheidenden Bedeutungswandel. Es bezieht sich nun nicht mehr auf den kultischen Umgang mit der Gottheit, sondern auf den in Riten, Mythen und Symbolen verborgenen und durch sie verhüllten göttlichen Seinsgrund der Welt, der nur dem zur Erkenntnis Fähigen, von der großen Menge Abgeschiedenen und sittlich Vorbereiteten zugänglich ist. Mystik ist hier also höchste Erkenntnis, mystische Rede, die symbolhaft-verhüllende und in jedem Fall inadäquate Aussage einer letzten, ins Geheimnis gehüllten Wahrheit, die, weil über das Sinnenhafte und Rationale erhaben, von ihrem Wesen her unaussprechbar ist. (...) Im Umkreis solcher Gedanken ist das Wort in der alexandrinischen Theologie (von Origenes) in den christlichen Sprachgebrauch übernommen worden«[154], fasst F. Wolf die antike Vorstellung von Mystik zusammen.

Die Frage, wer unter den frühen Anhängern Jesu der *erste* christliche Mystiker gewesen sei, beantworten viele Fachleute mit dem Hinweis auf Paulus (um 10 n. Chr. bis 58/59). Bedeutsam geworden ist die Erzählung von der Entrückung *(raptus, ekstasis)* des Apostels »in den dritten Himmel«, das Paradies (2 Kor 12,1 – 6). Eine andere Schilderung ist das sogenannte Damaskuserlebnis: die visionär-ekstatische Bekehrung oder Christusberufung des Apostels (Apg 9,1 – 9). Als drittes bedeutsames Element wäre schließlich der Lobpreis der Liebe im ersten Korintherbrief (Kap 13) zu nennen. Ebenso einflussreich ist das Johannes-Evangelium mit der Logos-Spekulation im Prolog. Zu erwähnen ist außerdem die Seligpreisung derjenigen, die »Gott schauen« (Mt 5,8). Die Erzählung über den Besuch Jesu bei den Schwestern Maria und Martha (Lk 19,38 – 42), in der Maria als Metapher für die *Vita contemplativa*, das mystisch-beschauliche Leben, und Martha für die *Vita activa*, das handlungsorientierte, praktische Leben, verwendet werden, ist ebenfalls ein Kernzeugnis.

Außerdem sind Elemente der jüdischen Tradition für die Entwicklung der christlichen Mystik wichtig geworden. Genannt seien hier prophetische Visionserzählungen im Rahmen apokalyptischer Offenbarung des göttlichen Willens, die Brautmystik des Hohenliedes für das Gott-Mensch-Verhältnis im hellenistischen Judentum sowie der jüdisch-hellenistische Theologe Philon von

Alexandria (15/10 v. Chr. bis 45/50 n. Chr.) und dessen Spekulationen über den göttlichen Logos: »Gott selbst ist unergründbares Geheimnis, zeigt sich aber im Logos, der der Seele in ihrem obersten Teile einwohnt und sie erleuchtet. Durch die Schau des Logos in der ›nüchternen Trunkenheit‹ der Selbsterkenntnis kehrt die Seele zu Gott zurück.«[155]

Die systematischen Wurzeln christlicher Mystik liegen im Neuplatonismus bei Plotin (205 – 270) in dessen *Enneades* sowie bei Proklos (410 – 485) in dessen *Theologischer Elementarlehre.* Als dritter ist der christliche Denker Dionysius Areopagita oder Pseudo-Dionysius (5./6. Jahrhundert) zu nennen, der durch seine negative Theologie (lateinisch *De mystica theologia*), in deren Zentrum die Unsagbarkeit und Undarstellbarkeit Gottes steht, eine enorme Wirkungsgeschichte erfaltet hat. Mit seinen geheimnisvoll-rätselhaften, zuweilen auch feierlich-schwerfälligen Texten vermag Dionysius Areopagita selbst heute noch seine Leser zu bannen.

Die Werke von Pseudo-Dionysius wurden von dem scholastischen Denker Johannes Scotus Eriugena (810 – 877) aus dem Griechischen ins Lateinische übersetzt. Damit brachte Scotus Eriugina die mystische Theologie der östlichen Christenheit nach Westeuropa, wo sie sich mit der Mystik Aurelius Augustinus (354 – 430) verband. Dieser schildert in seinen *Confessiones* (= Bekenntnisse) eine mystische Schau. In den Spekulationen über das göttliche Geheimnis der Dreifaltigkeit sowie in seinen Reflexionen über Christus als dem »inneren Lehrer« greift er die Lehre von der Einwohnung des göttlichen Wortes in der Seele auf. Tiefe eigene mystische Erfahrungen bildeten die Grundlage für die Überzeugungen des wichtigsten abendländischen Kirchenlehrers.

Die vielleicht berühmtesten Mystikerinnen brachten die Klöster des Mittelalters, die damaligen Bildungszentren der Zivilisation, hervor. Das gilt sowohl für die östliche Kirche (da ist zum Beispiel der Hesychast, ein Mönch vom Athos-Berg) als auch für die westliche Kirche: etwa Bernhard von Clairvaux oder Johannes vom Kreuz. Eines der bedeutendsten Zentren christlicher Mystik bildete im 12. Jahrhundert das Kloster Saint-Victoire bei Paris, wo der Mystiker Bonaventura unterrichtet worden war. Eine weitere zentrale Gestalt war Franz von Assisi, der unmittelbar vom Neuen Testament inspiriert war. In Holland wiederum werden Jan van Ruusbroec, der »Doktor exstaticus«, mit seinem Hauptwerk *Die Zierde der geistlichen Hochzeit* sowie Geert Groote zu den herausragenden Mystikern gezählt. Groote war ein religiöser Reformer und gründete den Mönchsorden der »Brüder vom gewöhnlichen Leben«. *Vita ambidextra*, Gott schauen und dem Nächsten helfen, lautete ihr Lebensideal.

In der deutschen Tradition ist Meister Eckhart zweifellos der Leitstern im 13. Jahrhundert, vor allem aufgrund seiner *Deutschen Predigten und Traktate*. Andere bedeutende Vertreter der Mystik – die im Übrigen keineswegs, wie häufig vermutet, eine Gegenbewegung zur Scholastik bildete, sich vielmehr von ihr beeinflussen ließ – sind die Dominikaner Johannes Tauler und Heinrich Seuse, ein Schüler Eckharts. Tauler und Seuse gehörten einer Gruppe an, die sich »Freunde Gottes« nannte und aus deren Feder wiederum die *Deutsche Theologie* stammt, die Martin Luther stark beeinflusste. Auch Thomas von Kempen, der im 15. Jahrhundert *De Imitatio Christi* (deutsch *Von der Nachfolge Christi*), schrieb, gehört in diese Tradition. Sein Werk war das nach der Bibel meistgelesene Buch seiner Zeit.

Unter den englischen Mystikern des 14. und 15. Jahrhunderts ragen Margery Kempe sowie Richard Rolle aufgrund seiner Liebesmystik hervor. Walter Hilton wiederum war der einflussreichste Seelenführer seiner Zeit. Und Juliana von Norwich mit ihrer Christusmystik sowie der anonyme Verfasser von *The Cloud of Unknowing* (deutsch *Die Wolke des Nichtwissens*), ein einflussreicher Traktat über das mystische Gebet und die Kontemplationspraxis, prägen die mystische Tradition auf der britischen Insel.

Viele Vertreter der Mystik waren Frauen. Man spricht von der sogenannten Frauenmystik. Zu ihr gehören vornehmlich Hildegard von Bingen, Katharina von Siena, Teresa von Avila, Elisabeth von Schönau, Hadewijch van Antwerpen, Mechthild von Magdeburg, Mechthild von Hackeborn und Gertrud von Helfta. Neben diesen eher affektiv ausgerichteten Mystikerinnen gab es auch spekulative Richtungen. Marguerite Porètes mystisches Hauptwerk *Le miroir des simples âmes* (deutsch *Spiegel der einfachen Seelen*) aus dem 14. Jahrhundert wurde zuerst vom Bischof verboten und dann öffentlich in Valenciennes verbrannt. Schließlich wurde Porète selbst als vermeintliche Häretikerin den Flammen übergeben. Eine andere große Mystikerin war Jean-Marie de Guyon, die im 17. Jahrhundert die mystische Lehre des Quietismus in Frankreich einführte.

Aufgrund der leidenschaftlichen Suche nach spiritueller Freiheit trug die Mystik geistig mit zum Aufkommen der Reformation bei und prägte auch nachhaltig die Zeit der Gegenreformation. So verfasste Ignatius von Loyola, der Gründer der Jesuiten, seine *Exerzitien* oder *Geistlichen Übungen*. Das erbauliche Werk *Die Praktik der Gegenwart Gottes* von Bruder Laurentius wurde zum französischen Klassiker der mystischen Literatur des 17. Jahrhunderts. Und als bekannteste deutsche protestantische Mystiker dieser Zeit sind Jacob Böhme sowie der Schlesier Kaspar von Schwenckfeld hervorzuheben. Darüber hinaus fand die Mystik Eingang in die Religiosität der Täufer und Quäker.

Nach der Zeit des Barockmystikers Angelus Silesius lässt sich eine Verlagerung der Mystik in die Philosophie beobachten. So besitzt das Denken Baruch de Spinozas ebenso mystische Elemente wie etwa dasjenige von Johann Gottlieb Fichte oder des Naturphilosophen Karl Wilhelm Friedrich von Schlegel. In der neuen Welt wurde der Führer der Erweckungsbewegung, Jonathan Edwards, stark von der Mystik beeinflusst. Auch die damals im evangelischen Bereich einsetzende religiöse Erneuerung schöpfte daraus ihre Kraft. Tiefe Spuren hinterließ die Mystik im 17. Jahrhundert in England zudem in den Werken der sogenannten Platoniker von Cambridge, William Law und William Blake.

Während der Aufklärung mit der Betonung von Vernunft und Kritik wurde es ruhiger um die christliche Mystik. Mit der Romantik kam sie jedoch in der Literatur wieder zum Tragen. Dort verschmolzen christliche Motive mit Naturmystik, etwa bei Novalis in den *Hymnen an die Nacht* und in den *Geistliche(n) Liedern*. Rainer Maria Rilkes *Duineser Elegien* und *Sonette an Orpheus* stehen ebenfalls in dieser Tradition. Robert Musil wiederum entfaltete im 20. Jahrhundert Überlegungen zu einer »taghellen Mystik« in seinem großen Roman *Der Mann ohne Eigenschaften*, dessen Titel, die Eigenschaftslosigkeit, sich ja bereits unmissverständlich aus der mystischen Tradition ableitet: Die Bedeutung des Konzepts der Eigenschaftslosigkeit gilt schon bei Meister Eckhart als notwendige Voraussetzung der Einung mit Gott, der *Unio mystica.*

Ein deutliches Wiederaufleben des Interesses an christlicher Mystik ist in der weiteren Zeitgeschichte festzustellen. Zu ihren bedeutendsten Kommentatoren zählen: der australische Baron Friedrich von Hügel, die britische Anglikanerin Evelyn Underhill, der amerikanische Quäker Rufus Jones, der anglikanische Priester William R. Inge sowie der deutsche Theologe und Religionsphilosoph Rudolf Otto.

Ein prominenter nicht geistlicher Kommentator war der amerikanische Psychologe und Philosoph William James mit dem 1902 erschienenen Buch *The Varieties of Religious Experience* (deutsch *Die Vielfalt religiöser Erfahrung*), in dem sich folgende treffliche Definition des Wesens und der Aufgabe aller (und damit auch der christlichen) Mystik findet: »Die Überwindung aller gewöhnlichen Barrieren zwischen dem Einzelnen und dem Absoluten ist das große Anliegen der Mystik. In mystischen Zuständen werden wir eins mit dem Absoluten und uns zugleich dieser Einheit bewusst. Dies ist die immer währende Siegesbotschaft der Mystik, die von regionalen oder glaubensbedingten Differenzen beinah unberührt ist.«[156]

James hat in seinem bis heute gültigen Versuch über das »Wesen der Mystik« vier Grundmerkmale formuliert, die unbedingt zu einer mystischen Erfahrung gehören – unabhängig ihres kulturell-religiösen oder konfessionellen Kontextes: Zuerst nennt er die *Unaussprechlichkeit,* ein Schlüsselbegriff aller Mystik. »Der Betroffene erklärt sofort, dass ihm der Ausdruck fehlt, dass er über den Inhalt seiner Erfahrung verbal nicht angemessen berichten kann.«[157] Daraus ergibt sich auch die von Mystikern häufig vorgebrachte Klage, sie seien nicht nur verkannt und verachtet, sondern auch pathologisiert und verfolgt. Das zweite Unterscheidungsmerkmal nennt James die *Noetische Qualität*: »Obwohl Gefühlszuständen ähnlich, sind mystische Zustände für die, die sie erfahren, anscheinend auch Erkenntniszustände. Verbunden mit diesem Zustand sind Einsichten in Tiefen der Wahrheit, die vom diskursiven Verstand nicht ausgelotet werden. Es handelt sich um Erleuchtungen, Offenbarungen, die bedeutungsvoll und wichtig erscheinen, so unartikuliert sie im Ganzen bleiben; und in der Regel haben sie einen merkwürdigen Nachgeschmack von besonderer Autorität.«[158] Schließlich gibt es das Kennzeichen der *Flüchtigkeit*: »Mystische Zustände können nicht für lange Zeit aufrechterhalten werden. Mit Ausnahme weniger Beispiele scheinen eine halbe Stunde oder höchstens eine Stunde oder zwei die zeitliche Grenze zu sein, nach der sie wieder in den Alltag eintauchen.«[159] Das vierte Merkmal sieht James in der *Passivität*. Denn obgleich das Auftreten dieser Geistzustände durch gewisse körperliche, vor allem aber auch psychisch-mentale Übungen erleichtert beziehungsweise vorbereitet werden kann, hat der Mystiker dabei das untrügliche Gefühl, willenlos und von einer höheren Macht ergriffen zu sein.

Zu den bekanntesten christlichen Mystikern des 20. Jahrhunderts gehören die Sozialphilosophin Simone Weil, der Jesuit und Paläobiologe Pierre Teilhard de Chardin, der UN-Generalsekretär Dag Hammarskjöld, der Trapist Thomas Merton und der Befreiungstheologe Pedro Casaldaliga. Von Karl Rahner (1904 – 1984), dem wohl bedeutendsten katholischen Theologen des letzten Jahrhunderts, sind die prophetischen Worte überliefert: »Man hat schon gesagt, dass der Christ der Zukunft ein Mystiker sei oder nicht mehr sei.«[160]

Wer heutzutage christliche Mystik praktizieren will, findet in der Tradition eine reiche Fülle von konkreten Anleitungen für ein spirituelles Leben, das Kontemplation und aktive Lebensgestaltung verbindet. Denn wie die spirituelle Überlieferung des Ostens kennen auch die christlichen Mystikerinnen und Mystiker faszinierende Pfade in unser Innerstes![161]

44. Wie wird man ein/e Märtyrer/in, ein/e Heilige/r?

Sie ließen sich lieber foltern, wählten freiwillig einen gewaltsamen Tod – wurden gesteinigt, gerädert, gehängt, gestreckt, gevierteilt, gehäutet, geköpft und sogar gegrillt –, als ihrem Glauben oder einem dazugehörenden Lehrsatz abzuschwören, eine Gewissensüberzeugung aufzugeben oder eine ihrer Verhaltensweisen zu ändern: die christlichen Märtyrer und Märtyrerinnen, die sich gerade im Leiden in wahrer, authentischer Nachfolge Christi sahen, die wie ihr großes Vorbild in gläubiger Hoffnung auf die Auferweckung von den Toten und die Erlösung ihr Leben hingaben.

»Ich sehe den Himmel offen und den Menschensohn zur Rechten Gottes stehen«, soll er nach seiner Verteidigungsrede in der Gerichtsverhandlung – erfüllt vom Heiligen Geist und zum Himmel emporblickend – gerufen haben, bevor die Mitglieder des Hohen Rats unter lautem Geschrei auf ihn losstürmten, ihn zur Stadt hinaustrieben und schließlich steinigten ... »Er aber betete und rief: Herr Jesus, nimm meinen Geist auf! Dann sank er in die Knie und schrie laut: Herr, rechne ihnen diese Sünde nicht an! Nach diesen Worten starb er.« (Apg 7,56f), berichtet uns die Apostelgeschichte über die Exekution des Stephanus, einen von sieben Diakonen der Jerusalemer Urgemeinde, der – wegen seines Bekenntnisses zu Jesus Christus – als erster christlicher Märtyrer, ja als der Erzmärtyrer par excellence gilt. Das griechische Wort für Zeuge *(martys)* wurde erstmals um die Mitte des 2. Jahrhunderts zur Bezeichnung für den christlichen Märtyrer.

Stephanus' Hinrichtung wohnte auch ein eifriger Mann namens Saulus – der spätere Apostel Paulus – bei, vor dessen Füße die Zeugen ihre Kleider niederlegten und der mit der Ermordung des Diakons durchaus einverstanden war. Doch Paulus sollte – Jahrzehnte nach seiner visionär-ekstatischen Bekehrung, seiner Christusberufung vor Damaskus – das gleiche Schicksal erleiden, als er unter Kaiser Nero (37 – 68) mit dem Schwert hingerichtet wurde und wie viele andere Verfolgte im Frühchristentum den Märtyrertod (nach 60) fand.

Seitdem sehen wir die Märtyrer, die zu den Prototypen der christlichen Heiligen wurden, in der bildenden Kunst meist mit den Instrumenten ihres Martyriums dargestellt (gelegentlich auch mit einer Palme in der Hand und einer Krone auf dem Kopf): den heiligen Stephan mit Steinen, den heiligen Paulus mit einem Schwert, den heiligen Laurentius mit dem Rost und so weiter und so fort. Ihr Todestag wird von Christen – auf den ersten Blick hin paradox – als »Geburtstag« ihres unmittelbaren Eingehens ins ewige Leben, als Tag ihrer Erhöhung gefeiert und in sogenannten *Martyrologien* beziehungsweise *Synaxarien* seit dem 3. Jahrhundert kalendarisch als Gedenktag festgehalten – oftmals unter Angabe des Ortes ihrer Grabstätte, der Besonderheiten ihres Lebens und Leidens sowie mit Auszügen aus Prozessakten und Augenzeugenberichten. Seit 1584 gilt dabei das *Martyrologium Romanum* als verbindliches Märtyrer- und Heiligenbuch in der katholischen Kirche.

Bei einem ungetauften Märtyrer wird das Martyrium sogar als Ersatz für das Sakrament der Taufe betrachtet. Denn seit Klemens von Alexandrien (gestorben nach 215) wird dem Martyrium die gleiche rechtfertigende, die Sünden vergebende Kraft zugeschrieben wie der Taufe mit Wasser, weshalb auch von der »Bluttaufe« die Rede war.

Dass das Märtyrertum wesentlich zur Verbreitung des Christentums beigetragen hat, spiegelt sich unter anderem in dem Sprichwort der Alten Kirche wider: »Ein Same ist das Blut der Christen.« Trotzdem fehlte es seit Anbeginn dieser Christenschlachtungen nicht an Mahnungen, dass man das Martyrium nicht provozieren, es nicht mit einem religiös verbrämten Selbstmord verwechseln solle. Der Kult um die Märtyrer ist ursprünglich an ihr Grab gebunden, über oder bei dem man nach der Konstantinischen Wende häufig Märtyrer-Kirchen errichtete, sowie an ihre Reliquien und später an Bilder.

Vom Märtyrer unterschied die Kirche bereits früh den sogenannten Konfessor (griechisch *homologetes*), das heißt den Bekenner, der zwar für seinen Glauben vor Gericht gestanden, gefangen gehalten und gelitten haben mag, aber dabei nicht sein Leben lassen musste. Seit dem 5. Jahrhundert wurden dann nicht nur Märtyrer, sondern auch Konfessoren sowie Bischöfe, Kirchenväter und andere Personen als Heilige verehrt und zur Fürbitte angerufen.

Das Märtyrertum beschränkt sich jedoch keineswegs nur auf die Zeit des Frühchristentums, denn zu »Blutzeugen« für Christus wurden Menschen durch alle Jahrhunderte, werden sie bis heute: Man denke nur an die Glaubensverfolgungen durch den Nationalsozialismus im 20. Jahrhundert, an Menschen wie den lutherischen Theologen, profilierten Vertreter der Bekennenden Kirche und Widerstandskämpfer Dietrich Bonhoeffer (1906 – 1945).

Im Gegensatz zu den Märtyrern, müssen die Konfessoren, bevor sie von der römisch-katholischen Kirche in die Schar der Heiligen Aufnahme finden, seliggesprochen werden. Dieser feierlichen Erklärung der Seligsprechung, die man auch *Beatifikation* (lateinisch *beatus* = »glücklich, selig«) nennt, geht dabei der sogenannte Seligsprechungsprozess voraus. Er wird bei verstorbenen Menschen angewandt, die ein besonders vorbildhaftes Leben geführt haben, wobei durch die Seligsprechung – im Unterschied zur Heiligsprechung – nur eine lokale öffentliche Verehrung dieser Person gestattet wird. »Selige Personen« sind nach dem Sprachgebrauch der römisch-katholischen Kirche solche, die nach dem Tod in die »selige Anschauung Gottes« gelangt sind. Bedingungen für die Einleitung des Seligsprechungsprozesses sind die *fama sanctitatis* (der Ruf der Heiligkeit) und die *fama signorum* (der Ruf der Wundertätigkeit), die der Kandidat unter den Gläubigen genießen muss, wobei die Lebensführung des Seligzusprechenden und die Untersuchung eines ihm zugeschriebenen Wunders genauestens geprüft werden. Dem sogenannten *promotor justitiae* (dem Förderer der Gerechtigkeit), der bis 1983 noch scherzhaft *Advocatus Diaboli*, also Anwalt des Teufels, hieß, kommt dabei die Aufgabe zu, Tatsachen und Ereignisse herauszufinden, die einer Seligsprechung entgegenstehen.

Ein Seligsprechungsprozess kann kirchenrechtlichen Bestimmungen zufolge frühestens fünf Jahre nach dem Tod der betreffenden Person eröffnet werden und dauert in der Regel mehrere Jahrzehnte. In neuer Zeit gab es jedoch eine Reihe von Ausnahmen, da der Papst diese Regel aufzuheben vermag. So wurde Mutter Teresa von Kalkutta nach nur zwei Jahren (1999) und Papst Johannes Paul II. sogar nach nur drei Monaten (2005) seliggesprochen. Die Seligsprechungen finden durch den Präfekten der Kongregation für die Selig- und Heiligsprechungsprozesse oder auch einen anderen beauftragten Bischof in den jeweiligen Diözesen statt, wobei die Proklamation meist im Rahmen einer Eucharistiefeier stattfindet.

Damit ein bereits Seliggesprochener auch heiliggesprochen, das heißt kanonisiert wird und als Heiliger bezeichnet und verehrt werden darf, ist der Nachweis eines Wunders, meist ein – von Medizinern geprüftes und für unerklärlich befundenes Heilungswunder –

weitere Voraussetzung. Den Ausgangspunkt einer Heiligsprechung stellt der Antrag einer Diözese oder Ordensgemeinschaft dar, die für die Kosten des Verfahrens – heutzutage schätzungsweise 50.000 Euro – auch selbst aufkommen muss. Eine nicht unerhebliche Finanzierungsquelle des Vatikans! Für Ausnahmefälle hat die Kongregation für die Heiligsprechungen jedoch einen Fond eingerichtet, der auch armen Kirchenregionen ein solches Verfahren erlaubt. Die letzte Entscheidung, ob jemand heiliggesprochen wird, obliegt dem Papst, der den Kanonisationsakt im Rahmen einer liturgischen Feier vollzieht und die/den Heiligen in das Martyrologium, das »Verzeichnis der Heiligen« einträgt, das seit Jahrhunderten weitergeführt wird. Allein während des Pontifikats von Johannes Paul II. von 1978 bis 2005 kam es zu einer regelrechten Heilligeninflation: Es wurden 482 Personen heiliggesprochen!

Die katholische Kanonisationsformel lautet: »Zu Ehren der allerheiligsten Dreifaltigkeit, zum Ruhm des katholischen Glaubens und zur Förderung des christlichen Lebens entscheiden wir nach reiflicher Überlegung und Anrufung der göttlichen Hilfe, dem Rat vieler unserer Brüder folgend, kraft der Autorität unseres Herrn Jesus Christus, der heiligen Apostel Petrus und Paulus und in der Vollmacht des uns übertragenen Amtes, dass der/die selige N. ein(e) Heilige(r) ist. Wir nehmen ihn/sie in das Verzeichnis der Heiligen auf und bestimmen, dass er/sie in der gesamten Kirche als Heiliger verehrt wird. Im Namen des Vaters und des Sohnes und des Heiligen Geistes.«

Trotzdem hat die Formel »einmal heilig – immer heilig« durchaus keinen Absolutheitsanspruch. Der Papst ist nicht nur dazu berechtigt, an sich unauflösliche Ehen zu annullieren, er darf sogar Heilige unterdrücken, sie kraft seiner Autorität, seiner Unfehlbarkeit einfach aus dem kirchlichen Kanon, dem allgemeinen Heiligenkalender entfernen lassen, auch wenn diese sich jahrhundertelanger und tiefer Verehrung erfreut haben sollten. So können historische Recherchen berechtigte Zweifel an der Frömmigkeit und an den mit dem Namen der/des Heiligen verbundenen Wundern aufkommen lassen oder offenbaren, dass diese überhaupt nie leibhaftig, sondern lediglich in der Fantasie des Volkes und einiger Literaten existiert haben.

Das wohl prominenteste, bei vielen gläubigen Katholiken größte Enttäuschung und Empörung auslösende Beispiel aus jüngster Zeit ist zweifellos der heilige Christophorus, einer der bekanntesten und beliebtesten Heiligen überhaupt, der Schutzheilige aller Reisenden, Autofahrer, Pilger, Bus-, Lastwagen- und Skifahrer, dessen Festtag der 25. Juli war, bevor er 1969 gnadenlos aus dem Kanon gestrichen wurde. Wir erinnern uns: Christophorus soll einmal in einer stürmischen Nacht ein kleines Kind auf den Schultern durch einen reißenden Fluss getragen haben. Unterwegs wurde das Kind immer schwerer, doch der Riese Christophorus wankte nicht. Als er das andere Ufer erreicht hatte, gab sich das Kind als Christus zu erkennen. Daher auch sein Name Christophorus, der aus dem Griechischen stammt und »Christusträger« bedeutet, allerdings zunächst im spirituellen, nicht körperlichen Sinne!

Seit dem Mittelalter wurde Christophorus von immer mehr Menschen verehrt, und spätestens seit es Automobile gibt, finden sich Christophorus-Medaillen an vielen Armaturenbrettern und Rückspiegeln, auch wenn der sieben Meter messende Christophorus mit seinem Hundegesicht, das selbst den Satan in Angst und Schrecken versetzt haben soll, mittlerweile zu einem gut aussehenden, aber immer noch übergroßen Mann avanciert ist. Seine Entfernung aus dem Kanon konnte denn auch nicht verhindern, dass viele Katholiken weiterhin ihre Christophorus-Medaillons tragen und ihn zumindest lokal verehren.

Weitere Beispiele für die Unterdrückung von Heiligen durch den Vatikan sind: die heilige Barbara, Jungfrau und Märtyrerin aus dem 4. Jahrhundert, Schutzheilige der Schützen, Feuerwehr- und Bergleute, deren Festtag der 4. Dezember war; der heilige Eustachius, ein Märtyrer der frühen Kirche und Schutzheiliger von Jägern und verzweifelten Menschen, der seinen Festtag am 20. September hatte; der heilige Expeditus, ein armenischer Märtyrer, Schutzheiliger in Notfällen und auf Intensivstationen, dessen Festtag auf den 19. April fiel; die heilige Margareta, Jungfrau und Märtyrerin, Schutzheilige des Kindbettes, die ihren Festtag am 20. Juli hatte, sowie die heilige Philomena, Jungfrau und Märtyrerin, deren Festtag der 11. August war.

Da sich die Protestanten an den Lehrsatz Martin Luthers (1483 – 1546) halten, demzufolge der Mensch »Gerechtfertigter und Sünder zugleich« (lateinisch *simul iustus et peccator*) ist und kein Mensch ohne Sünde sein kann, kennen diese weder Selig- noch Heiligsprechungsprozesse und mithin auch keine Dementi. Auch die orthodoxen Kirchen kennen kein einheitliches beziehungsweise offizielles Verfahren der Heiligsprechung. Die Verehrung von Heiligen bildet sich vielmehr durch das Volk spontan heraus.

45. Wann ist man ein/e Ketzer/in?

Man kann den Kirchen, der römisch-katholischen wie der orthodoxen, aber auch der protestantischen, mancherlei vorwerfen. Unbestritten bleibt jedoch die Tatsache, dass diese allesamt – Gott, der Aufklärung und der Ökumene sei's gedankt! – im Lauf der Jahrhunderte zusehends milder, nachsichtiger, ja friedfertiger geworden sind. Böse Zungen behaupten indes, sie hätten lediglich an »Biss« eingebüßt, ihre einstmalige Stärke und Vitalität verloren … Landeten beispielsweise im Mittelalter, aber auch noch in der Renaissance – nicht zuletzt als abschreckendes Beispiel – Ketzerinnen und Ketzer, also Abweichler vom Dogma der Kirche, auf dem Scheiterhaufen, so werden Häretiker heutzutage schlimmstenfalls exkommuniziert, das heißt aus der kirchlichen Gemeinschaft, besonders von der Teilnahme am Gottesdienst und der Teilhabe an den Sakramenten – wie etwa dem Abendmahl – ausgeschlossen. Im frühen Mittelalter unterschied man noch zwischen einem kleinen und einem großen Bann, wobei Letzterer einen völligen Ausschluss unter Verfluchung bedeutete.

»Mit diesem Akte fällen wir das Urteil gegen den Bruder Giordano Bruno und erklären ihn als verstockten und hartnäckigen Häretiker, nachdem wir alle kirchlichen Maßnahmen und Bestimmungen des heiligen Kanons, des Rechts und der Kirchenverfassung herangezogen haben, die sich mit der Behandlung solcher überführten, unbußfertigen, hartnäckigen und widerspenstigen Ketzer befassen … Von nun an sollst Du ausgestoßen sein aus unserer priesterlichen Gemeinschaft und aus unserer heiligen und unbefleckten Kirche, deren Gnade du nicht mehr würdig bist. Wir verfügen hiermit und ordnen an, dass Du hiermit der Gerichtsbarkeit des hier anwesenden Gouverneurs von Rom übergeben wirst, auf dass die Strafe an Dir vollzogen wird, die Du verdienst ... Weiterhin verdammen wir, verwerfen wir und verbieten wir alle Deine Bücher und Schriften als ketzerisch und irrig und bestimmen, dass alle ... öffentlich vernichtet und auf den Stufen von Sankt Peter verbrannt werden mögen.«[162]

Diese Zeilen entstammen der Urteilsschrift der Inquisition gegen den italienischen Naturphilosophen und Dominikaner Giordano Bruno, der am 17. Februar 1600 in Rom auf dem Campo dei Fiori bei lebendigem Leibe auf dem Scheiterhaufen verbrannt wurde, weil er unter anderem die Unendlichkeit der Welt – und damit die Unendlichkeit Gottes (sic!) – lehrte ... Am 9. Juni 1889 sollte auf dem Campo dei Fiori ihm zu Ehren ein Denkmal enthüllt werden. Zu diesem Anlass lieferte auch Papst Leo XIII. (1810 – 1903) einen Beitrag, und zwar in Gestalt eines Mahn- und Warnschreibens an die Gläubigen der katholischen Kirche. Darin heißt es: »Bruno hat weder irgendwelche wissenschaftlichen Leistungen aufzuweisen, noch hat er sich irgendwelche Verdienste um die Förderung des öffentlichen Lebens erworben. Seine Handlungsweise war unaufrichtig, intolerant, verlogen und vollkommen selbstsüchtig.«[163] Von einer Rehabilitierung Brunos oder gar von einem Schuldeingeständnis des Vatikans keine Spur! Erst anhaltende internationale Proteste – auch seitens Berühmtheiten wie Victor Hugo (1802 – 1885), Henrik Ibsen (1828 – 1906) und Ernst Haeckel (1834 – 1919) – verhinderten, dass das Denkmal wieder beseitigt wurde. 1930 wurde Kardinal Robert Bellarmin (1542 – 1621), einer der Unterzeichner des Todesurteils von Giordano Bruno, und der Verantwortliche für das Verfahren gegen Galileo Galilei, heiliggesprochen. Giordano Brunos Schriften standen hingegen noch bis zum Jahre 1965 auf dem Index ...

Doch selbst der Protestantismus kannte Häretiker/innen und ging mit diesen – zumindest eine Zeit lang – alles andere als zimperlich um: So ließ kein Geringer als der Reformator Johannes Calvin (1509 – 1564) den spanischen Arzt und Theologen Miguel Serveto de Reves (1511 – 1553) – den Entdecker des »kleinen«

oder Lungenkreislaufs – verhaften und ihn ein Vierteljahr in einem dumpfen Verlies gefangen halten, in dem der erst 42-Jährige den unerhörtesten körperlichen und seelischen Qualen ausgesetzt war. Die Gründe: Servetus hatte als 20-Jähriger eine Schrift über die *Irrtümer der Dreieinigkeit* veröffentlicht, in der er das Dogma der Wesens-Trinität, wie die evangelische Kirche es lehrt, verwarf, und hatte zwanzig Jahre später ein weiteres Werk mit dem Titel *De Christianismi Restitutio* (deutsch = »Über die Wiederherstellung des Christentums«) publiziert, in dem er die Heilige Schrift kritisch beleuchtet ... Servetus bat für seinen bevorstehenden Prozess um einen Verteidiger, aber der Gottesmann Johannes Calvin antwortete höhnisch: »Ein so großer Lügner braucht keinen Verteidiger«. Am 27. Oktober 1553 wurde Servetus der Prozess gemacht und zum sofortigen Feuertode verurteilt. Auf dem Wege zur Richtstätte flehte der Gebrochene darum, mit dem Schwert und nicht durch das Feuer vom Leben zum Tode gebracht zu werden. Aber seine Bitten trafen auf taube Ohren. In besonders qualvoller Weise ließ der unbarmherzige Glaubensdiktator den zutiefst frommen Servetus mit nassem Stroh in »langsamem Feuer« verbrennen.[164]

Während die reformatorischen Kirchen abweichende Lehrmeinungen und Frömmigkeitsgestalten noch ausgrenzten, kritisierte der sich am Urchristentum orientierende Pietismus Ende des 17. und Anfang des 18. Jahrhunderts – als Reaktion auf das Abgleiten des Protestantismus ins Dogmatische und Institutionelle – das »Ketzermachen« als unchristlichen Widerspruch zur liebevollen Geduld Gottes.

Was alle Häretiker gemein haben, ist mithin eine willkürliche und fortgesetzte Abweichung vom gerade herrschenden, sich aber durchaus im Wandel befindlichen Dogma der Kirche aufgrund willkürlicher Auswahl des Lehrgutes. Leitet sich das Wort Häresie doch vom Griechischen *hairesis* = »das Gewählte« ab. Dieser Begriff wird sowohl von der katholischen Kirche als auch in den orthodoxen und protestantischen beziehungsweise evangelischen Kirchen gebraucht.

Der Ausdruck »Ketzer«, der ursprünglich synonym zu »Häretiker« verwendet wurde, stammt ebenfalls aus dem Griechischen und leitet sich von *katheroi* = »die Reinen« ab. Über das italienische *gazzari* ist er schließlich eingedeutscht worden. Die ursprünglich positive Selbstbezeichnung der Katharer wandelte sich dabei in einen hochgradig negativ besetzten Begriff zur Denunziation der Anhänger von Häresien. Verflucht, verfolgt und verbrannt, avancierten die Katharer – eine hierarchische, streng organisierte Sekte mit radikal dualistischen und asketischen Vorstellungen, die sich im 12. Jahrhundert vor allem in Oberitalien und Südfrankreich mit den Armutsbewegungen des Mittelalters verband und durch die Inquisition vernichtet wurde – zum Inbegriff der Häresie.

Der Häresien gab es im Laufe der zweitausend Jahre Christentum viele. Und diese trugen dank ihrer Provokationskraft – das darf nicht vergessen werden – in nicht unerheblichem Maße zur Entwicklung der christlichen Lehre und Positionsbestimmung bei. Wir begnügen uns hier mit einem kursorischen Blick: So gab es bereits im Neuen Testament wie überhaupt im Urchristentum eine Vielzahl theologischer Sichtweisen. Was richtig oder falsch war, wurde zu Lebzeiten der Apostel von diesen selbst entschieden. Interessanterweise kannte die Alte Kirche diesbezüglich bis ins 4. Jahrhundert, also bis das Christentum infolge der Konstantinischen Wende zur organisierten Staatsreligion wurde, keine zentrale Autorität. Und bis ins 10. Jahrhundert – also noch vor dem morgenländischen Schisma und lange vor der Reformation – trafen die ökumenischen Konzilien die Lehrentscheidungen für die ganze Kirche, die bis heute von der katholischen, orthodoxen und den meisten protestantischen Kirchen anerkannt werden.

Als Folge der Auseinandersetzung mit Häretikern wie den Katharern und der Laienpredigerbewegung der Waldenser wurde in der ersten Hälfte des 13. Jahrhunderts die Inquisition gegründet, die von Anfang an eine Zusammenarbeit zwischen Kirche und Staat war. Erklärtes Ziel der »Untersuchung« – so die wörtliche Übersetzung des lateinischen Wortes *inquisitio* – war die vermeintliche Reinhaltung des Glaubens. Im Jahre 1215 erneuerte das 4. Laterankonzil die Bestimmungen und forderte die Auslieferung der Verurteilten an die weltliche Gewalt.

So klagte König Philip IV. von Frankreich, der Schöne (1268 – 1314), den Templerorden wegen Ketzerei und Homosexualität an. Am 13. Oktober 1307, einem Freitag, wurden alle Templer in Frankreich verhaftet, und am 18. März 1314 wurden der letzte Großmeister des Templerordens, Jacques de Molay, zusammen mit Geoffroy de Charnay in Paris auf dem Scheiterhaufen verbrannt.

1231/1232 richtete Papst Gregor IX. das päpstliche Gericht zur Verfolgung der Ketzer ein. Papst Innozenz VI. genehmigte 1352 die Anwendung der Folter. Die Inquisition berief sich dabei unter anderem auch auf Aurelius Augustinus (354 – 430), der Gewaltanwendungen gegen Häretiker gutgeheißen hatte. Die Strafen reichten von einfachen Kirchenstrafen bis hin zur Todesstrafe durch Verbrennen. In einigen Ländern dauerte die Inquisition bis in die 1. Hälfte des 19. Jahrhunderts fort.

Obgleich die Reformation von der katholischen Kirche zuerst auch als Häresie betrachtet und verfolgt wurde, wird die Lehre der evangelischen Kirche beziehungsweise des modernen Protestantismus heute nicht mehr als solche angesehen. Als Reaktion auf die Reformation wurde jedoch die Kongregation für die Glaubenslehre ins Leben gerufen. Das sogenannte *Sanctum Officium,* dem bis zu seiner Papstwahl 2005 Kardinal Joseph Ratzinger vorstand, ist bis heute in der katholischen Kirche die letzte Instanz für Glaubensfragen.

Die katholische Theologie unterscheidet heute zwischen einer »materiellen« und einer »formellen Häresie«. Erstere trifft auf jemanden zu, der objektiv einer Häresie anhängt, ohne sich dessen bewusst zu sein; Letztere, wenn jemand einer Häresie auch subjektiv und hartnäckig anhängt. Dem *Codex Iuris Canonici,* das heißt dem römisch-katholischen Kirchenrecht (1983) zufolge, ist Häresie immer noch ein Strafbestand, der unter anderem die Ordination (§ 1041) sowie ein kirchliches Begräbnis (§ 1184) verbietet.

46. Warum müssen katholische Priester im Zölibat leben, gibt es keine Priesterinnen?

»Ich habe mich durch diese Heirat so verächtlich und gering gemacht, dass alle Engel, wie ich hoffe, lachen und alle Teufel weinen mögen. Die Welt und ihre Klugen verstehen dieses fromme und heilige Werk Gottes noch nicht und machen es an meiner Person gottlos und teuflisch.«[165], schrieb Martin Luther am 16. Juni 1525 an den Humanisten Georg Spalatin, nachdem er die ehemalige Nonne Katharina von Bora geheiratet, mit ihr Kinder gezeugt und dadurch Ordensgelübde und Zölibatsversprechen gebrochen hatte. Aus dieser Zeit soll auch die Luther zugeschriebene Sex-Formel stammen: »Das ist der Frau'n Gebühr, in der Woche zwier, schadet weder Dir noch ihr, macht im Jahre hundertvier«, denn »die Natur will heraus und sich besamen und vermehren«. Lebenslang enthaltsam zu leben, überstieg das Vorstellungsvermögen des Reformators schlechterdings, erschien ihm schlicht und ergreifend als nicht machbar. Seine anschauliche Begründung: Ebenso gut könnte man das Gebot aufstellen, dass der Mensch »seinen Harn oder seinen Mist halten müsste – denn sie müssen halten, was nicht zu halten ist«[166] ...

Doch so revolutionär Luthers Bruch mit dem Zölibat (vom Lateinischen *caelebs* = »alleinlebend« bzw. *caelibatus* = »Ehelosigkeit« abgeleitet) auch gewesen sein mag – er begründete damit im Prinzip den evangelischen Pfarrhaushalt –, das Thema lag damals förmlich in der Luft. So publizierte Johann Eberlin von Günzburg (um 1470 – 1531) bereits drei Jahre zuvor in Augsburg eine reformatorische Flugschrift mit dem vielsagenden Titel *Wie gar gefährlich es sei, wenn ein Priester keine Ehefrau hat!*, in der er mit biblischen und historischen Gründen den Zölibat angreift und an die Bischöfe appelliert, ihren Widerstand gegen die Priesterehe aufzugeben. 1529 erschien sodann die *Oeconomie Christiana* des »thüringischen Reformators« Justus Menius (1499 – 1558), der im Ehe- und Hausstand nicht weniger als ein Gegenmodell zum vermeintlich »widernatürlichen« Zölibat der katholischen Geistlichen sah, die in selbstüberheblicher Weise ihre Gottgefälligkeit zu beweisen trachteten.

Die kritischen Überlegungen der Reformation zum Zölibat münden 1530 schließlich in den Bekenntnistext der *Confessio Augustana*, der zufolge (mit Verweis auf 1. Mose 1,27) der Priester heiraten darf, weil Gottes Schöpfungsordnung die Ehe vorsieht, und es darüber hinaus (mit Verweis auf 1. Kor 7,2.9) sogar seine Pflicht sei zu heiraten, wenn er anderenfalls in Unzucht fallen würde. Seitdem sind evangelische Geistliche in der Regel verheiratet gewesen, obgleich es keine Verpflichtung dazu gab. Hauptargument der Reformatoren gegen den Zölibat war jedoch, dass dieser biblisch nicht zu begründen sei, wie unter anderem eine Stelle aus dem ersten Brief des Paulus an Timotheus belegen soll, wonach ein Bischof »einmal verheiratet« (1 Tim 3,2) sein darf.

Ganz anders sah und sieht die römisch-katholische Kirche bis heute den Zölibat, das heißt die Pflicht zu Keuschheit und Ehelosigkeit für alle Geistlichen ab der Priesterweihe aufwärts. Diese wurde, wenngleich ab dem 4. Jahrhundert von Papst Siricius (er amtierte 384 bis 399) und verschiedenen Synoden verlangt, erst seit Papst Gregor VII. im 11. Jahrhundert aufs Strengste gefordert und flächendeckend durchgesetzt. Der Zölibat stellt somit eine relativ späte Regel dar. (Alexander VI. war von 1492 bis 1503 Papst und bekannte sich unverhohlen zu seinen illegitimen Kindern, betrieb sogar eine regelrechte Familienpolitik.) Seit dem Laterankonzil von 1139 wurde es kirchliches Gesetz und vom *Tridentinum*, dem Konzil von Trient, in den Jahren 1545 bis 1563 nochmals – gegen die Reformation – bestätigt. Vom Zölibat befreit sind jene, die als Verheiratete ständiger Diakon werden, wobei diese nach dem Tod ihrer Frau allerdings nicht wieder heiraten dürfen.

In der Ostkirche ist der Zölibat nur für Mönche und Bischöfe vorgeschrieben, verheiratete Männer können indes orthodoxe Priester werden. Und wie gerade die orientalischen katholischen Kirchen zeigen, gehört der Zölibat nicht zur unfehlbaren Lehre der katholischen Kirche, sondern zum menschlichen Kirchenrecht. Der Zölibat könnte somit vom Papst aufgehoben werden. Eine Hoffnung, die gerade heutzutage viele hegen – nicht zuletzt aufgrund des bedrängenden Priestermangels und des mit dem Zölibat in Verbindung gebrachten sexuellen Missbrauchs von Kindern (Pädophilie, Ephebophilie) durch Geistliche.

Wer den Zölibat verletzt, hat mit dem Verlust des Kirchenamtes zu rechnen, was aber heute im Regelfall bei sexueller Betätigung nicht angewandt wird, jedoch bei einer Heirat, wenn der Betroffene die Eheschließung nicht rückgängig macht. Wenn nicht katholische, vor allem evangelische verheiratete Geistliche zur katholischen Kirche übertreten, dürfen sie verheiratet bleiben, müssen sich aber zur sexuellen Enthaltsamkeit verpflichten, was von evangelischer Seite mit dem Hinweis auf das Gebot des Paulus, das Sexualität in der Ehe nicht und zum Gebet nur für kurze Zeit ausgesetzt werden darf (1 Kor 7,5), kritisiert wird.

Doch wie begründet sich eigentlich die Einführung des Pflichtzölibats im Mittelalter? Verwiesen wird vor allem auf die sogenannten drei »klassischen« Evangelischen Räte, zu denen neben Armut und Gehorsam eben auch die Ehelosigkeit, und zwar »um des Himmelreiches willen« (Mt 19,12) gehört. Denn folgt man den Schriften des Neuen Testaments, hat Jesus selbst zölibatär gelebt. (Auch wenn in letzter Zeit einige Historiker und Theologen zu bedenken geben, dass fast alle Juden verheiratet waren ...) Trotzdem kann der priesterliche Zölibat mit der Bibel nicht überzeugend begründet werden, da es auch etliche Bibelstellen über die Ehe von Geistlichen gibt: »Wegen der Gefahr der Unzucht soll aber jeder seine Frau haben und jede soll ihren Mann haben.« (1 Kor 7,2) Oder etwa: »Deshalb soll der Bischof ein Mann ohne Tadel sein, nur einmal verheiratet, nüchtern, besonnen, von würdiger Haltung, gastfreundlich, fähig zu lehren; er sei kein Trinker und kein gewalttätiger Mensch, sondern rücksichtsvoll; er sei nicht streitsüchtig und nicht geldgierig. Er soll ein guter Familienvater sein und seine Kinder zu Gehorsam und allem Anstand erziehen.« (1 Tim 3,2 – 4) Selbst Petrus soll eine »Schwiegermutter« (Mt 8,15; Mk 1,30; Lk 4,38) gehabt haben ...

Ein weiteres Argument ist der Aspekt der kultischen Reinheit wegen der täglichen Zelebration des heiligen Messopfers. Mit der Festschreibung des verpflichtenden Zölibats wollte die Kirche – und damit kommen wir zu einem prosaischen, außertheologischen, aber umso gewichtigeren, weil ökonomischen Grund – zugleich verhindern, dass die kirchlichen Pfründe durch den notwendigen Lebensunterhalt der Familie verheirateter Priester sowie durch Erbschaft reduziert werden. Dem Zölibat kam darüber hinaus die Funktion zu, den gesellschaftlichen Status des Priesters, sein Prestige, innerhalb der Zwei-Stände-Kirche (Klerus und Laien) zu betonen. Eine Begründung, die von katholischer Seite immer wieder genannt wird, ist die völlige Einsatzfähigkeit und Verfügbarkeit im priesterlichen Dienst, da sich ehelose Priester vermeintlich mehr für ihre Gemeinde einsetzen könnten und keine Rücksicht auf Ehefrau und Kinder nehmen müssten. Ja, die durch die Ehelosigkeit unbefriedigte Sexualität würde sogar sublimiert und in seelsorgliche Energie umgewandelt werden ... Dem hält der 1940 geborene Theologe und Psychoanalytiker Eugen Drewermann nicht zu Unrecht entgegen, dass es »eine absurde Alternative (sei) zu sagen, du liebst Gott, oder einen anderen Menschen«[167].

Das II. Vatikanische Konzil bezeichnet die Ehelosigkeit für das Priesteramt zwar nicht als notwendig, jedoch als »angemessen« und hält für den Bereich der lateinischen Kirche daran fest: »Die Kirche hat die vollkommene und ständige Enthaltsamkeit um des Himmelreiches willen, die von Christus dem Herrn empfohlen, in allen Jahrhunderten bis heute von nicht wenigen Gläubigen gern angenommen und lobenswert geübt worden ist, besonders im Hinblick auf das priesterliche Leben immer hoch eingeschätzt. Ist sie doch ein Zeichen und zugleich ein Antrieb der Hirtenliebe und ein besonderer Quell geistlicher Fruchtbarkeit in der Welt. Zwar ist sie nicht vom Wesen des Priestertums selbst gefordert, wie die Praxis der frühesten Kirche und die Tradition der Ostkirchen zeigt, wo es neben solchen, die aus gnadenhafter Berufung zusammen mit allen Bischöfen das ehelose Leben erwählen, auch hochverdiente Priester im Ehestand gibt.«[168] In einem nachsynodalen Apostolischen Schreiben aus dem Jahre 2007 hat Benedikt XVI. den Zölibat der Priester bestätigt.

Dass die römisch-katholische Kirche bis heute am Zölibat für Priester festhält, hängt zweifelsfrei auch mit ihrer körper- und sexualfeindlichen Grundeinstellung insgesamt zusammen, deren Wurzeln unter anderem bis zu den gnostisch-manichäischen, das heißt von der griechischen Philosophie und ihrem dualistischen Denken beeinflussten Strömungen des christlichen Altertums zurückreichen. Wie hartnäckig der Dualismus, die Polarisierung von »Agape« im Sinne der selbstlosen reinen (keuschen) Nächstenliebe und »Eros« im Sinne der begehrlich-fleischlichen (sexuellen) Liebe zwischen Mann und Frau das Christentum bestimmt hat, lässt selbst die Theologie des 20. Jahrhunderts noch deutlich erkennen.

Mit der Verdrängung und Tabuisierung der Sexualität kam es desgleichen zwangsläufig zu frauenfeindlichen Tendenzen. Denn wie uns nicht zuletzt seit dem Aufkommen der feministischen Theologie Mitte des 20. Jahrhunderts bewusst geworden sein dürfte, wurde das Christentum seit Anbeginn stark von patriarchalischen und androzentrischen Denkmustern, Strukturen und Auslegungen dominiert. Der Frau wurde in der Regel nur eine bescheidene Nebenrolle zugewiesen und der Aspekt Weiblichkeit generell unterdrückt und sogar verachtet. Und so überrascht es nicht, dass es bis heute keine Priesterinnen in der katholischen Kirche gibt.

Warum die Priesterweihe nur Männern vorbehalten bleibt, es keine Frauenordination gibt, erklärt uns Papst Johannes Paul II. in seinem Apostolischen Schreiben *Ordinatio Sacerdotalis* (1994), allerdings unter Anführung gänzlich anderer Argumente. So verweist dieser auf ein Zitat seines Vorgängers Paul VI. (1897 – 1978) aus dem Jahre 1976: »Sie (die katholische Kirche) hält daran fest, dass es aus prinzipiellen Gründen nicht zulässig ist, Frauen zur Priesterweihe zuzulassen. Zu diesen Gründen gehören: das in der Heiligen Schrift bezeugte Vorbild Christi, der nur Männer zu Aposteln wählte, die konstante Praxis der Kirche, die in der ausschließlichen Wahl von Männern Christus nachahmte, und ihr lebendiges Lehramt, das beharrlich daran festhält, dass der Ausschluss von Frauen vom Priesteramt in Übereinstimmung steht mit Gottes Plan für seine Kirche.«[169] Johannes Paul II. fügt beschwichtigend hinzu, »dass die Nichtzulassung der Frau zur Priesterweihe keine Minderung ihrer Würde und keine Diskriminierung ihr gegenüber bedeuten kann, sondern die treue Beachtung eines Ratschlusses, der der Weisheit des Herrn des Universums zuzuschreiben ist«[170]. Kurzum: Die Kirche habe keinerlei »Vollmacht«, Frauen die Priesterweihe zu spenden, weil die von Jesus Christus auserwählten Apostel, die nach traditionellem Verständnis den Kern des christlichen Bischofsamtes und Priestertums bildeten, allesamt männlich waren. Alle Gläubigen der Kirche haben sich somit »endgültig an diese Entscheidung zu halten«[171].

Doch selbst wenn Jesus keine weiblichen Apostel erwählt haben soll, ist im Neuen Testament ausdrücklich von Frauen im Gefolge Jesu die Rede: »In der folgenden Zeit wanderte er von Stadt zu Stadt und von Dorf zu Dorf und verkündete das Evangelium vom Reich Gottes. Die zwölf begleiteten ihn, außerdem einige Frauen ...: Maria Magdalena ..., Johanna ..., Susanna und viele andere. Sie alle unterstützten Jesus und die Jünger mit dem, was sie besaßen.« (Lk 8,1 – 3)

Eine andere von Gegnern der Frauenordination angeführte Bibelstelle ist das offen frauenfeindliche Diktum des Paulus: »Wie es in allen Gemeinden der Heiligen üblich ist, sollen die Frauen in der Versammlung schweigen; es ist ihnen nicht gestattet zu reden. Sie sollen sich unterordnen, wie auch das Gesetz es fordert. Wenn sie etwas wissen wollen, dann sollen sie zu Hause ihre Männer fragen; denn es gehört sich nicht für eine Frau, vor der Gemeinde zu reden.« (1 Kor 14,34f) Auf dieses Paulus-Wort lehnt auch die orthodoxe Kirche sowie die meisten evangelikalen Gemeinden die Frauenordination offiziell ab.

Im Gegenzug haben die meisten Kirchen der reformatorischen Tradition die Frauenordination eingeführt. So wurde 1958 Elisabeth Haseloff (1914 – 1974) in Lübeck erste Pastorin der Evangelisch-Lutherischen Kirche in Deutschland, und zwar »im Sinne des Gesetzes«!

47. Was unterscheidet die katholische, orthodoxe, anglikanische und evangelische Kirche?

Ein katholischer und ein evangelischer Geistlicher diskutieren über das Christentum. Endlich sagt der Katholik begütigend: »Wir dienen schließlich dem gleichen Herrn. Sie auf Ihre Weise und ich auf seine!« – Frage: Worin unterscheidet sich die evangelische von der katholischen Hölle? Antwort: Die evangelische Hölle ist unbeheizt ...! Witze bieten eine willkommene Gelegenheit, die heutzutage selten offen ausgetragene Konkurrenz zwischen den christlichen Konfessionen zumindest »verdeckt« anzusprechen und den vermeintlichen Überlegenheitsanspruch des eigenen Glaubensbekenntnisses geltend zu machen – selbst wenn man dabei um Stereotype, Klischees und Vorurteile nicht umhinkommt. Doch Spaß beiseite ...!

Den Anspruch der Rechtgläubigkeit bringt beispielsweise die orthodoxe Kirche bereits durch ihren Namen zum Ausdruck, denn die altgriechische Bezeichnung *orthodoxa* (*orthos* = richtig, geradlinig; *doxa* = Glaube, Verehrung) heißt soviel wie »rechtgläubig«. Die Selbstbezeichnung »orthodox« bedeutet dem Wortsinn nach aber auch »auf rechte Weise Gott die Ehre gebend«. Denn die orthodoxe Kirche, die mit 225 Millionen Angehörigen nach der katholischen Kirche und dem protestantischen Christentum die drittgrößte christliche Gemeinschaft der Welt bildet, ist davon überzeugt, das urchristliche Erbe richtig zu bewahren und nach eigenem Selbstverständnis unmittelbar auf Jesus Christus zurückzugehen. Und dies ungeachtet der Tatsache, dass wir es de facto mit mehreren orthodoxen Kirchen – wie der griechisch-orthodoxen, der russisch-orthodoxen oder der serbisch-orthodoxen Kirche usw. – zu tun haben. (Dass die Ostkirche eine geringere Geschlossenheit als die Westkirche hatte, liegt nicht zuletzt an der Zersplitterung aufgrund der islamischen Expansion.) Doch diese eint nicht nur ein starkes Zusammengehörigkeitsgefühl, sondern auch der Anspruch, sich im Unterschied zu den westlichen Kirchen dogmatisch ausschließlich an den Beschlüssen der sieben ökumenischen Konzile zwischen 325 und 787 zu orientieren: »Wie die Propheten sahen, wie die Apostel lehrten, wie die Kirche übernahm, wie die Lehrer bestimmten, wie die ganze Christenheit übereinstimmend glaubte ..., so glauben wir, so reden wir, so verkünden wir ...«, heißt es im Gottesdienst am Sonntag der Orthodoxie. Bei den anderen Kirchen, einschließlich der römisch-katholischen Kirche, handelt sich in ihren Augen hingegen um Abspaltungen, Entfernungen vom Ursprung ...

Den Alleinvertretungsanspruch und die Vorherrschaft des Papstes in Rom nicht mehr anerkennend, trennte sich die Ostkirche 1054 von der Westkirche. Aus dem genannten morgenländischen Schisma (griechisch-lateinisch = »Kirchenspaltung«) gingen die römisch-katholische Kirche und die östlich-orthodoxe Kirche(n) unter dem Ehrenprimat des Patriarchen von Konstantinopel hervor. (Die gegenseitigen Verurteilungen als Häretiker wurden 1964 von Papst Paul VI. und dem Patriarchen von Konstantinopel, Athenagoras, zwar aufgehoben, die »Bannbulen« annulliert, doch das Schisma blieb bestehen.) Die Kluft zwischen den Konfessionen sollte sich im 19. und 20. Jahrhundert durch römisch-katholische Dogmen wie die Unbefleckte Empfängnis, die leibliche Aufnahme Marias in den Himmel und die Unfehlbarkeit des Papstes aber noch vergrößern.

Das Weihesakrament der orthodoxen Kirche umfasst drei Stufen: Diakonat, Presbyterat und Episkopat. Im Unterschied zur katholischen Kirche sind aber lediglich Bischöfe, die oftmals zugleich Mönche sind, zum Zölibat verpflichtet. Priester und Diakone können indes verheiratet sein. Anders als etwa in der evangelischen Kirche gibt es bei Orthodoxen jedoch keine Frauenordination und auch keinen Altardienst für Frauen. Im Gegensatz zu den westlichen Kirchen sind die orthodoxen Theologen in der Regel Laien und nicht Priester. Umgekehrt sind die meisten Priester keine Theologen. Auch Mönche sind nur selten Priester.

Was die Struktur und Organisation betrifft, so sind die orthodoxen Kirchen *autokephal*, das heißt, dass diese selbstständigen Kirchen eine kollegiale (synodale) Verwaltung haben mit einem Ersten an der Spitze, der entweder Patriarch oder Erzbischof ist. Er ist der Vorsitzende der Synode, mit der er gemeinsam, in demokratischen Beschlüssen Probleme behandelt und löst. Keine von diesen Kirchen, auch keiner der Patriarchen oder Erzbischöfe, hat dabei das Recht, sich willkürlich in die internen Probleme einer Nachbarkirche einzumischen. Die Gemeinschaft der Orthodoxen Kirche kann man mithin als »polyzentrisch« bezeichnen, als eine Gemeinschaft mit vielen gleichwertigen Zentren. Die Erste Kirche innerhalb dieser Gemeinschaft ist die Kirche von Konstantinopel, das Ökumenische Patriarchat, und der Erste von den Patriarchen und den Erzbischöfen ist daher der Erzbischof von Konstantinopel, der Ökumenische Patriarch, mit Sitz in Konstantinopel. Er ist *primus inter pares*, erster unter gleichen. Wir haben es im Unterschied zur römisch-katholischen Kirche, an deren Spitze dem Papst sogar »Unfehlbarkeit« zugesprochen wird, im Falle der orthodoxen Kirche mit einer »flachen Hierarchie« zu tun.

Ein weiterer Hauptunterschied besteht darin, dass in der Orthodoxie Liturgie, Lebensweise und direkte spirituelle Praxis eine wesentlich größere Rolle spielen als die Predigt und die Diskussion theologischer Lehrsysteme. So stehen in der eineinhalb bis ursprünglich fünfstündigen (!) hauptsächlich gesungenen Liturgie nicht die wortreiche Verkündigung des Glaubens, sondern Kultus und Ritus, das Sakrament (die Eucharistie) und das Wirken des Heiligen Geistes, seine bewegende Gegenwart im Mittelpunkt. Die orthodoxe Kirche, deren Gebäude den Jerusalemer Tempel abbilden, versteht sich von daher in erster Linie als eine Gott preisende, betende Gemeinschaft, der es um die emotionale Erfahrbarkeit des Geglaubten geht. Hierzu tragen besonders die vom Chor gesungenen Hymnen (Instrumentalmusik wird mit der Begründung, dass Instrumente nicht beten können, abgelehnt), der häufige Anruf *kyrie eleison* (»Herr, erbarme dich«) und die weihevollen liturgischen Handlungen wie das häufige Bekreuzigen, aber auch die sinnlich-festlich inszenierten Gottesdienste mit ihren prunkvollen Brokatgewändern und kunstvoll gemalten Ikonen bei. Das sakramentale Leben und das liturgische Tun durchdringen und rhythmisieren dergestalt das ganze Leben der Gläubigen.

Wie die katholische Kirche kennt auch die orthodoxe sieben Sakramente, aber keine klare Abgrenzung zwischen diesen und den Sakramentalien (wie beispielsweise Begräbnis und Wasserweihe). Und da die sogenannte Myronsalbung, das Mysterium der Versiegelung, die der westlichen Firmung entspricht, unmittelbar auf die Taufe erfolgt, gibt es in der orthodoxen Kirche kein eigentliches Übergangsritual vom Kind zum Erwachsenen.

Das Primat der spirituellen Praxis schlägt sich in zahlreichen Übungen nieder, bei denen, wie in den östlichen Meditationspraktiken, auf Atemregulierungstechniken und Körperhaltungen geachtet wird. Man denke nur an das Jesus- oder Herzensgebet »Herr Jesus, erbarme dich meiner« oder die Methoden der sogenannten Hesychasten (von griechisch *hesychia* = »Ruhe, Stille«) zur mystisch-kontemplativen Schau des ungeschaffenen, ewigen Lichtes Gottes, welches Christus auf dem Berg Tabor verklärte. Diese spirituellen Übungen wurden/werden vor allem von Mönchen, beispielsweise auf dem Berg Athos, praktiziert. Ein besonderer Stellenwert weist die orthodoxe Frömmigkeit der Praxis des Fastens als reinigender Vorbereitung auf die Hochfeste des Kirchenjahres zu.

Im Gegensatz etwa zu katholisch oder evangelisch geprägten Staaten Westeuropas, strebt die orthodoxe Kirche in den meisten

Ländern Osteuropas seit jeher eine besonders harmonische Beziehung zum Staat an und betrachtet sich als Staats- und Volksreligion. Als überaus problematisch sollte sich jedoch die Nähe der russischen Orthodoxen zum Sowjet-Regime, der griechischen Orthodoxen zur Militärjunta oder zu den Kriegsverbrechern in Ex-Jugoslawien herausstellen.

Wie die orthodoxe Kirche, beansprucht auch die evangelische Kirche für sich, ihre Glaubenslehre direkt auf das Evangelium zu stützen. Der Begriff »evangelisch« wurde in diesem Sinne in der Reformation denn auch bewusst kirchenkritisch in Opposition zum Katholizismus Roms eingesetzt. Der weitgehend synonym gebrauchte Begriff »protestantisch« ging indes auf ein Protestschreiben der evangelischen Fürsten und Städte auf dem Reichstag von 1529 in Speyer zurück, die dem Kaiser den Gehorsam verweigerten, die Reformation fortzuführen, indem sie sich in ihrer Glaubensentscheidung auf ihr Gewissen beriefen. Gerade mit der Betonung des Gewissens bewahrte sich der Protestantismus durch die Jahrhunderte hindurch eine für ihn charakteristische Freiheitsliebe.

Der relativ neue Begriff »evangelikal«, der sich vom englischsprachigen *evangelical* ableitet, meint wiederum bestimmte Strömungen innerhalb und außerhalb der evangelischen Kirchen, die sich auf die Bibel als der einzigen Glaubensgrundlage berufen und diese häufig wortwörtlich nehmen.

Und wie im Falle der orthodoxen Kirchen handelt es sich bei der evangelischen Kirche gleich um mehrere Kirchen, vor allem um die Lutherische Kirche, aber auch um die Reformierten Kirchen (Ulrich Zwinglis und Johannes Calvins) sowie um die Freikirchen.

Als gemeinsamer Nenner der evangelischen Kirchen können die »vier Soli« der Reformation gelten: *Sola fide* (lateinisch = »allein durch den Glauben«), das heißt der Grundsatz der Rechtfertigungslehre Martin Luthers (1483 – 1546), nach dem der Mensch allein aus Glauben gerecht wird, und nicht durch Werke und Taten – so wie Paulus in seinem Römerbrief schreibt: »Denn wir sind der Überzeugung, dass der Mensch gerecht wird durch Glauben, unabhängig von Werken des Gesetzes.« (Röm 3,28); *Sola gratia* (lateinisch = »allein aus Gnade«), das heißt der Grundsatz der Rechtfertigungslehre, nach dem der Mensch allein durch die Gnade Gottes gerechtfertigt wird, nicht durch die Werke; *Solus Christus* (lateinisch = »Christus allein«), das heißt der Grundsatz der Rechtfertigungslehre, nach dem es außer Christus keine anderen Heilsmittler wie etwa Maria oder die Heiligen gibt; sowie *Sola scriptura* (lateinisch = »allein die [Heilige] Schrift«), der Grundsatz der Rechtfertigungslehre, nach dem die Bibel die einzige anzuerkennende Autorität ist – und nicht daneben etwa auch die Überlieferung.

Anders als die römisch-katholische Kirche können protestantische Kirchen sowohl bischöflich (episkopal), synodal-presbyterial und kongregationalistisch (die Selbstständigkeit der Einzelgemeinde betonend) organisiert sein. Dabei gilt: »Zwischen der sichtbaren Kirche, zu der alle getauften Mitglieder gehören, und der wahren, aber verborgenen Kirche ›in, mit und unter‹ der sichtbaren Kirche ist zu unterscheiden. (…) Bischöfe und sonstige Kirchenführer haben keine exklusive Lehrautorität, die ordinierten Geistlichen keine exklusive Kompetenz zur Spendung der Sakramente. Grundsätzlich haben alle Christen an der Lehrautorität teil. (…) An die Stelle eines grundsätzlichen Gegenübers von Klerus und Laien tritt im Protestantismus der Grundsatz des ›allgemeinen Priestertums der Gläubigen‹ (oder Getauften). (…) Nach den Kirchenordnungen wohl aller reformatorischen Kirchen (…) tragen ›Laien‹ in der örtlichen Gemeindeleitung Mitverantwortung, sowie auf regionaler und nationaler Ebene in der übergreifenden Kirchenleitung.«[172] Daraus folgt auch, dass der Protestantismus weder Papst noch sonst ein Lehramt als sichtbare Verkörperung der Einheit benötigt.

Ein weiteres Unterscheidungsmerkmal besteht darin, dass Katholiken zu evangelischen Abendmahlsfeiern eingeladen sind – umgekehrt aber nicht. Denn nach offizieller katholischer Auffassung setzt eine Tischgemeinschaft eine kirchliche Gemeinschaft voraus – zu der beispielsweise eine aus der Schar der Glaubenden hervorgehobene Priesterschaft gehört. Diese Bedingung erfüllen die evangelischen Landeskirchen in den Augen der römisch-katholischen Kirche aber gerade nicht. Weit verbreitet sind zudem stereotype Unterscheidungskriterien hinsichtlich von Mentalität und Haltung: auf protestantischer Seite die sprichwörtliche Nüchternheit, Kargheit und Gewissenhaftigkeit, auf katholischer Seite die Glaubensstrenge und Sinnlichkeit, im Gottesdienst wie in den Kirchen selbst.

Dass allein die (römisch-)katholische Kirche die vermeintlich einzig wirkliche, für die ganze Menschheit gestiftete Kirche Jesu Christi ist und mithin Universalität für sich beansprucht, macht sie bereits durch ihre Benennung deutlich. Denn das griechische Wort *katholon*, von dem sich »katholisch« ableitet, heißt soviel wie »das Ganze betreffend oder umfassend«. Als für den Katholizismus – dem weit mehr als eine Milliarde Menschen angehören und der damit die größte religiöse Gruppierung der Welt und zahlenmäßig größte Kirche innerhalb des Christentums ist – charakteristisch können, schlagwortartig aufgezählt, folgende Merkmale gelten: »eine genau definierte Gestalt theologischer Lehre; ein positives Verhältnis zur (klassischen) Philosophie als einer Voraussetzung der Theologie; die Zentralisierung und Hierarchisierung kirchlicher Leitungsämter bis hin zur Definition des päpstlichen Jurisdiktionsprimats; die universale Verbreitung der Kirche bei relativ einheitlichem Erscheinungsbild (zum Beispiel durch Latein als Kirchensprache); die Betonung des Dogmatischen als verbindlicher Sprachregelung des Glaubens; der Vorrang des Amtlichen, Institutionellen, Hierarchischen und Sakramentalen vor dem Charismatischen, Individuellen, Egalitären und Demokratischen sowie nicht zuletzt der Einfluss von Liturgie, Volksfrömmigkeit und Heiligenverehrung und zudem das öffentliche Erscheinungsbild des Klerus.«[173]

Kommen wir – *last but not least* – noch zur Anglikanischen Kirche, korrekterweise »Anglikanischen Gemeinschaft« beziehungsweise »Kommunion«, die zwischen Protestantismus und Katholizismus eine Brückenfunktion einnehmen möchte und sich als *via media*, das heißt als »mittlerer Weg« zwischen den Konfessionen versteht. Ihren Namen leitet sie aus dem Lateinischen *ecclesia anglicana* (= »englische Kirche«) ab. Die rund 80 Millionen Mitglieder zählende, aus rund 385 Diözesen bestehende Kirchengemeinschaft ist weltweit verbreitet und nicht nur auf die englische Mutterkirche beschränkt.

Die Anglikanische Gemeinschaft führt ihre Wurzeln bis in das 6. Jahrhundert n. Chr. zurück, als der römische Abt Augustinus, erster Erzbischof von Canterbury, 597 König Ethelbert von Kent taufte. Doch ihre eigentliche Gründung fällt ins 16. Jahrhundert und hat zunächst eher politische als religiöse Gründe. Heinrich VIII., der von 1509 bis 1547 regierte, trennte sich 1534 von der römisch-katholischen Kirche und erklärte sich selbst zum Haupt der englischen Kirche, weil der Papst die Nichtigkeitserklärung seiner Ehe verweigert hatte. Erst unter seinem minderjährigen Sohn Eduard VI. (1537 – 1553) kam es zur eigentlichen Reformation.

Während Erzbischof Thomas Cranmer (1489 – 1556) von den hierarchisch-sakramentalen Strukturen (Bischöfe, Erzbischof) und der sichtbaren Liturgie her (vorgeschriebene Liturgie, feste Gebetsformen, Heiligenfeste, farbige Messgewänder, kirchlicher Schmuck und Bilder, viele Rituale) das katholische Erscheinungsbild wenig änderte, waren der Inhalt der Liturgie und das theologische Denken vor allem evangelisch-reformiert geprägt. Letzteres wird deutlich in den Einflüssen Martin Luthers (1483 – 1546) und Johannes Calvins (1509 – 1564), und zwar vornehmlich in Gestalt der Rechtfertigungslehre, aber auch der Schriftautorität. »Kennzeichnend ist für die Anglikanische Kirche ..., dass sie trotz ihrer reformierten Ausrichtung ihre Theologie durch die Liturgie und weniger durch dogmatische Formulierungen prägt und deswegen stärker als andere Konfessionen eine Vielzahl von Strömungen unter einem Dach zusammenhält.«[174] (Thomas Schirrmacher) Dabei handelt es sich um die *Broad Church* (englisch = »breite, warmherzige Kirche«), eine eher liberale Richtung, die *High Church*, die katholisierend die sakramentalen, rituellen und hierarchischen Elemente betont, und die evangelikal-calvinistische *Low Church*, die insbesondere durch Evangelisation und Sozialarbeit hervortritt. Sie alle sind dem Erzbischof von Canterbury verbunden, ohne ihm zu unterstehen, und treffen sich regelmäßig zur sogenannten Lambeth-Konferenz aller anglikanischen Bischöfe weltweit.

48. Wie kam es zu den kirchlichen Feiertagen?

»Im Fest treten die großen Dinge in den Vordergrund, die tieferen Schichten des Lebens, die letzten Werte oder das, was man für die letzten Werte hält. Im Fest versenkt man sich in sie, sucht ihrer in höherem Grade gewiss zu werden. Dabei entfalten die Werte ihre gemeinschaftsbildende Kraft. Denn das Fest wird gemeinsam gefeiert und stärkt die Gemeinschaft. Umgekehrt ist ja die Gemeinschaft immer Versammlung um Werte, eine Versammlung, die im Fest kulminiert.«[175] Diese Feststellung des bedeutenden österreichischen Liturgikers und Konzilsberaters Josef Andreas Jungmann SJ (1889 – 1975) trifft sowohl auf die Urform des Festes, wo ein bedeutendes momentanes Ereignis den Gegenstand bildet (Geburt oder Hochzeit) als auch für das periodisch wiederkehrende Fest (Neujahr, Erntedanktag, Staatsgründungstag usw.) zu. Und sie gilt in gleichem Maße für die jährlich wiederkehrenden christlichen Festtage der Kirche, die – mit Ausnahme sogenannter Ideenfeste, in deren Mittelpunkt bestimmte Glaubensgeheimnisse stehen (wie beispielsweise Trinitatis, das Fest der Heiligen Dreifaltigkeit, oder Fronleichnam) – alle Gedächtnistage an geschichtliche Heiltaten (Jesu) sind. »Dabei wird das Leben der christlichen Gemeinde«, wie der 1940 geborene Liturgiewissenschaftler Klemens Richter mit Bezug auf das *Sacrosanctum Concilium*, die vom II. Vatikanum 1963 verabschiedete Konstitution über die heilige Liturgie, herausstreicht, »nicht von einem ›Kirchenjahr‹ bestimmt, sondern vom Sonntag, denn in jeder Woche begeht sie an dem Tag, den sie ›Herrentag‹ genannt hat, das Gedächtnis der Auferstehung des Herrn. Dieser Tag ist der Ur-Feiertag, Fundament und Kern des ganzen liturgischen Jahres. Alle Feiertage gelten letztlich dem einen Christusereignis, das entweder an heilsgeschichtlichen Ereignissen aus dem Leben Jesu oder im Gedächtnis an das Heilshandeln Gottes in seinen Bekennern und Heiligen entfaltet wird.«[176] Schauen wir uns daher diesen christlichen Ur-Feiertag, den »Sonntag«, etwas genauer an.

Sowohl die Römer als auch die Griechen übernahmen mit der ursprünglich babylonischen Sieben-Tage-Woche die Bezeichnungen der Tage nach den alten sieben Planeten. Der erste Tag war der Sonne gewidmet und hieß griechisch *hemera heliou* und lateinisch *dies solis*. Die Germanen machten daraus den Sonntag (althochdeutsch *sunnûntag*). Doch der Sonntag ist ohne den alttestamentlichen Sabbat (hebräisch = »siebter Tag«, »Ruhetag«) nicht zu verstehen. Dieser diente den Juden bekanntlich als Tag der Ruhe und des Gottesdienstes, zumal er ja von Gott selbst bei der Schöpfung (Gen 2,3) eingerichtet und im Gesetz des Mose für Israel verpflichtend gemacht wurde (Ex 20,8 – 10).

Da die Auferstehung Jesu Christi den Evangelien zufolge am dritten Tage nach der Kreuzigung, das heißt nach dem Sabbat, erfolgte, wurde dieser zum »Tag des Herrn« und die jüdische Feier des Ruhe- und Gebetstags von den Christen auf den *dies solis* verlegt. Es war Konstantin der Große, der im Jahre 321 den *dies solis,* sprich den Sonntag zum gesetzlichen Feiertag erklärte: »Alle Richter und Einwohner der Städte, auch die Arbeiter aller Künste, sollen am ehrwürdigen Tag der Sonne ruhen.« Damit kam der Kaiser nicht nur den Anhängern (vor allem den Soldaten) des Mithraskultes entgegen, für die dieser Tag ein heiliger war, sondern auch den Christen, deren Religion seitdem zur bevorzugten deklariert wurde.

Bereits die urchristlichen Gemeinden feierten den Sonntag nicht nur als den »ersten Tag der Woche«, sondern auch als den »Tag des Herrn«, wie er im Ersten Korintherbrief (16,2) und in der Offenbarung des Johannes (1,10) genannt wird. Damit meinte man den Tag der Auferstehung Jesu, der an einem Freitag gekreuzigt wurde und am dritten Tag, eben einem Sonntag, auferstanden ist. Bis heute wird dieser Tag als Freudentag begangen und in fast allen christlichen Gemeinden wird am Sonntag Gottesdienst und Eucharistie gefeiert. Die kirchenlateinische Bezeichnung *dominica dies* (= Tag des Herrn) und die romanischen Sprachen (französisch *dimanche*) bringen dies zum Ausdruck. Jeder Sonntag ist mithin eine Osterfeier im Kleinen. So versteht die orthodoxe Kirche bis heute jeden Sonntag als Wiederholung des Osterfestes!

Und damit kommen wir zum Osterfest, das das älteste und höchste christliche Fest ist und mit dem zugleich das Kirchenjahr beginnt, das auch als liturgisches oder Herrenjahr bezeichnet wird.

Ostern wird seit dem 2. Jahrhundert als jährlich wiederkehrendes Fest gefeiert, setzte sich allerdings erst im 14. Jahrhundert weltweit in allen Kirchen durch. Da Jesu Kreuzigung und Auferstehung in engster Nähe zum Pessach-Fest stattfanden, an dem die Juden des Auszugs aus ägyptischer Sklaverei und Gefangenschaft gedenken, drängten sich gewisse Verbindungen von Anfang an geradezu auf. So spricht Paulus im Hinblick auf den jüdischen Brauch, am 14. Nissan (im 7. Monat des jüdischen Kalenders) Pessach-Lämmer im Jerusalemer Tempel zu schlachten, von Christus als von unserem »Paschalamm«, das »geopfert« worden ist (1 Kor 5,7). In der Anfangszeit feierten die Christen Ostern zusammen mit den Juden am 14./15. Nissan. Der Ostersonntag war gleichsam das Pendant zum letzten Pessach-Tag: dem befreienden Auszug aus Ägypten entsprach die in der Osternacht gefeierte Rettung Jesu und mit ihm aller Menschen aus dem Tod.

Auch das christliche Abendmahl geht im Übrigen auf einen jüdischen Brauch zurück, nämlich auf den sogenannten Seder-Abend, der den Auftakt des Pessach-Festes bildet und an dem der Tisch mit Speisen von symbolischer Bedeutung gedeckt wird. Doch zurück zum Osterfest, das in der frühen Kirche vor allem dadurch an Bedeutung gewann, dass es der wichtigste, oft einzige Tauftermin war und Täuflinge erstmals an Ostern am Abendmahl teilnehmen konnten. Die genaue Berechnung des Ostertermins wurde auf dem Konzil von Nizäa 352 – entgegen dem jüdischen Kalender – auf den Sonntag nach dem ersten Frühlingsvollmond gelegt. Hierin liegt auch der Grund für die wandernden Osterfesttage jedes Jahr, nämlich zwischen dem 22. März und dem 25. April, infolgedessen sich auch große Teile des Kirchenjahres verschieben. Die Datierung setzte sich im 7. Jahrhundert durch, wird aber von der Ostkirche nicht anerkannt, da diese sich nicht nach dem Gregorianischen, sondern nach dem Julianischen Kalender richtet.

Um Ostern bildete sich in der Folge der Osterfestkreis. Dieser beginnt in den westlichen Kirchen seit dem 11. Jahrhundert mit dem Aschermittwoch, dem (in Erinnerung an die vierzig Jahre der Israeliten in der Wüste, aber auch an die vierzig Tage, die Jesus in der Wüstete fastete und betete) eine 40-tägige Fasten- beziehungsweise Bußzeit folgt. Die letzte Woche vor Ostersonntag wird als

Karwoche bezeichnet und beginnt mit dem Palmsonntag, der an den Einzug Jesu in Jerusalem erinnert. Am sogenannten Gründonnerstag feiern Christen sodann das letzte Abendmahl Jesu mit seinen Jüngern. An Karfreitag wird des Todes Jesu am Kreuz gedacht, der Karsamstag gilt als »Grabesruhe« und am dritten Tag, dem Ostertag, feiern Christen schließlich die Auferweckung Jesu von den Toten. Auf das Osterfest folgt der Weiße Sonntag, dessen Name wahrscheinlich von den weißen Taufgewändern herrührt, den die Täuflinge der frühen Kirche von der Osternacht bis zu diesem Tag getragen haben.

Im 3. Jahrhundert kam in Anlehnung an den jüdischen Festkalender vierzig Tage nach Ostern Christi Himmelfahrt und fünfzig Tage nach Ostern das Pfingstfest hinzu, das im Jahr 130 zum ersten Mal Erwähnung findet. Das deutsche Wort »Pfingsten« entstand dabei durch eine Verballhornung des griechischen Wortes *pentekoste* (= »50 Tage«). Denn fünfzig Tage nach dem jüdischen Pessach-Fest und nach der Kreuzigung und Auferstehung Jesu zu »Ostern« fand am jüdischen Erntedankfest, dem sogenannten *Schawuot* (das hebräische Wort bedeutet »Wochen«), das Pfingstereignis statt, das mit der Ausgießung des Heiligen Geistes als eigentliche Geburtsstunde der christlichen Kirche gilt. Dem Bericht der Apostelgeschichte (2,1 – 13) zufolge soll – nach einer Predigt des Petrus über Joel 3 – der Heilige Geist von den Jüngern Besitz ergriffen haben, worauf diese in fremden Sprachen zu reden begannen. Mit diesem Pfingstwunder hob Gott aus Sicht der Christen nicht nur die Babylonische Sprachverwirrung wieder auf, sondern erteilte ihnen auch den Befehl, Menschen anderer Nationen und Völker zu missionieren. Mit dem Pfingstfest geht auch der Passions- und Osterzyklus zu Ende.

Das nach Ostern für alle christlichen Konfessionen zweitwichtigste Fest ist Weihnachten (mittelhochdeutsch »heilige Nächte«), das am 25. Dezember zur Zeit der Wintersonnenwende und neun Monaten nach dem Festtag der Verkündigung an Maria (25. März) gefeiert wird. Eine Ausnahme stellen dabei die orthodoxen Kirchen dar, die Weihnachten an Epiphanias, das heißt am 6. Januar, feiern, wie es in der frühen Kirche bis zur Konstantinischen Wende allgemein üblich war. Spätestens im Jahre 336 wurde es in Rom jedoch auf den 25. Dezember gelegt, um den dortigen heidnischen Feiertag der vergöttlichten Sonne, den *Sol invictus*, zu verdrängen. Anstelle des alten tritt der neue Lebensspender als das »wahre Licht der Welt« (Joh 1,9) und die »Sonne der Gerechtigkeit«, wie Jesus in einem Erweckungslied von Christian David (1692 – 1751) genannt wird. Somit war der 25. Dezember von Anfang an ein symbolisches, auf die Ankunft des »aufstrahlende(n) Licht(es) aus der Höhe« (Lk 1,78) hinweisendes Datum! Für die evangelischen Kirchen, aber auch für die katholische Kirche beginnt Weihnachten mit der Christvesper an Heiligabend; es sollte sich im Laufe der Zeit zum christlichen Familienfest schlechthin entwickeln. Eine Vielzahl von Brauchtümern und Symbolen – vom Weihnachtsbaum über die Krippenspiele bis hin zur Gabenbescherung – begleiten seitdem die Feier der Geburt Jesu Christi in Bethlehem.

Wie im Falle des Osterfestkreises entwickelte sich um Weihnachten herum der Weihnachtszyklus. Dieser wird in eine vorweihnachtliche Buß- und Fastenzeit, die Adventszeit, sowie in die weihnachtliche Freudenzeit unterteilt. Die Adventszeit gilt als Vorbereitungszeit auf das Hochfest der Geburt, zugleich erinnert sie daran, dass Christen wachsam sein und das Zweite Kommen des Herrn erwarten sollen. Mit dem ersten Adventssonntag beginnt auch das neue Kirchenjahr. Der 1. Advent wird am vierten Sonntag vor Weihnachten gefeiert, während der 4. Adventssonntag zuweilen mit Weihnachten zusammenfällt. Die Weihnachtszeit endet je nach Konfession an Epiphanias (evangelisch) beziehungsweise am Sonntag nach dem Hochfest Erscheinung des Herrn oder am Dreikönigstag (6. Januar), an dem in den Ostkirchen die Taufe des Herrn gefeiert wird.

Neben den genannten drei Hauptfesten des Kirchenjahres – Weihnachten, Ostern und Pfingsten –, auf die wir uns aus Platzgründen beschränken wollen, gibt es noch eine Reihe anderer Fest- und Gedenktage des Kirchenjahres, die kirchengeschichtlichen Ereignissen gelten und für einzelne Konfessionen, Ordensgemeinschaften oder Gemeinden prägend wurden: von den Gedenktagen einzelner christlicher Märtyrer und Heiliger über Feste wie den »Erntedank« und »Allerseelen« bis hin zu Festen wie der »Beschneidung des Herrn« (lateinisch *circumcisione domini*) am

1. Januar, acht Tage nach Jesu Geburt, das allerdings durch das II. Vatikanische Konzil abgeschafft wurde.

Den Festzeiten des Kirchenjahres werden – je nach Konfession – bestimmte liturgische Farben zugeordnet. Die Farben der Gewänder, Paramente (Textilien wie Altar- und Kanzeldecken) und Antependien (lateinisch = »Vorhang«) sollen dabei eine Sinneswirkung auf die Stimmung und das Bewusstsein des Menschen ausüben. In der römisch-katholischen Kirche finden sich seit dem II. Vatikanum folgende fünf liturgische Farben: Weiß, die Farbe des Lichtes, wird beispielsweise ausschließlich zu Hochfesten wie Weihnachten und Ostern getragen. Rot, die Farbe des Blutes, Feuers und Sinnbild des Heiligen Geistes, wird zu Pfingsten, am Palmsonntag, am Karfreitag und an den Festen der Märtyrer getragen. Violett, Sinnbild für den Übergang und die Verwandlung, wird in den Bußzeiten vor Ostern und vor Weihnachten getragen. Grün, die Farbe des Wachstums und der Hoffnung, wird an den Sonntagen im Jahreskreis und an den Werktagen des Kirchenjahres, auf die kein Heiligenfest fällt, getragen. Schwarz ist die Farbe der Trauer und wurde Karfreitag, an Allerseelen und bei Begräbnissen getragen. Blau, die Farbe der Reinheit, wurde früher bei Marienfesten eingesetzt. Sie wird heute jedoch durch Weiß ersetzt.

49. Welche Sicht hat das Christentum auf die anderen Weltreligionen?

»Wer glaubt und sich taufen lässt, wird gerettet; wer aber nicht glaubt, wird verdammt werden.« (Mk, 16,16) Vom vernichtenden Verdikt des Markusevangeliums im Neuen Testament über die Praxis der mittelalterlichen Kreuzzüge, die selbst vor hauseigenen »Ketzern« nicht Halt machte, bis hin zur versöhnlichen – wohl auch der Aufklärung, der Moderne und der Globalisierung geschuldeten – Würdigung der Tatsache, dass es auch außerhalb des Christentums echte Tiefenerfahrungen der Gottesbegegnung gab und immer noch gibt, galt es einen langen Weg zurückzulegen. Einen dornigen Weg, zu dessen Begleitern leider nicht nur Nächsten- und Feindesliebe, sondern auch arrogante Wahrheits- und

Herrschaftsansprüche gehörten, die vor allem in der kolonial geprägten Missionstätigkeit mitunter zu regelrechten Bekehrungsexzessen, ja zur Verachtung und Zerstörung ganzer »Heidenvölker« führten: »Nichts von alledem, was in diesen Religionen wahr und heilig ist, wird von der katholischen Kirche verworfen. Überall werden von ihr jene Handlungs- und Lebensweisen, jene Vorschriften aufrichtig ernst genommen, die, wenngleich sie von dem, was sie selbst für wahr hält und lehrt, in vielem abweichen, doch nicht selten einen Strahl jener Wahrheit widerspiegeln, die alle Menschen erleuchtet.«[177], lesen wir in der Erklärung *Nostra Aetate* des II. Vatikanischen Konzils Anfang der 1960er-Jahre über das Verhältnis der Kirche zu den nichtchristlichen Religionen. Einer Erklärung, zu der es im Zuge der von Papst Johannes XXIII. (1881 – 1963) formulierten Forderung nach einem *Aggiornamento*, nach einer Anpassung der katholischen Lehre an die Verhältnisse der Gegenwart, kam.

Doch auch rund ein halbes Jahrhundert nach diesem beschwichtigenden Zugeständnis, diesem überfälligen Friedensangebot seitens der katholischen Kirche, ist das Verhältnis des Christentums zu den Weltreligionen nicht frei von Spannungen und Konflikten. Jüngst sorgten gleich mehrere Äußerungen, Gesten und Taten Papst Benedikts XVI. (geboren 1927) nicht nur bei Muslimen, sondern auch bei Juden für gravierende Missverständnisse und Irritationen. Wie sieht also das Christentum die lebenden großen Weltreligionen – die zwei anderen monotheistischen Offenbarungsreligionen, Judentum und Islam, aber auch den Hinduismus und Buddhismus?

Beginnen wir mit der Weltreligion, die dem Christentum am nächsten ist, in ihr nicht weniger als seine eigenen Wurzeln findet: dem Judentum. Denn Jesus von Nazareth, die zentrale Gestalt des christlichen Glaubens, war selbst Jude, seine Mutter eine Jüdin, seine Heilige Schrift das Alte Testament, seine Feste jüdische Feste und seine Anhänger und Freunde allesamt Juden. Das ungeschriebene Gesetz, dass es umso mehr Konfliktstoff gibt, je vertrauter man sich ist und je mehr man mit dem anderen gemeinsam hat, bestätigt leider auch das Verhältnis dieser beiden Weltreligionen zueinander. Das aus der Kunstgeschichte bekannte Motiv der blinden Frau als Synagoge und der sehenden Frau als Ecclesia, als Kirche, kann stellvertretend für eine Jahrhunderte währende Depravation des Judentums seitens der Christen gelten. So ließ Johannes Chrysostomos (349/350 – 407), Patriarch von Konstantinopel und großer Kirchenlehrer – um nur ein Beispiel anzuführen – seinem Antijudaismus freien Lauf, als er Ungeheuerlichkeiten wie diese niederschrieb: »Nenne sie (die Synagoge) einer Huren Haus, Lasterstätte, Teufelsasyl, Satansburg, Seelenverderb, jeden Unheils gähnenden Abgrund oder was immer, so wirst du noch weniger sagen, als sie verdient hat.«[178] Mit dieser an Drastik kaum zu überbietenden Hetztirade reiht er sich in eine unsägliche Tradition ein, die mit dem Genozid an den Juden im 20. Jahrhundert ihren Höhepunkt erreichen sollte.

Eine radikale Neubesinnung des Christentums auf das Judentum sollte erst mit der 1965 veröffentlichten *Erklärung zum Verhältnis der katholischen Kirche zu den nichtchristlichen Religionen* (Nostra aetate) des II. Vatikanischen Konzils stattfinden. Seitdem gilt das Judentum der katholischen, aber auch der evangelischen und orthodoxen Kirche als unverzichtbarer (Dialog-)Partner. Zeigt sich das jüdische Fundament des Christentums doch nicht nur in Gebet und Liturgie, sondern auch in ethisch-moralischen Forderungen bis hin zu den endzeitlichen Visionen von der Auferstehung von den Toten und dem Jüngsten Gericht, allen trennenden Glaubensüberzeugungen – von der trinitarischen Gottesvorstellung bis hin zur Lehre vom auferstandenen Jesus als dem wahren Messias – zum Trotz.

Weit weniger als mit dem Judentum weiß sich das Christentum in historischer Perspektive mit dem Islam, der anderen großen monotheistischen beziehungsweise abrahamitischen Religion, verbunden, die, wie es selbst auch, einen Absolutheitsanspruch hat. Der Islam sei eine falsche Religion, Mohammed ein falscher Prophet und der Koran eine falsche Schrift – so die hartnäckigsten, sich bis weit ins 20. Jahrhundert haltenden Stereotype. Auch wenn es schon früh rühmliche Ausnahmen in der christlichen Wahrnehmung und Bewertung des Islams gab: Für seine Zeit erstaunlich ausgewogen nimmt sich etwa das Urteil des deutschen Kirchenrechtlers und Philosophen Nikolaus von Kues (1401 – 1464) über den Islam aus. In seiner *Sichtung des Alkorans* lesen wir über den Propheten (der im Gegensatz zu Jesus allerdings nicht über die Kraft zu Wundertaten verfügt!): »Die Anhänger Muhammads behaupten aber, der Koran sei in guter Absicht geschrieben worden: Danach sei Mohammad eine Waise gewesen, als Heide im Irrtum befangen, und arm; des Gesetzes und des Schreibens sei er völlig unkundig gewesen und habe nur seine arabische Muttersprache beherrscht; auch habe er polygam gelebt. Nachdem Gott sich seiner erbarmt habe, sei er reich geworden, sein Herz habe sich geweitet, wodurch er nun auch schwierige Dinge verstehen konnte, und schließlich habe er sich auch einen Namen gemacht. Ihn setzte Gott selbst als Lehrer des ungebildeten und heidnischen arabischen Volkes ein, machte ihn zu seinem Gesandten an sie und stellte ihn als Propheten an ihrer Spitze – allerdings ohne die Fähigkeit, Wunder zu wirken –, um jenes ihm anvertraute Volk vom Irrtum auf den rechten Weg zurückzuführen.«[179]

Eine neue Sicht – zumindest der katholischen Kirche – auf den Islam legen die Aussagen des II. Vatikanischen Konzils an den Tag. Die Schrift *Lumen Gentium* (1964) betont: »Diejenigen endlich, die das Evangelium noch nicht empfangen haben, sind auf das Gottesvolk auf verschiedene Weise hingeordnet. (…) Der Heilswille umfasst (…) auch die, welche den Schöpfer anerkennen, unter ihnen besonders die Muslime, die sich zum Glauben Abrahams bekennen und mit uns den einen Gott anbeten, den barmherzigen, der die Menschen am Jüngsten Tag richten wird.«[180] Dass bei allen Gemeinsamkeiten auch die Unterschiede respektvoll anzuerkennen seien, brachte Papst Johannes II. in einer 1985 gehaltenen Rede vor Zehntausenden muslimischen Jugendlichen in Casablanca/Marokko zum Ausdruck: »Ich glaube, dass wir, Christen und Muslime, mit Freude die religiösen Werte, die wir gemeinsam haben, anerkennen und Gott dafür danken sollten. (…) Die Loyalität verlangt aber auch, dass wir unsere Unterschiede erkennen und respektieren …«[181]

Kommen wir zum christlichen Blick auf den Hinduismus. »Im Zusammenhang mit dem Fortschreiten der Kultur suchen die Religionen mit genaueren Begriffen und in einer mehr durchgebildeten Sprache Antwort auf die gleichen Fragen. So erforschen im Hinduismus die Menschen das göttliche Geheimnis und bringen es in einem unerschöpflichen Reichtum von Mythen und in tiefdringenden philosophischen Versuchen zum Ausdruck und suchen durch aszetische Lebensformen oder tiefe Meditation oder liebend-vertrauende Zuflucht zu Gott Befreiung von der Enge und Beschränktheit unserer Lage.«[182]

Kein Zweifel, die respektvolle Würdigung, die das II. Vatikanische Konzil in seiner Erklärung *Nostra aetate. Über das Verhältnis der Kirche zu den nichtchristlichen Religionen* (1965) dem Hinduismus, genauer gesagt, den hinduistischen Traditionen, entgegenbringt, mag für viele Menschen in Ost wie West eine veritable – durchaus positive – Überraschung, ja ein wichtiger Schritt auf dem Weg interreligiöser Verständigung gewesen sein, ist es möglicherweise immer noch ... Trotzdem darf man sich nicht darüber hinwegtäuschen lassen, dass die Kirche letzten Endes auf eine theologische Qualifizierung des Hinduismus verzichtet (hat). Nur ein Jahr zuvor, nämlich in der Konstitution *Lumen Gentium/Licht der Welt* (Nr. 16), zählte sie den Hinduismus – die mit geschätzten 761,7 Millionen Anhängern immerhin drittgrößte und mit Abstand älteste Weltreligion – lediglich zu jenen Glaubenssystemen, die »in Schatten und Bildern den verborgenen Gott suchen«[183]: Eine (Be)Wertung, die dem Hinduismus mit seiner Vielgötterei nur einen der hinteren Plätze im Ranking der Weltreligionen und damit in der Wahrheits-Hierarchie zugesteht.

Doch in den letzten Jahrzehnten erlebte der Hinduismus mit seinen verschiedenen Angeboten (Meditationspraktiken, Yoga) eine nennenswerte Verbreitung nicht nur in der westlichen Welt, sondern auch in verschiedenen orthodoxen Kulturen.

Und wie steht es um die christliche Sicht auf den Buddhismus? Wie im Falle des Hinduismus vollzog sich die Begegnung zunächst auf missionarischer Ebene, nämlich durch die Jesuiten. Im letzten Drittel des 19. Jahrhunderts kam es dann zu christlichen-buddhistischen Gesprächen. Zur Verblüffung vieler Christen betonte Anfang der 30er-Jahre des 20. Jahrhunderts erstmals ein Katholik ausdrücklich die Bedeutung fernöstlicher Religiosität. Die Rede ist von Romano Guardini (1885 – 1968), der über die Konfessionsgrenzen hinweg auch als Philosoph, Pädagoge und Mitwegbereiter des II. Vatikanischen Konzils tätige und geschätzte Theologe, schrieb bemerkenswerte Sätze über den Begründer des Buddhismus – wohlgemerkt über eine Religion, die nicht zuletzt aufgrund ihres inhärenten Atheismus und der Wiedergeburtslehre mit dem Christentum nicht allzu viele Berührungspunkte aufweist: »Einen Einzigen gibt es, der den Gedanken eingeben könnte, ihn in die Nähe Jesu zu rücken. Buddha. Dieser Mann bildet ein großes Geheimnis. Er steht in einer erschreckenden, fast übermenschlichen Freiheit; zugleich hat er dabei eine Güte, mächtig wie eine Weltkraft. Vielleicht wird Buddha der Letzte sein, mit dem das Christentum sich auseinander zu setzen hat.«[184]

Zu einem wesentlichen Wandel in der Würdigung des Buddhismus kam es jedoch erst nach dem Zweiten Weltkrieg. »In den verschiedenen Formen des Buddhismus wird das radikale Ungenügen der veränderlichen Welt anerkannt und ein Weg gelehrt, auf dem die Menschen mit frommem und vertrauendem Sinn entweder den Zustand vollkommener Befreiung zu erreichen oder – sei es durch eigene Bemühung, sei es vermittels höherer Hilfe – zur höchsten Erleuchtung zu gelangen mögen.«[185] (Nostra aetate)

So hat etwa die vor allem in der zweiten Hälfte des 20. Jahrhunderts stattgefundene Begegnung von Christen mit buddhistischen Praktiken wie Zen oder Yoga wesentlich dazu beigetragen, das eigene reiche Erbe spiritueller Tradition wiederzuentdecken. Als interreligiöse Vermittler hierfür wären unter anderem Hugo Enomiya Lassalle (1898 – 1990), Karlfried Graf Dürckheim (1896 – 1988) und Raimundo Panikkar (geboren 1918) zu nennen. Letzterer brachte sein ernsthaftes religiöses Suchen auf folgende Fromel: »Ich bin als Christ gegangen, ich habe mich als Hindu gefunden, und ich kehre als Buddhist zurück, ohne doch aufgehört zu haben, ein Christ zu sein.«[186]

Was die christliche Perspektive auf die Weltreligionen insgesamt betrifft, so kann im Laufe der Zeit von einem positiven Wandel gesprochen werden, dessen große Stationen man als Fremde – Feinde – Freunde bezeichnen könnte. Von purer Unkenntnis der fremden Religion und eigenen Projektionen über zum Teil gewaltsam-kriegerischen Missionierungsversuchen hin zum allmählichen Abbau xenophober Tendenzen, hartnäckiger Vorurteile und tradierter Stereotypen sowie im Gegenzug zum Aufbau von Akzeptanz und Respekt für die anderen Religionen. Im Zuge dessen konnte es auch zur partiellen Überwindung des eigenen Wahrheits- und Absolutheitsanspruchs und zur Öffnung für das Ethos, die Tiefe und Schönheit anderer großer Glaubenssysteme kommen.

Zum Schluss dennoch ein paar kritische Fragen und Überlegungen: Was hat es mit der leicht über die Lippen gehenden, etwas wohlfeilen Formel des gebetsmühlenhaft heraufbeschworenen »interreligiösen Dialogs« zwischen West und Ost tatsächlich auf sich? Ist damit wirklich mehr als eine friedliche Koexistenz, ein ignorantes Nebeneinander der Religionen gemeint – was angesichts der heutigen prekären Weltlage und religiös motivierter kriegerischer Auseinandersetzungen, allerdings schon viel, sehr viel wäre? Bedeutet und setzt die Führung eines Dialogs auf Augenhöhe, also eines Gesprächs zwischen den Religionen, das diesen Namen auch verdient, nicht automatisch ein wahrhaft »empathiebefrachtetes Verstehen«, eine emotionale Kompetenz und interreligiöse Sensibilität voraus, genauso wie die grundsätzliche Bereitschaft, die eigene religiöse Position kritisch zu überdenken und zu hinterfragen, ja mitunter sogar zu relativieren, um auf den anderen überhaupt einen Schritt zuzugehen, von ihm etwas annehmen, sich mit ihm austauschen zu können? Mit anderen Worten, sich von ihm im spirituellen Sinne bereichern zu lassen, ihn selbst mit dem Eigenen zu bereichern?

Andererseits, nicht minder bedeutsam: Wie weit kann man auf den anderen zugehen, ohne die eigene religiöse Identität, das eigene unverwechselbare Profil zu verlieren, seinen Glauben gleichsam zu »verraten«, wie groß sind da realiter die Spielräume?

Fest steht, dass kirchliche Vertreter mit ihren religiösen Dogmen und theologischen Lehrmeinungen in der Regel eher das Differenzierende, Trennende zwischen den Religionen betonen. Hingegen streichen beispielsweise an der Mystik Orientierte, die in den Mystiken der Welt gleichsam die Innenseite der Religionen, ihren gemeinsamen Gravitationspunkt sehen, eher das Verbindende mit den anderen Weltreligionen heraus. Denn diesen geht es um eine direkte Beziehung zum Absoluten, und zwar ohne Vermittlung amtlicher Glaubenswächter und Glaubensverwalter, für die es außerhalb der Kirche sowieso kein Heil geben darf. Dergestalt dürften die Mystiker wesentlich mehr zu einer »Ökumene des Geistes« beitragen, zu einem Brückenschlag in einer vielfach auch religiös gespaltenen Welt, gestern wie heute.

50. Wie steht die Kirche zu Staat und Politik?

Seit Papst Leo XIII., dessen Amtszeit von 1878 bis 1903 währte, streicht die römisch-katholische Kirche ihre grundsätzliche Neutralität gegenüber den verschiedenen Staatsformen heraus, während sie bis dahin noch eindeutig der christlichen Monarchie den Vorzug gegeben hatte. Doch spätestens mit der Pastoralkonstitution *Gaudium et spes* (= Freude und Hoffnung)[187] des II. Vatikanischen Konzils aus dem Jahre 1965 bejaht die Kirche – wohl nicht zuletzt aufgrund der Konfrontation rechter und linker Terrorregime – verstärkt Rechtsstaatlichkeit, Menschenrechte und Gewaltenteilung. Demokratie sei, so heißt es, die Regierungsform im Staat, welche ihrer Struktur nach die günstigsten Voraussetzungen für die Entfaltung von Initiativen und Gemeinsinn biete. Hingegen stütze die Kirche autoritäre Staatsmodelle nicht mehr, insbesondere dann nicht, wenn diese totalitäre Ideologien verbreiten ... Trotzdem sei die Kirche an kein politisches System gebunden, sondern eine Entität *sui generis* ... Derart wechselhafte Positionen gegenüber Staat und Politik sind für die Geschichte des Christentums von Anfang an charakteristisch. Ihre Wurzeln reichen bis in biblische Zeiten zurück.

Obgleich wir in der Bibel auf eher spärliche Äußerungen zum Verhältnis von Glauben und staatlich-politischer Macht stoßen – eine ausgebildete Staatslehre war noch unbekannt –, ist die Spannweite der Aussagen dabei eine überaus große und zum Teil widersprüchliche. So reicht etwa die Beurteilung des Königtums und des charismatischen Führertums im Alten Testament von einer nahezu sakralen Begründung (etwa mittels der Idee eines »Gottesgnadentums«) bis hin zu einer grundsätzlichen Kritik an der Monarchie wie an politischer Herrschaft überhaupt. Das Gleiche lässt sich vom Neuen Testament sagen.

Denn einerseits finden sich hier Textstellen, welche – angesichts des von Jesus prophezeiten »Reich Gottes« und dem damit einhergehenden Ende aller von Menschenhand geschaffenen, sprich unvollkommenen, vergänglichen Herrschaftssysteme – den Herrschaftsanspruch der staatlichen Autorität relativieren beziehungsweise die Loyalitätspflicht gegenüber weltlicher Herrschaft begrenzen. »So gebt dem Kaiser, was dem Kaiser gehört, und Gott, was Gott gehört!« (Mk 12,17), soll Jesus, dem Markusevangelium zufolge, auf die Frage nach der kaiserlichen Steuer erwidert haben. Damit wird zwar die Berechtigung des weltlichen Machtanspruches des Staates – in diesem Fall des römischen Staates und seiner Organe – bestätigt, zugleich aber deren Unterordnung unter Gottes Willen gefordert. Noch deutlicher wird der prinzipielle Vorrang des Gotteswillens vor allen menschlichen Machtansprüchen durch einen Ausspruch der vom Hohen Rat verhörten Apostel um Petrus zum Ausdruck gebracht: »Man muss Gott mehr gehorchen als den Menschen.« (Apg 5,29)

Andererseits begegnen wir aber auch Passagen, die ausdrücklich von der Mahnung zur Ehrfurcht, von der devoten Unterordnung und vom strikten Gehorsam des Christen sprechen: »Unterwerft euch um des Herrn willen jeder menschlichen Ordnung: dem Kaiser, weil er über allen steht, den Statthaltern, weil sie von ihm entsandt sind, um die zu strafen, die Böses tun, und die auszuzeichnen, die Gutes tun ... Erweist allen Menschen Ehre, liebt die Brüder, fürchtet Gott, und ehrt den Kaiser!« (1 Petr 2,13 – 17)

Eine Stelle aus dem Römerbrief sollte späterhin zu einer regelrechten »Kernbelegstelle« für den Untertanengehorsam und die Einsetzung der Obrigkeit durch Gott avancieren: »Jeder leiste den Trägern der staatlichen Gewalt den schuldigen Gehorsam. Denn es gibt keine staatliche Gewalt, die nicht von Gott stammt; jede ist von Gott eingesetzt. Wer sich daher der staatlichen Gewalt widersetzt, stellt sich gegen die Ordnung Gottes, und wer sich ihm entgegenstellt, wird dem Gericht verfallen.« (Röm 13,1f) In seinem ersten Brief an Timotheus fordert Paulus sogar zum Gebet für die Obrigkeit auf: »Vor allem fordere ich zu Bitten und Gebeten, zu Fürbitte und Danksagung auf, und zwar für alle Menschen, für die Herrscher und für alle, die Macht ausüben, damit wir in aller Frömmigkeit und Rechtschaffenheit ungestört und ruhig leben können.« (1 Tim 2,2) Alles in allem Ausdruck grundsätzlicher christlicher Akzeptanz des staatlichen Gewaltmonopols und der Loyalität mit den jeweiligen Machthabern.

Doch wenn die staatliche Obrigkeit ihre gegebene Macht missbraucht und sich göttliche Hoheit anmaßt, kann sie den Anspruch auf Gehorsam auch wieder verlieren und zum Werkzeug Satans, zum Repräsentanten des Antichristen werden, wie es in der Offenbarung des Johannes heißt, denn über dieser Welt ist ein »ewiges Evangelium« ausgerufen, und zwar »allen Nationen, Stämmen, Sprachen und Völkern« (Offb 14,6).

In den nächsten zwei Jahrtausenden sollte es jedenfalls zu wechselnden Pendelschlägen zwischen diesen extremen Positionen kommen. Während die Stellung der urchristlichen Gemeinden gegenüber der römischen Staatsgewalt noch als eine skeptische bezeichnet werden kann, man sich als eschatologische Heilsgemeinde verstand, die sich von aller weltlichen Macht distanziert und auf deren Ende wartet, entwickelte sich das Christentum seit der Konstantinischen Wende im 4. Jahrhundert zu einer dem Staat durchaus aufgeschlossenen Mehrheitskirche.

Im Mittelalter kam es sodann zur Formulierung der sogenannten Zwei-Gewalten-Lehre beziehungsweise Zwei-Schwerter-Theorie über die Machtverhältnisse zwischen Papst und Kaiser. Theologisch begründet wurde diese von Papst Gelasius I (492 – 496) und Gratian (Mitte des 12. Jahrhunderts) unter Berufung auf eine Stelle aus dem Lukasevangelium. Dort sagen die Jünger zu Jesus: »Herr, hier sind zwei Schwerter.«, worauf Jesus antwortet: »Genug davon!« (Lk 22,38) Die beiden Schwerter der geistlichen und der weltlichen Gewalt seien dem Petrus durch Christus verliehen worden, und somit hätten die Petrus-Nachfolger das weltliche Schwert gleichsam als Lehen an den Kaiser weiterzureichen.

Um diesen päpstlichen Machtanspruch zu stützen, zog man auch Aurelius Augustinus' (354 – 430) Hauptwerk *De Civitate Dei* (Über den Gottesstaat) heran. Der Philosoph und Kirchenvater stellt darin dem überirdischen Gottesstaat (*civitas Dei* = katholische Kirche) den irdischen und daher zwangsläufig von der Sünde und vom Bösen beherrschten Staat (*civitas terrena* = römischer

Machtstaat) gegenüber. Ersterer diene zwar vorläufiger Erhaltung, könne sich dem zum Untergang bestimmten Reich der Welt jedoch letzten Endes nicht entziehen. Daraus folgerte man, dass die politische Ordnung stets kirchlicher Anleitung und Begrenzung bedürfe.

Durch Thomas von Aquin (1224 – 1274) erfuhr der Staat jedoch insgesamt eine Aufwertung. Im Anschluss an Aristoteles (384 – 322), der die Natur des Menschen als *animal sociale* bestimmt hatte, betonte der Scholastiker in seiner *Summa theologiae* die Notwendigkeit des irdischen Staates, dem die Aufgabe des Gemeinwohls *(bonum communis)* und die Erhaltung des äußeren Friedens zufalle.

Gegen das Mittelalter betonte sodann die Reformation die Weltlichkeit und Eigenständigkeit der staatlichen Herrschaft. Nach der von Martin Luther (1483 – 1546) entwickelten Zwei-Reiche-Lehre sind Kirche und Staat zwei »Regimente« Gottes – gewissermaßen die beiden Arme, mit denen er die Menschen umgreife – mit verschiedenen Aufgaben, die aber beide zur Leitung des sündigen Menschen und zur Eindämmung des Bösen *(remedium peccati)* notwendig seien. Doch auch das Amt der Obrigkeit sei unmittelbar von Gott eingesetzt, was zur Folge hatte, dass kritische Begrenzungs- oder gar Demokratisierungsversuche der Staatsmacht beim konservativen Luthertum auf Widerstand stießen. Waren es doch die Landesfürsten, die die Reformation durchführten und die Konfession ihrer Untertanen bestimmten: *cuius regio, eius religio*! Selbst nach der Aufklärung und der Französischen Revolution stützten weite Teile des Protestantismus Monarchie und Feudalismus.

Anfang des 20. Jahrhunderts wandte sich der Theologe Karl Barth (1886 – 1935) gegen die luthersche Zwei-Reiche-Lehre, indem er die »Königsherrschaft Jesu Christi« über alle Bereiche der Welt stellte. Angesichts der Erfahrung von Nationalsozialismus und Faschismus plädierte er sogar für ein kirchliches Widerstandsrecht gegen den totalen, Frieden und Menschenrechte mit Füßen tretenden Staat: »Die Schrift sagt uns, dass der Staat nach göttlicher Anordnung die Aufgabe hat, in der noch nicht erlösten Welt, in der auch die Kirche steht, nach dem Maß menschlicher Einsicht und menschlichen Vermögens unter Androhung und Ausübung von Gewalt für Recht und Frieden zu sorgen.«[188]

Die Frage, ob es ein christliches Widerstandsrecht – sogar eine christliche Widerstandspflicht – gegen totalitäre Unrechtsregime gäbe und wie weit dieses gehen sollte, beschäftigte auch die katholische Kirche. Doch fallen deren Aussagen dazu recht vage aus. So formuliert das II. Vatikanische Konzil in seiner *Pastoralkonstitution über die Kirche in der Welt von heute*: »Wo … die Staatsbürger von einer öffentlichen Gewalt, die ihre Zuständigkeit überschreitet, bedrückt werden, sollen sie sich nicht weigern, das zu tun, was das Gemeinwohl objektiv verlangt. Sie haben jedoch das Recht, ihre und ihrer Mitbürger Rechte gegen den Missbrauch der staatlichen Autorität zu verteidigen, freilich innerhalb der Grenzen des Naturrechts und des Evangeliums.«[189] Dass die Frage nach der Rechtmäßigkeit eines bewaffneten Widerstands in totalitären Staaten von der katholischen Kirche bis heute nicht geklärt ist, zeigt nicht zuletzt deren Auseinandersetzung mit den Vertretern der sogenannten Befreiungstheologie – etwa in Gestalt des 1938 geborenen Theologen und Menschenrechtsaktivisten Leonardo Boff – in Südamerika.

Nichtsdestoweniger kommt man heutzutage sowohl in der katholischen wie der evangelischen Kirche (katholische Soziallehre, Barmer Bekenntnis) darin überein, dass christlicher Glaube nicht gleichgültig gegenüber Staat und Politik sein könne, es für Christen eine Weltverantwortung gäbe, auch wenn Politik nicht die einzige Art für Christen sei, anderen zu dienen. Dabei sollten aber – dem 1938 geborenen Theologen Gotthard Fuchs zufolge – zwei Extreme vermieden werden: »Auf der einen Seite (ein) unpolitisches, bloß verinnerlichtes, gleichsam pietistisches und verjenseitigtes Glaubensverständnis, andererseits eine unmittelbar politisierende, strukturell theokratische Auslegung des Glaubens.«[190]

Anmerkungen

1. Feuerbach, Ludwig, Das Wesen des Christentums (1841), Band 1, Berlin 1956, S. 149.
2. Lopez, Barry Holstun, Arktische Träume, btb Verlag, München 2002. Das US-amerikanische Original erschien 1986 unter dem Titel Arctic Dreams.
3. McGrath, Alister E., Der Weg der christlichen Theologie. Eine Einführung, Aus dem Englischen übersetzt von Christian Wiese, Verlag C. H. Beck, München 1997, S. 13.
4. Claudius, Matthias, Einfältiger Hausvater-Bericht über die christliche Religion an seine Kinder, in: Ders., Sämtliche Werke, Wandsbeck 1802, Bd. 3 – 4, S. 127f.
5. Stand 31. Dezember 2008; Bibelreport, Ausgabe II, 2009, S. 7 (Deutsche Bibelgesellschaft).
6. Grossouw, Willem Karel, Bibel (Artikel), in: Bibel-Lexikon, Herausgegeben von Herbert Haag, Benziger Verlag, Zürich/Einsiedeln/Köln 1982, Sp. 210.
7. Koch, Klaus, »Bibel« (Artikel), in: Die Religionen der Welt. Lexikon, Herausgegeben von Udo Tworuschka, Gütersloher Verlagshaus, Gütersloh 1999, S. 65.
8. Holländischer Katechismus 1969, zitiert nach: Alfons Deissler, Altes Testament (Artikel), in: Praktisches Lexikon der Spiritualität, Herausgegeben von Christian Schütz, Verlag Herder, Freiburg/Basel/Wien 1988, Sp. 32.
9. Vorgrimmler, Herbert, Neues Theologisches Wörterbuch, Verlag Herder, Freiburg/Basel/Wien 2008, S. 455f.
10. Cioran, E. M, Die verfehlte Schöpfung, Übersetzt von François Bondy und Elmar Tophoven, Wien 1973 und Frankfurt/M. 1979, S. 25 – 27.
11. Vgl. Helmut Werner, Lexikon der Numerologie und Zahlenmystik, Komet Verlag, Köln o.J., S. 93ff.
12. Enzyklika, Gaudium et Spes, Art. 5.
13. Ohly, Friedrich, Vom geistigen Sinn des Wortes im Mittelalter, Darmstadt 1966, S. 10f.
14. Rundschreiben »Divino afflante Spiritu« unseres Heiligen Vaters Papst Pius XII., Offizieller deutscher Text, Feldkirch 1946, Abschn. 44. Mahnung an die Erklärer der Heiligen Schrift.
15. Drehsen, Volker/Häring Hermann, »Schriftauslegung« (Artikel), in: Wörterbuch des Christentums, Herausgegeben von Volker Drehsen, Hermann Häring, Karl-Josef Kuschel und Helge Siemers in Zusammenarbeit mit Manfred Baumotte, Gütersloher Verlagshaus Gerd Mohn, Benziger Verlag, Zürich 1988, S. 1125.
16. Kierkegaard, Søren, Abschließende unwissenschaftliche Nachschrift zu den philosophischen Brocken II, in: Ders. Gesammelte Werke, Herausgegeben von E. Hirsch, Gütersloh 1982, Bd. 16, S. 242f.

17. Vgl. Otto Mack/Friedo Ricken, Gottesbeweise (Artikel), in: Lexikon für Theologie und Kirche (= LTHK), Vierter Band, Verlag Herder, Freiburg/Basel/Wien 1995, Sp. 882.
18. Gödel, Kurt, Gottesbeweis mittels formaler Logik, zitiert nach: www.geistigenahrung.org/ftopic29068.html (abgerufen im August 2010).
19. Spaemann, Robert, Der letzte Gottesbeweis. Mit einer Einführung in die großen Gottesbeweise und einem Kommentar zum Gottesbeweis Robert Spaemanns von Rolf Schönberger, Pattloch Verlag, München 2007, S. 31f.
20. Wittgenstein, Ludwig, Tractatus logico-philosophicus 6.44, 6.45 und 6.522, in: Ders., Werkausgabe Band 1, Suhrkamp Verlag, Frankfurt/M. 1984, S. 84f.
21. Heidegger, Martin, Was ist Metaphysik?, Bonn 1929.
22. Guigi, Scala claustralium oder Scala paradisi, 1193, Internet-Eintrag.
23. Claudel, Paul, Der Strom. Ausgewählte Prosa, Ullstein Bücher Nr. 45, Frankfurt/M. 1955, S. 172ff.
24. Daly, Mary, Beyond God the Father, Boston 1973, vgl. die deutsche Ausgabe: Jenseits von Gottvater, Sohn & Co. Übersetzung aus dem Amerikanischen von Marianne Reppekus, Übersetzung der Einleitung und des 1. Kapitels von Barbara Henninges, München 1980, S. 33.
25. Thomas von Aquin, Summa theologiae I 93,4 ad 1.
26. Radford, Rosemary, Sexismus und die Rede von Gott. Schritte zu einer anderen Theologie, Gütersloher Verlagshaus, Gütersloh 1996, S. 66.
27. Angelus Silesius, Johannes (d. i. Johannes Scheffler), Cherubinischer Wandersmann oder Geistliche Sinn- und Schlussreime, Herausgegeben von Louise Gnädinger nach dem Text von Glatz 1675, Vollständige Ausgabe, Mit 56 Illustrationen, Manesse Verlag, Zürich 1986, Fünftes Buch, Nr. 196, S. 346.
28. Schleiermacher, Friedrich Daniel Ernst, Der christliche Glaube nach den Grundsätzen der evangelischen Kirche im Zusammenhange dargestellt, Zweite Auflage (1830/31), Teilband 2, Herausgegeben von Rolf Schäfer, Walter de Gruyter, Berlin/New York 2003, § 171, S. 519.
29. Hasselbach, Ulrich von, Christsein – neu gesehen, in: Freies Christentum 11/1979, S. 187 – 197.
30. Wiesel, Elie, Die Nacht. Roman, Aus dem Französischen von Curt Meyer-Clason, Vorwort von Martin Walser, Mit einer Vorrede von François Mauriac, Verlag Herder, Freiburg/Basel/Wien 1996, S. 95.
31. Kant, Immanuel, Über das Misslingen aller philosophischen Versuche in der Theologie, Leipzig 1793, S. 194f, zitiert nach: »Theodizee« (Artikel), in: Lexikon der Theologie und Kirche (= LTHK), 9. Band, Verlag Herder, Freiburg/Basel/Wien 2000, Sp. 1396.
32. Jonas, Hans, Der Gottesbegriff nach Auschwitz. Eine jüdische Stimme, in: Ders., Gedanken über Gott. Drei Versuche, Frankfurt/M. 1994, S. 47f.
33. Siehe Duden. Etymologie. Herkunftswörterbuch der deutschen Sprache, Band 7, Dudenverlag, Mannheim/Wien/Zürich 1963, S. 227.

34. Augustinus, Aurelius, De spir. et lit. 32,56.
35. Fontane, Theodor, Vor dem Sturm. Roman (1878), in: Ders., Romane und Erzählungen in acht Bänden, Herausgegeben von Peter Goldammer, Gotthard Erler, Anita Golz und Jürgen Jahn, Aufbau-Verlag, Berlin und Weimar 1969, Bd. I, S. 128.
36. Müller-Westernhagen, Marius, Engel, 1989.
37. Vgl. Richard Reschika, Wie viele Engel können auf einer Nadelspitze tanzen? Alles, was Sie über Religion noch nicht wissen, Diederichs/Heinrich Hugendubel Verlag, Kreuzlingen/München 2008, S. 82 – 87.
38. Morgenstern, Christian, Scholastikerproblem, Gedicht aus den Galgenliedern, in: Ders., Jubiläumsausgabe in vier Bänden, Herausgegeben von Clemens Heselhaus, R. Piper & Co. Verlag, München/Zürich 1979, S. 38.
39. Thomas von Aquin, Summa Theologiae, 1. Teil, 50. Frage, Von dem Wesen der Engel überhaupt, 5. Artikel, Sind die Engel unvergänglich?
40. Schweitzer, Albert, Geschichte der Leben-Jesu-Forschung, in: Ders., Gesammelte Werke in fünf Bänden, Verlag C. H. Beck, München, o. J., Bd. 3, S. 887.
41. Bultmann, Rudolf Karl, Jesus, Verlag Mohr Siebeck, UTB, 1988.
42. Vgl. Richard Reschika, Wie viele Engel können auf einer Nadelspitze tanzen? Alles, was Sie über Religion noch nicht wissen, Diederichs/Heinrich Hugendubel Verlag, Kreuzlingen/München 2008, S. 72 – 77.
43. Tacitus, Publius Cornelius, Annalen, XV. Buch.
44. Plinius der Jüngere, Epist. lib 10,96.
45. Flavius Josephus, Ant. 20,9,I.
46. Krishnamurti, Jiddu, Das Licht in dir, Econ TB, Düsseldorf 2000.
47. Goethe, Johann Wolfgang von, Kunst und Altertum am Rhein, Main und Neckar, 1814/15.
48. Ranke-Heinemann, Uta, Äußerung am 15. April 1987 in einer Fernsehsendung des WDR aus dem Marien-Wallfahrtsort Kevelaer.
49. Papst Pius IX. am 8. Dezember 1854.
50. Malessa, Andreas, Kleines Lexikon religiöser Irrtümer, Von Abba bis Zölibat, Gütersloher Verlagshaus, Gütersloh 2008, S. 139.
51. Goethe, Johann Wolfgang von, in: »Diner zu Coblenz«, erstmals 1815 vollständig abgedruckt.
52. Ernst, Josef, Johannes der Täufer. Interpretation – Geschichte – Wirkungsgeschichte, Berlin/New York 1989, S. 290.
53. Horos (Glaubensentscheidung) des Konzils von Chalcedon, zitiert nach: Josef Wohlmuth (Hg.), Concilium Oecumenicorum Decreta, Band 1, 3. Aufl., Ferdinand Schöningh Verlag, Paderborn 1998, S. 86.
54. Schleiermacher, Friedrich Daniel Ernst, Der christliche Glaube nach den Grundsätzen der evangelischen Kirche im Zusammenhange dargestellt, Zweite Auflage (1830/31), Teilband 2, Herausgegeben von Rolf Schäfer, Walter de Gruyter, Berlin/New York 2003, § 94, S. 52.
55. Barth, Karl, Kirchliche Dogmatik, Bd. IV/1 – 3, 1953 – 1959, §§ 59.64.69.

56. Mensching, Gustav, zitiert nach: Udo Tworuschka, Die Religionen der Welt. Lexikon, Gütersloher Verlagshaus, Gütersloh 1999, S. 329f.
57. Schweitzer, Albert, Leben-Jesu-Forschung, in: Ders., Gesammelte Werke in fünf Bänden, Verlag C. H. Beck, München o. J., Bd. 3, S. 117.
58. Zeier, Ludwig, Wunder Jesu, (Artikel) in: Lexikon des christlichen Glaubens, Herausgegeben von Eugen Biser, Ferdinand Hahn, Michael Langer, Pattloch Verlag, München 2003, S. 525.
59. Vgl. Artikel von Otto Knoch über das »Gleichnis«, in: Bibel-Lexikon, Herausgegeben von Herbert Haag, Benziger Verlag, Zürich/Einsiedeln/Köln 1982, Sp. 596 – 602.
60. Pöttner, Martin, Gleichnis/Parabel, III. Fundamentaltheologisch (Artikel) in: Religion in Geschichte und Gegenwart. Handwörterbuch für Theologie und Religionswissenschaft, Vierte, völlig neu bearbeitete Auflage, Herausgegeben von Hans Dieter Betz, Don S. Browning, Bernd Janowski und Eberhard Jüngel, Verlag Mohr Siebeck, Tübingen 1998 – 2005, Band 3, Sp. 1003.
61. Herder, Johann Gottfried, Über Bild, Dichtung und Fabel, S. 43.
62. Jülicher, Adolf, Die Gleichnisse Jesu, 1910, Bd. 2, S. 80.
63. Sieger, Jörg, »Gott hat seinen eigenen Sohn nicht verschont, sondern ihn für uns alle hingegeben.« (Röm 8,32) – Opfer, Schuld, Vergebung, Internet www.joerg-sieger.de/glaube/themen/opfer.htm (abgerufen im Juli 2010).
64. Luther, Martin, Tischreden, Chr. Kaiser Verlag, München 1963, S. 110.
65. Hinricher, Gemma, Kreuz, in: Praktisches Lexikon der Spiritualität, Herausgegeben von Christian Schütz, Verlag Herder, Freiburg/Basel/Wien 1988, Sp. 732.
66. Sieger, Jörg, »Gott hat seinen eigenen Sohn …«, a. a. O.
67. Tertullian, De resurrectione carnis (= Über die Auferstehung des Fleisches), um 212 – 214 n. Chr., 1. Kap.
68. Grossouw, Willem Karel, »Auferstehung« (Artikel), in: Bibel-Lexikon, Herausgegeben von Herbert Haag, Benziger Verlag, Zürich/Einsiedeln/Köln, Sp. 133.
69. Vgl. Gerd Lüdemann, Die Auferstehung Jesu, 1994.
70. Nelis, J., Reich Gottes, (Artikel) in: Bibel-Lexikon, Herausgegeben von Herbert Haag, Benziger Verlag, Zürich/Einsiedeln/Köln 1982, Sp. 1464.
71. Augustinus, Aurelius, Der Gottesstaat (De Civitate Dei), Systematischer Durchblick in Texten, Herausgegeben und eingeleitet von Hans Urs von Balthasar, Johannes Verlag, Einsiedeln 1961, S. 231.
72. Weber, K., Reich Gottes, christlich, (Artikel) in: Lexikon religiöse Grundbegriffe. Judentum – Christentum – Islam, Herausgegeben von Adel Theodor Khoury, Marix Verlag, Wiesbaden 2007, Sp. 908.
73. Meister Eckehart, Deutsche Predigten und Traktate, Herausgegeben und übersetzt von Josef Quint, 1963, 7. Aufl., S. 323.
74. Tauler, Johannes, Predigten, Band 1, Übertragen und herausgegeben von Georg Hofmann, 2007, S. 201.

75. Neueren Forschungen nach sollen auch Primaten lachen können.
76. Nietzsche, Friedrich, Kritische Studienausgabe, Nachgelassene Fragmente. Herausgegeben von Giorgio Colli und Mazzino Montinari, Deutscher Taschenbuch Verlag, de Gruyter, München/Berlin/New York 1988, S. 571.
77. Baudelaire, Charles, Über das Wesen des Lachens insonderheit über das Komische in der Kunst, in: Ders., Gesammelte Schriften, Tagebücher, Übersetzt von Max Bruns, Abi Melzer Verlag, Dreieich 1981, Bd. 3, S. 228ff.
78. Hobbes, Thomas, Die menschliche Natur, Kap. IX, S. 13.
79. Papini, Giovanni, Weltgericht, Deutsch von Kosmas Peter Ziegler, Verlag Karl Alber, Freiburg/München 1959, S. 664.
80. Eco, Umberto, Der Name der Rose, Übersetzt von Burkhart Kroeber, Hanser Verlag, München 1982, S. 604.
81. Scheffczyk, Leo, »Gottebendbildlichkeit« (Artikel), in: Lexikon für Theologie und Kirche (LTHK), Verlag Herder, Freiburg/Basel/Wien, Sp. 872.
82. Mursell, Gordon (Hg.), Christliche Spiritualität, Zweitausend Jahre in Ost und West, Aus dem Englischen übersetzt von Bernardin Schellenberger, Kreuz Verlag, Stuttgart/Zürich 2002, 68f.
83. Böckle, Franz/Soete, Annette, »Gottebenbildlichkeit« (Artikel), in: Praktisches Lexikon der Spiritualität, Herausgegeben von Christian Schütz, Verlag Herder, Freiburg/Basel/Wien 1988, Sp. 548.
84. Vgl. Malone, Edward E., The monk and the martyr. The monk as the successor of the martyr, Washington 1950.
85. Vgl. Lumen Gentium, dt. = »(Christus ist das) Licht der Völker«, Dogmatische Konstitution 1964, 39 – 46.
86. Benn, Gottfried, Drei alte Männer, in: Ders., Gesammelte Werke in 4 Bde., Herausgegeben von Dieter Wellershoff, Wiesbaden 1959, 2. Bd., S. 339.
87. Siehe Teresa von Ávila, Weg der Vollkommenheit (Kodex von Escorial), Vollständige Neuübertragung, Gesammelte Werke 2, Herausgegeben, übersetzt und eingeleitet von Ulrich Dobhan OCD und Elisabeth Peeters OCD, Verlag Herder, Freiburg/Basel/Wien 2004: »Aber wie gut kann man darüber schreiben, und wie schlecht setze ich es ins Werk!« (S. 156).
88. Lafontaine, Oscar, im STERN vom 15. Juli 1982.
89. Novalis, Fragmente vermischten Inhalts, in: Schriften, herausgegeben von J. Minor, Jena 1907, II 297.
90. Heiler, Friedrich, Das Gebet. Eine religionsgeschichtliche und religionspsychologische Untersuchung, München 1923, Einleitung, S. 2.
91. Ebd., Vorwort zur 1. Aufl. 1919, S. VII.
92. Augustinus, Aurelius, Erläuterung des 148. Psalms.
93. Droste-Hülshoff, Annette von, Halt fest!, in: Dies., Sämtliche Gedichte, Insel Verlag 1988.
94. Kierkegaard, Søren, Tagebuch-Aufzeichnung.
95. Thomas von Aquin, Von der Wahrheit (De Veritate), Felix Meiner Verlag, Hamburg 1986.

96. Luther, Martin, Ausgewählte Schriften, herausgegeben von Karin Bornkamm und Gerhard Ebeling, Bd. I: Aufbruch zur Reformation, Insel Verlag, Frankfurt/M./Leipzig 1995, S. 269.
97. Stirner, Max, Der Einzige und sein Eigentum, Herausgegeben von Hans G. Helms, München 1968, S. 107; vgl. Richard Reschika, »Mir geht nichts über Mich!« – Max Stirners Philosophie des absoluten Egoismus, in: R. Reschika, Philosophische Abenteurer, Elf Profile von der Renaissance bis zur Gegenwart, Mohr und Siebeck, UTB, Tübingen 2001, S. 68 – 102.
98. Die pastorale Konstitution über die Kirche in der Welt von heute – »Gaudium et Spes« (Freude und Hoffnung), Die Würde des sittlichen Gewissens, GS 16.
99. Vgl. Katholischer Erwachsenen-Katechismus, Zweiter Band, Leben aus dem Glauben, Herausgegeben von der Deutschen Bischofskonferenz, Verband der Diözesen Deutschlands, Bonn 1995, S. 135ff.
100. Vgl. Katholischer Erwachsenen-Katechismus, a. a. O., S. 138f.
101. Mensching, Gustav, Die Idee der Sünde, ihre Entwicklung in den Hochreligionen des Orients und Occidents, Leipzig 1931, S. 18.
102. Otto, Rudolf, Die religiöse Idee der Urschuld, in: Ders., Sünde und Urschuld, München 1932, S. 39.
103. Luther, Martin, Tischreden, in: Luther Deutsch. Die Werke Martin Luthers in neuer Auswahl für die Gegenwart. Nach den ursprünglichen Nachschriften in sachlicher Gliederung, Bd. 9, Herausgegeben von Kurt Aland, Vandenhoeck & Ruprecht, Göttingen 1984, S. 92.
104. Ratzinger, Joseph, Einführung in das Christentum. Vorlesungen über das Apostolische Glaubensbekenntnis, Kösel-Verlag, München 1985, S. 202f.
105. Tillich, Paul, Systematische Theologie, 3 Bde., Stuttgart 1956ff, II. Bd., S. 31.
106. Katholischer Erwachsenen-Katechismus, Zweiter Band, Leben aus dem Glauben, Herausgegeben von der Deutschen Bischofskonferenz, Verband der Diözesen Deutschlands, Bonn 1995, S. 84f.
107. Montaigne, Michel de, Essais, Erste moderne Gesamtübersetzung von Hans Stilett, Eichborn Verlag, Frankfurt/M. 1998, S. 540.
108. Kierkegaard, Søren, Die Krankheit zum Tode, Übersetzt und mit einem Glossar, Bibliographie sowie einem Essay »Zum Verständnis des Werkes« herausgegeben von Liselotte Richter, Syndikat Autoren- und Verlagsgesellschaft, Frankfurt/M. 1984, S. 98.
109. Übersetzung, die am 15./16. Dezember 1970 von der »Arbeitsgemeinschaft für liturgische Texte der Kirchen des deutschen Sprachgebietes verabschiedet wurde.
110. Seckler, Max, zitiert nach: »Glaube, christlich« (Artikel), in: Lexikon religiöser Grundbegriffe. Judentum – Christentum – Islam, Herausgegeben von Adel Theodor Khoury, Marix Verlag, Wiesbaden 2007, Sp. 372.
111. Luther, Martin, zitiert nach: »Glaube/Glaubensgewissheit« (Artikel),

in: Praktisches Lexikon der Spiritualität, Herausgegeben von Christian Schütz, Verlag Herder, Freiburg/Basel/Wien 1988, Sp. 524.
112. Einstein, Albert, Aus meinen späten Jahren (Out of my later Years), Übersetzt von Dr. Hildegard Blomeyer, Deutsche Verlags-Anstalt, Stuttgart 1952, S. 30.
113. Ratzinger, Josef, Einführung in das Christentum. Vorlesungen über das Apostolische Glaubensbekenntnis, Kösel-Verlag, München 1985, S. 47f.
114. Rousseau, Jean-Jacques, Abhandlung über den Ursprung und die Grundlagen der Ungleichheit unter den Menschen, Aus dem Französischen übersetzt und herausgegeben von Philipp Rippel, Philipp Reclam jun., Stuttgart 1998, S. 151.
115. Fromm, Erich, Die Kunst des Liebens, Aus dem Englischen von Liselotte und Ernst Mickel, Deutscher Taschenbuch Verlag, München 2007, S. 101.
116. Freud, Sigmund, Das Unbehagen in der Kultur. Und andere kulturtheoretische Schriften, Einleitung von Alfred Lorenzer und Bernard Görlich, Fischer Taschenbuch Verlag, Frankfurt/M. 1996, Kap. VIII, S. 106.
117. Jonas, Hans, Das Prinzip Verantwortung. Versuch einer Ethik für die technologische Zivilisation, Insel Verlag, Frankfurt/M. 1980, S. 36.
118. Vgl. u. a. Gerd Theissen und Anette Merz, Der historische Jesus. Ein Lehrbuch, Verlag Vandenhoeck & Ruprecht, Göttingen 2001.
119. Machiavelli, Niccolò, Briefe (an die Zehn, 11. April 1502).
120. Gemeinsame Erklärung zur Rechtfertigungslehre am 31. Oktober 1999.
121. Fünftes Ökumenisches Konzil in Konstantinopel, Konzilskanon aus dem Jahre 553.
122. Augsburgisches Bekenntnis, Artikel XVII.
123. Loisy, Alfred, L'évangile et l'église, Paris 1902. (Das französische Originalzitat lautet: «Jésus annonçait le royaume, et c'est l'Église qui est venue.»)
124. Claussen, Johann Hinrich, Die 101 wichtigsten Fragen – Christentum, Verlag C.H. Beck, München 2008, S. 58.
125. Vorgrimmler, Herbert, »Kirche« (Artikel), in: Neues theologisches Wörterbuch, Verlag Herder, Freiburg/Basel/Wien 2008, S. 348.
126. Confessio Augustana, Art. 7.
127. Lichtenberg, Georg Christoph, Sudelbücher, Schriften und Briefe, Zweiter Band, Sudelbücher II, Materialhefte, Tagebücher, Herausgegeben von Wolfgang Promies, Zweitausendeins, Frankfurt/M. 2000, Heft H (157), S. 201.
128. Luther, Martin, Predigt zur Einweihung der Torgauer Schlosskirche am 5. Oktober 1544.
129. Sacramentum Concilum, Nr. 10.
130. Ebd., Nr. 7.
131. Ebd.
132. Goethe, Johann Wolfgang von, Dichtung und Wahrheit, Zweiter Teil, Siebentes Buch, in: Ders., Werke in zehn Bänden, Band 8 Selbstbiogra-

phisches, Neu bearbeitet von Dr. Gisela Spiekerkötter, Frankenbuchhandlung Frankfurt/M., Stauffacher-Verlag AG, Zürich 1970, S. 257.

133. Richter, Klemens, »Sakrament, christlich« (Artikel), in: Lexikon religiöser Grundbegriffe. Judentum – Christentum – Islam, Herausgegeben von Adel Theodor Khoury, Marix Verlag, Wiesbaden 2007, Sp. 953.
134. Codex Iuris Canonici, 1983, 1166.
135. CIC, Nr. 61.
136. Tolstoi, Leo N., Tagebücher 1847 – 1910, Eintrag vom 22. September 1895, Aus dem Russischen übersetzt von Günter Dalitz, Winkler Verlag, München o. J., S. 513f.
137. Vinzenz von Lerins, Comm. 2.
138. DS 3011 = Nr. 34.
139. Barth, Karl, Kirchliche Dogmatik I, 1, S. 283.
140. UR 10.
141. Erklärung »Mysterium ecclesiae« zur katholischen Lehre über die Kirche und ihre Verteidigung gegen einige Irrtümer von heute vom 24. Juni 1973.
142. CIC Can. 331.
143. CIC Can. 1404 bis Can. 1405.
144. CIC Can. 336 – 341.
145. CIC Can. 749 § 1, vgl. § 2.
146. CIC Can. 333 § 3.
147. CIC Can. 1442.
148. Voltaire, François Marie Arouet, Amabeds Briefe. Briefroman (= Les Lettres d'Amabed) Genf 1769, 15. Brief.
149. Jan Hus, zit. n.: Siegmund Meisterlin, Chronik Nürnbergs.
150. Regel des Basilius, Latein von Rufinus von Aquileia, Patrologia graeca 31,1384.
151. Justinian, Nov. 133 praef.
152. Thon, Nikolaus, »Mönch, Mönchtum/Orthodoxes und orientalisches Mönchtum« (Artikel), in: Wörterbuch des Christentums, Herausgegeben von Volker Drehsen, Hermann Häring, Karl-Josef Kuschel und Helge Siemers in Zusammenarbeit mit Manfred Baumotte, Gütersloher Verlagshaus Gerd Mohn/Benziger Verlag, Gütersloh/Zürich 1988, S. 831.
153. Wehr, Gerhard, Die deutsche Mystik, Anaconda Verlag, Köln 2006, S. 23.
154. Wulf, F., »Mystik« (Artikel), in: Handbuch theologischer Grundbegriffe, Herausgegeben von Heinrich Fries, Kösel-Verlag, München 1963, Bd. II, S. 102.
155. Wendel, Saskia, Christliche Mystik, Topos Verlagsgemeinschaft, Kevelaer 2004, S. 120.
156. James, William, Die Vielfalt religiöser Erfahrung. Eine Studie über die menschliche Natur, Übersetzt von Eilert Herms und Christian Stahlhut, Mit einem Vorwort von Peter Sloterdijk, Insel Verlag, Frankfurt/M. und Leipzig 1997, S. 415

157. James, William, Die Vielfalt religiöser Erfahrung, a. a. O., S. 384.
158. Ebd., S. 384.
159. Ebd., S. 385.
160. Rahner, Karl, Christsein in der Kirche der Zukunft, Orientierung, 31. März 1980, S. 66.
161. Vgl. Richard Reschika, Praxis christlicher Mystik. Einübungen – von den Wüstenvätern bis zur Gegenwart, Verlag Herder, Freiburg/Basel/Wien 2007.
162. Urteilsschrift der Inquisition gegen Giordano Bruno, zitiert nach: Hans-Joachim Ulbrich und Michael Wolfram, Giordano Bruno: Dominikaner, Ketzer, Gelehrter, Königshausen & Neumann, Würzburg 1994, S. 206.
163. Papst Leo XIII., Mahn- und Warnschreiben, Juni 1889.
164. Vgl. Venzmer, Gerhard, 5000 Jahre Medizin, Von vorgeschichtlicher Heilkunde zum ärztlichen Computer, Goldmann Verlag, München o. J., S. 145.
165. Luther, Martin, Brief an Georg Spalatin vom 16. Juni 1525.
166. Luther, Martin, Luther, Epistel-Auslegung, 2. Die Korintherbriefe, Herausgegeben von Eduard Ellwein, Vandenhoeck & Ruprecht, Göttingen 1968, S. 68.
167. Drewermann, Eugen, Interview mit dem Deutschlandradio Kultur vom 22. Februar 2010.
168. Presbyterorum Ordinis, 16.
169. Apostolisches Schreiben »Ordinatio Sacerdotalis« von Papst Johannes Paul II über die nur Männern vorbehaltene Priesterweihe vom 22. Mai 1994.
170. Apostolisches Schreiben »Ordinatio Sacerdotalis« von Papst Johannes Paul II über die nur Männern vorbehaltene Priesterweihe, a. a. O.
171. Ebd.
172. Rössler, Andreas, Positionen, Konfessionen, Denominationen. Eine kleine Kirchenkunde, Stuttgart 1988.
173. Gmainer-Pranzl, Franz, »Katholizismus«, (Artikel) in: Lexikon des christlichen Glaubens, Herausgegeben von Eugen Biser, Ferdinand Hahn und Michael Langer, Pattloch Verlag, München 2003, S. 248.
174. Schirrmacher, Thomas, »Anglikanische Kirche« (Artikel), in: Lexikon der Religionen, Harenberg Verlag, Dortmund 2002, S. 90.
175. Jungmann, Josef Andreas, zit. n.: Klemens Richter, »Fest« (Artikel), in: Lexikon religiöser Grundbegriffe. Judentum – Christentum – Islam, Herausgegeben von Adel Theodor Khoury, Marix Verlag, Wiesbaden 2007, Sp. 256.
176. Richter, Klemens., »Fest« (Artikel), in: Lexikon religiöser Grundbegriffe. Judentum – Christentum – Islam, Herausgegeben von Adel Theodor Khoury, Marix Verlag, Wiesbaden 2007, Sp. 258.
177. Nostra Aetate, Erklärung zum Verhältnis der katholischen Kirche zu den nichtchristlichen Religionen des II. Vatikanischen Konzils 1965.

178. Chrysostomos, Johannes, Or. VI, 7 (PG 48, 915), zitiert nach: Adolf Martin Ritter, Charisma und Caritas. Aufsätze zur Geschichte der Alten Kirche, Verlag Vandenhoeck & Ruprecht, Göttingen 1993, S. 21.
179. Nikolaus von Kues, Sichtung des Korans, Erstes Buch, Auf der Grundlage des Textes der kritischen Ausgabe neu übersetzt und mit Einleitung und Anmerkungen herausgegeben von Ludwig Hagemann und Reinhold Glei, Lateinisch-deutsch, Felix Meiner Verlag, Hamburg 1989, S. 33f.
180. Lumen Gentium, 16.
181. Johannes Paul II., »Ansprache bei der Begegnung mit der muslimischen Jugend in Casablanca 1985«, in: H. Vöcking, Stimmen zum Dialog II (CIBEDO-Dokumentation Nr. 29), Frankfurt/M. 1986, S. 11 – 20, S. 18.
182. Nostra aetate. Über das Verhältnis der Kirche zu den nichtchristlichen Religionen des II. Vatikanischen Konzils, 1965.
183. Lumen Gentium/Licht der Welt, Nr. 16.
184. Guardini, Romano, Der Herr. Betrachtungen über die Person und das Leben Jesu Christi, Grünewald/Schöningh Verlag, Ostfildern 2007, S. 360.
185. Zitiert nach: Rahner, Karl/Vorgrimmler, Herbert, Kleines Konzilskompendium. Sämtliche Texte des II. Vatikanums, Freiburg i. Br. 1966, S. 356.
186. Pannikar, Raimundo, zitiert nach: Monika und Udo Tworuschka, Denkerinnen und Denker der Weltreligionen im 20. Jahrhundert, Gütersloher Verlagshaus, Gütersloh 1994, S. 69.
187. Pastorale Konstitution Gaudium et Spes (Freude und Hoffnung) über die Kirche in der Welt von heute, 1965, vgl. vor allem Nr. 42.
188. Barth, Karl, Barmer Erklärung, ergänzte These V, 1963; vgl. Karl Barth, Texte zur Barmer Theologischen Erklärung, Mit einer Einleitung von Eberhard Jüngel und einem Editionsbericht herausgegeben von Martin Rohkrämer, Theologischer Verlag Zürich 1984, S. 4 und S. 185f.
189. Pastoralkonstitution über die Kirche in der Welt von heute des II. Vatikanischen Konzils, 1962 – 65, Art 74.
190. Fuchs, Gotthard, »Politisches Handeln« (Artikel), in: Praktisches Lexikon der Spiritualität, Herausgegeben von Christian Schütz, Verlag Herder, Freiburg/Basel/Wien 1988, Sp. 997.

Über den Autor

Richard Reschika, geboren 1962 in Kronstadt/Siebenbürgen (Rumänien). Studium der Germanistik, Evangelischen Theologie, Kunstgeschichte und Philosophie in Freiburg im Breisgau und Heidelberg. 1988 Magister Artium, 1990 Promotion zum Dr. phil. über die Spätlyrik Paul Celans. 1989/90 Kustos des Friedrich-Nietzsche-Museums in Sils-Maria im Engadin (Graubünden/Schweiz). 1991 – 94 Lektor beim Herder Verlag. Seit 1995 tätig als freier Lektor, (Rundfunk)Autor für den SWR 2, Herausgeber und Übersetzer aus dem Rumänischen und Englischen. Lebt in Freiburg im Breisgau.

Zahlreiche Publikationen, u. a. zu Religion, Spiritualität und Mystik: Praxis christlicher Mystik. Einübungen – von den Wüstenvätern bis zur Gegenwart, Verlag Herder, Freiburg/Basel/Wien 2007; Wie viele Engel können auf einer Nadelspitze tanzen? Alles, was Sie über Religion noch nicht wissen, Diederichs Verlag, Kreuzlingen/München 2008; Theologie der Zärtlichkeit. Von der Liebe Gottes, Vier-Türme-Verlag, Münsterschwarzach 2009. Im Güterloher Verlagshaus (zusammen mit Jürgen Hohmuth) bereits erschienen: Inseln für die Seele. Die Mystik der Labyrinthe, 2009.

Bibliografische Information der Deutschen Nationalbibliothek

Die Deutsche Nationalbibliothek verzeichnet diese Publikation in der Deutschen Nationalbibliografie; detaillierte bibliografische Daten sind im Internet über http://dnb.d-nb.de abrufbar.

FSC
www.fsc.org
MIX
Papier aus verantwortungsvollen Quellen
FSC® C006701

Verlagsgruppe Random House FSC-DEU-0100
Das für dieses Buch verwendete FSC-zertifizierte Papier
Munken Premium Cream liefert Arctic Paper Munkedals AB, Schweden.

1. Auflage

Druck und Einband: CPI – Ebner & Spiegel, Ulm
Printed in Germany
ISBN 978-3-579-06554-0

www.gtvh.de